继承与创新相统一
大党理论创造的智慧

本书为教育部人文社会科学重点研究基地重大项目
"中国特色社会主义理论体系的继承性与创新性研究"最终成果

杜艳华 等著

复旦大学出版社

目 录

引言：继承是创新的前提 ··· 1
  一、何为继承？ ·· 2
  二、本书研究的核心问题 ·· 6
  三、研究的思维方法 ··· 11

第一章　中国特色社会主义理论体系的建构及特点 ············· 15
  第一节　中国特色社会主义理论体系的建构 ······················ 15
    一、何谓"理论"及"理论体系" ······································ 16
    二、中国特色社会主义理论体系形成的历史条件 ············· 23
  第二节　中国特色社会主义理论体系的核心构成 ··············· 32
    一、中国特色社会主义的发展道路 ································· 33
    二、中国特色社会主义的发展阶段 ································· 39
    三、中国特色社会主义的根本任务 ································· 44
    四、中国特色社会主义的发展动力 ································· 52
    五、中国特色社会主义的发展战略 ································· 57
    六、中国特色社会主义的政治保证 ································· 62
    七、中国特色社会主义的祖国统一 ································· 64
    八、中国特色社会主义的外交和国际战略 ······················ 67
    九、中国特色社会主义的领导力量 ································· 70
    十、中国特色社会主义的依靠力量 ································· 74

第三节 中国特色社会主义理论体系的特征……………81
　　一、科学性与实践性相统一……………………………81
　　二、民族性和世界性的统一……………………………85
　　三、时代性和开放性的统一……………………………88
　　四、继承与创新的有机统一……………………………90

第二章 中国特色社会主义理论体系继承的逻辑分析……93
第一节 继承具有必然性………………………………………93
　　一、历史的结论与人民的选择…………………………94
　　二、远大理想需接力奋斗才能实现……………………101
第二节 继承的内在逻辑………………………………………110
　　一、一脉相承的思想旗帜：马克思主义…………………111
　　二、一以贯之的根本立场：人民立场……………………115
　　三、矢志不渝的奋斗目标：中华民族的伟大复兴………122
第三节 继承的动力机制………………………………………126
　　一、对"什么是社会主义，怎样建设社会主义"根本
　　　　问题的探索……………………………………………126
　　二、对"建设什么样的党，怎样建设党"问题的回答……130
　　三、对"实现什么样的发展，怎样发展"问题交出
　　　　时代答卷………………………………………………134
　　四、对"世界怎么了，我们怎么办"问题不断作出回应…137
第四节 继承实现的条件………………………………………141
　　一、在实践中形成与承接理论…………………………141
　　二、在实践中检验与发展理论…………………………145

第三章 中国特色社会主义理论继承的优势……………149
第一节 理论与实践持续发展的不可逆转性…………………149
　　一、连续积累形成强大势能……………………………149

二、继承为创新奠定强大根基…………………………………159
第二节　中国政治的稳定性……………………………………………180
　　一、"道不变"是中国政治稳定的重要支柱……………………180
　　二、良好的社会秩序是政治稳定的表现和可持续
　　　　发展的条件…………………………………………………188
第三节　国家治理的有效性……………………………………………197
　　一、理论继承赋予中国特色社会主义理论以强大的
　　　　整合力和凝聚力……………………………………………197
　　二、理论继承赋予中国特色社会主义理论以强大的
　　　　动员力和号召力……………………………………………204
　　三、中国特色社会主义理论对于历史变革的深刻影响力……207

第四章　中国特色社会主义理论体系继承的思维方法……………212
第一节　把握人类文明发展规律………………………………………212
　　一、继承是人类文明发展的基本条件…………………………213
　　二、继承是中华五千年文明绵延不断的一个重要原因………218
第二节　坚持文化发展的辩证法………………………………………231
　　一、何谓文化发展的辩证法……………………………………231
　　二、反对故步自封和僵化教条…………………………………234
　　三、始终保持开放心态…………………………………………240
第三节　在继承与创新有机统一中实现重大理论突破………………248
　　一、在继承中寻求创新是文化发展辩证法的核心要义………249
　　二、中国共产党始终坚持文化发展的辩证法…………………250
　　三、中国特色社会主义理论体系在继承与创新相统一
　　　　中产生新飞跃………………………………………………253

第五章　中国特色社会主义理论体系在继承中走向未来…………263
第一节　百年未有之大变局中的变与不变……………………………263

一、百年未有之大变局中的"变"……………………264
二、百年未有之大变局中的"不变"…………………267
三、保持战略定力，以不变应万变…………………270
第二节　坚持在继承中创新………………………………273
一、在继承中创新是中国共产党创造百年辉煌的
　　成功经验………………………………………273
二、在继承中创新为中华民族伟大复兴提供动力…………278

主要参考文献……………………………………………284
后　　记…………………………………………………289

引言：继承是创新的前提

认识一个政党，需要系统深入地研究其思想理论。而研究一个政党的思想理论，不仅要把握其理论来源、理论内容，更需要把握其特点、发展规律及历史作用。其中，研究探索理论发展规律，把握理论发展的内在逻辑是研究政党及政党理论的关键。本书以继承为主轴，围绕"继承"与"创新"这两个关键词，探讨中国特色社会主义理论的本质、发展规律、影响，由此揭示中国共产党自身发展及所领导的中国特色社会主义事业蒸蒸日上的独特密码。

中国特色社会主义理论体系是由邓小平理论、"三个代表"重要思想、科学发展观共同构成的一脉相承、有机统一的整体。习近平指出，"新时代中国特色社会主义思想，是对马克思列宁主义、毛泽东思想、邓小平理论、'三个代表'重要思想、科学发展观的继承和发展，是马克思主义中国化最新成果，是党和人民实践经验和集体智慧的结晶"[①]。这段概括内涵丰富、寓意深刻，不仅是我们研究新时代中国特色社会主义理论来源、内涵的依据，也为我们研究中国特色社会主义理论体系的特点、本质、发展规律提供了重要依据。本书研究的根据就出于此。

---

① 《习近平谈治国理政》第3卷，外文出版社2020年版，第16页。

一、何为继承？

把握继承的深刻内涵，是本书学术研究的前提。对此，我们不仅要从概念上加以理解，更重要的是要从中国共产党理论本身的特质去理解。

（一）继承的概念

在汉语中，"继"和"承"的解释出自《礼记·中庸》《论语·尧曰》《离骚》《孟子·公孙丑下》《论语·雍也》《左传·襄公二十五年》等传统经典。其含义包括承受、延续、连续、随后、接济、增益[1]以及奉、顺承、蒙受、接受等。[2]

继承的含义，除了法律意义上的"依法承受死者（被继承人）生前权利义务的民事法律行为"的含义外，主要是指承继前人的思想理论、经验、智慧，并在此基础上推陈出新。本书研究使用的是后一种意义上的"继承"。

（二）中国共产党理论继承的内涵

理解中国共产党的理论继承，首先应该清楚一个关键点，即继承是创新的前提。所以，在这里"继承"这一关键词的意蕴包括承接、延续、连接、积累、增益、扬弃等。继承主要表现在三个方面：一是在思想理论创造中始终坚持马克思主义的基本立场、观点、方法和基本原理；二是吸收借鉴、发扬光大本民族传统文化的精华；三是共产党人代际之间思想的衔接。即中国共产党历代领导集体创造的思想理论，经过与时俱进的自我扬弃而前后相继、有机关联、一脉相承、日臻完善，总是以体系完整、内容丰富、基础雄厚展现于世。

毛泽东曾明确指出，"我们必须尊重自己的历史，决不能割断历史"。在对待前人的思想遗产上，毛泽东还说，"从孔夫子到孙中山，

---

[1] 夏征农主编：《大辞海》（语词卷），上海辞书出版社2015年版，第1527页。
[2] 同上书，第425页。

我们应当给以总结，承继这一份珍贵的遗产。"①习近平也反复强调："优秀传统文化是一个国家、一个民族传承和发展的根本，如果丢掉了，就割断了精神命脉。我们要善于把弘扬优秀传统文化和发展现实文化有机统一起来，紧密结合起来，在继承中发展，在发展中继承。"②这些论述都在一定意义上揭示了中国共产党理论继承的思想根源，彰显了中国共产党人在理论创造过程中的三个鲜明特点：一是对本民族文化充满自信；二是不割断与前人思想的联系；三是坚持思想继承的辩证法。

《中共中央关于党的百年奋斗重大成就和历史经验的决议》指出："马克思主义是我们立党立国、兴党强国的根本指导思想。马克思主义理论不是教条而是行动指南，必须随着实践发展而发展，必须中国化才能落地生根、本土化才能深入人心。党之所以能够领导人民在一次次求索、一次次挫折、一次次开拓中完成中国其他各种政治力量不可能完成的艰巨任务，根本在于坚持解放思想、实事求是、与时俱进、求真务实，坚持把马克思主义基本原理同中国具体实际相结合、同中华优秀传统文化相结合，坚持实践是检验真理的唯一标准，坚持一切从实际出发，及时回答时代之问、人民之问，不断推进马克思主义中国化时代化。"③这个概括揭示了中国共产党理论发展规律，内含中国特色社会主义理论体系继承的内在机理。

中国特色社会主义理论体系的创立与发展的脉络彰显了理论继承的特色。从毛泽东思想到邓小平理论的形成，再到江泽民、胡锦涛、习近平，其思想理论既有不可分割的联系，又前后体现出持续的理论创新与重大突破。20世纪50年代，毛泽东结合中国社会主义建设的实际，提出把马克思列宁主义基本原理同中国具体实际进行"第二次结合"的重要思想。而马克思主义与中国实际相结合是贯穿于中国特色社会主义理论

---

① 《毛泽东选集》第2卷，人民出版社1991年版，第534页。
② 《习近平谈治国理政》第2卷，外文出版社2017年版，第313页。
③ 《中共中央关于党的百年奋斗重大成就和历史经验的决议》，人民出版社2021年版，第66—67页。

体系始终的主线和精髓。以毛泽东同志为主要代表的中国共产党人,提出的关于社会主义建设的一系列重要思想,包括社会主义社会是一个很长的历史阶段,严格区分和正确处理敌我矛盾和人民内部矛盾,正确处理我国社会主义建设的十大关系,走出一条适合我国国情的工业化道路等独创性理论成果则是构成中国特色社会主义理论体系的内容。党的十一届三中全会以后,以邓小平同志为主要代表的中国共产党人,在继承毛泽东思想的基础上,围绕什么是社会主义、怎样建设社会主义这一根本问题,借鉴世界社会主义历史经验,创立了邓小平理论。邓小平理论在开辟中国特色社会主义道路上对毛泽东思想实现了重大突破。党的十三届四中全会以后,从江泽民到胡锦涛再到习近平,都始终坚定不移地沿着邓小平开辟的中国特色社会主义道路继续前进,并各自对中国特色社会主义理论体系作出了独创性贡献。其中,以江泽民同志为主要代表的中国共产党人,在推进中国特色社会主义建设的实践中,加深了对什么是社会主义、怎样建设社会主义和建设什么样的党、怎样建设党的认识,形成了"三个代表"重要思想;并在社会主义市场经济理论、推进党的建设新的伟大工程等方面作出了新贡献。党的十六大以后,以胡锦涛同志为主要代表的中国共产党人,带领全党和全国人民,在回答新形势下实现什么样的发展、怎样发展等重大问题上,形成了科学发展观等新理论,丰富和发展了中国特色社会主义理论体系。新时代,"以习近平同志为主要代表的中国共产党人,坚持把马克思主义基本原理同中国具体实际相结合、同中华优秀传统文化相结合,坚持毛泽东思想、邓小平理论、'三个代表'重要思想、科学发展观,深刻总结并充分运用党成立以来的历史经验,从新的实际出发,创立了习近平新时代中国特色社会主义思想"[①]。中国特色社会主义理论体系形成的脉络表明,其理论特征归结为一点就是"守正创新"。"守正",即继承前人的正确思想,

---

① 《中共中央关于党的百年奋斗重大成就和历史经验的决议》,人民出版社2021年版,第23—24页。

守住前人开创的中国特色社会主义历史伟业;"创新",即在前人创造的理论基础之上,站在新的时代高度,与时俱进地丰富完善这一理论体系,同时以开放性、创新性开辟新境界。其"守正创新"的突出表现可以概括为以下两点。

第一,中国特色社会主义理论体系作为"两个结合"系列成果的综合,具有庞大基础和深厚根基。例如,中国特色社会主义道路的形成,正如习近平所指出:"这条道路来之不易,它是在改革开放30多年的伟大实践中走出来的,是在中华人民共和国成立60多年的持续探索中走出来的,是在对近代以来170多年中华民族发展历程的深刻总结中走出来的,是在对中华民族5000多年悠久文明的传承中走出来的,具有深厚的历史渊源和广泛的现实基础。"① 从5000年到近30年,这些时间概念里隐含着中国特色社会主义道路的继承的逻辑。中国特色社会主义理论扎根于中华民族文化土壤之中,背靠几代共产党人构建的理论大厦,在不断解决新的时代课题中日益丰富和完善。而因为继承的逻辑,这个理论体系具有自己的独特优势。

第二,中国特色社会主义理论体系是马克思主义基本原理同中国具体实际相结合、同中华优秀传统文化相结合的产物。而"两个结合"本身就是继承性的一种诠释。"两个结合"的过程包含中国共产党累代相传、一脉相承的思维方法。同时,"两个结合"不是凭想象实现的,而是"从新的实际出发",在中国特色社会主义的具体实践中完成的。

早在1938年,毛泽东就曾指出:"学习我们的历史遗产,用马克思主义的方法给以批判的总结,是我们学习的另一任务。"② 对民族传统文化的借鉴,就是"剔除其封建性的糟粕,吸收其民主性的精华",即是"将古代封建统治阶级的一切腐朽的东西和古代优秀的人民文化即多少带有民主性和革命性的东西区别开来"③。在进入社会主义建设时期,

---

① 《习近平谈治国理政》第1卷,外文出版社2018年版,第39—40页。
② 《毛泽东选集》第2卷,人民出版社1991年版,第533页。
③ 同上书,第707—708页。

毛泽东又明确提出："我们的方针是，一切民族、一切国家的长处都要学，政治、经济、科学、技术、文学、艺术的一切真正好的东西都要学。但是，必须有分析有批判地学，不能盲目地学，不能一切照抄，机械搬运。他们的短处、缺点，当然不要学。"①毛泽东的这些论述，可谓是中国共产党人在思想理论创造中一贯坚持的方法和原则。习近平也反复强调："不忘历史才能开辟未来，善于继承才能善于创新。优秀传统文化是一个国家、一个民族传承和发展的根本，如果丢掉了，就割断了精神命脉。我们要善于把弘扬优秀传统文化和发展现实文化有机统一起来，紧密结合起来，在继承中发展，在发展中继承。"②新时代，以习近平同志为核心的党中央把握100年来中国共产党理论发展的精髓，运用马克思主义的唯物辩证法，认真总结历史经验，充分利用历史遗产，借鉴历史经验，并批判地吸收外来文化，与时俱进地推动理论发展，进一步实现了中国共产党人的"守正创新"。

二、本书研究的核心问题

对思想理论的研究，需要遵循思想理论本身特有的规律。本研究依据《中共中央关于党的百年奋斗重大成就和历史经验的决议》对中国特色社会主义理论体系在中国共产党全部理论发展中的定位，及其思想的内容的阐述，通过对这个理论特点、发展规律、自身优势的深刻思考，确立以下研究重点。

第一，准确把握中国特色社会主义理论体系的基本内容、特点，并构建其理论体系。本书研究的重点显然不仅仅停留于对这个理论内容进行梳理和概括。但为了认识这个理论的实质，探究其发展规律，理论内容的研究是必不可少的一环。对此，首先对中国特色社会主义理论体系内容进行分析概述，在此基础上进行其理论体系的构建和特点的宏观分析。

---

① 《毛泽东文集》第7卷，人民出版社1999年版，第41页。
② 《习近平谈治国理政》第2卷，外文出版社2017年版，第313页。

第二，厘清继承与创新的关系。本书研究虽然始终围绕"继承"这一关键词展开，但研究的聚焦点不代表研究目的。对于中国共产党的理论而言，继承的目的在于创新。因此，本书研究的主旨和落脚点就在于推动理论创新。本书认为，继承是创新的前提，没有继承就谈不上创新；解决好继承与创新的关系，真正厘清中国特色社会主义在继承中发展，在发展中继承内在逻辑，是把握中国特色社会主义理论体系发展规律的关键，也是在实践中推动这一理论丰富和发展的关键。因而，本书将继承与创新的关系作为研究的重点内容之一。

第三，探索中国特色社会主义理论发展规律。要推进理论发展，必须把握理论发展的规律。探索中国特色社会主义理论发展规律是本书研究的重中之重。本书将通过对中国特色社会主义理论形成的历史条件、理论内容，以及其不断丰富和发展的原因进行全面的综合性的研究，分析探索其"守正创新"的逻辑机理，总结概括出这个理论形成发展的规律。由此进一步揭示中国共产党是什么样的政党，增强四个自信。

首先，从这个理论基础的形成和回答的课题看，中国特色社会主义理论体系作为马克思主义中国化的理论成果，大体经历了三个阶段的积累：第一阶段，以邓小平同志为主要代表的中国共产党人提出了什么是社会主义和怎样建设社会主义的重大时代课题，并初步进行了回答，成功开创了中国特色社会主义。第二阶段，以江泽民同志为主要代表的中国共产党人在党的十三届四中全会以后，团结带领全党全国各族人民，坚持党的基本理论、基本路线，加深了对什么是社会主义、怎样建设社会主义认识；在探索建设什么样的党、怎样建设党的重大问题上，形成了"三个代表"重要思想。与此同时，在世界社会主义出现严重曲折的严峻考验面前捍卫了中国特色社会主义，确立了社会主义市场经济体制的改革目标和基本框架，确立了社会主义初级阶段以公有制为主体、多种所有制经济共同发展的基本经济制度和以按劳分配为主体、多种分配方式并存的分配制度，开创全面改革开放新局面，推进党的建设新的伟大工程，成功把中国特色社会主义推向二十一世纪。与此同时，中国特色社会主义理论体系得到进一步丰富。第三阶段，在党的十六大以后，以胡锦涛同志为主要代表的中国共产党人，在全面建设小康社会进程中推进实践创新、理论创新、制度创新，深刻认识和回答了新形势下实现什么样的发展、怎样发展等重大问题，形成了科学发展观。在这个开放的理论体系的基础上，中国特色社会主义进入第四个发展阶段，即习近平新时代中国特色社会主义思想形成发展阶段。进入新时代，"习近平同志对关系新时代党和国家事业发展的一系列重大理论和实践问题进行了深邃思考和科学判断，就新时代坚持和发展什么样的中国特色社会主义、怎样坚持和发展中国特色社会主义，建设什么样的社会主义现代化强国、怎样建设社会主义现代化强国，建设什么样的长期执政的马克思主义政党、怎样建设长期执政的马克思主义政党等重大时代课题，提出一系列原创性的治国理政新理念新思想新战略"[1]。从历史发展的脉络看，中国特色社会主义理论体系形成和不断创新，是由中国共产党人探索什么是社会主义、怎样建设社会主义，建设什么样的党、怎样建设党这一历史主线与其理论基础的各个部分紧密连接在一起的。其中一环接一环，缺一不可，割断任何一环都不可能有中国特色社会主义理论体系的产生。由此可见，这个理论发展的突出特色就是连续性、继承性、创新性。而在这一理论形态背后时刻发挥作用的因素，就是一代又一代共产党人将共产主义的远大理想与解决中国现实问题有机统一起来，坚持走中国特色社会主义道路不动摇，即共产党人不忘"初心"牢记"使命"是这个理论发展的根本动因；而中国共产党的先进性、组织的严密性、发展的稳定性所决定的领袖集体顺利的代际交替，成为理论继承不可或缺的重要保证。这也是中国共产党理论继承的又一个内在逻辑机理；而根据时代发展的要求，围绕社会主义建设的根本问题，在实践中回答新时代提出的新课题，则是这个理论形成的必要条件和根本路径。这些都是中国特色社会主义理论发展的重要规律。

---

[1] 《中共中央关于党的百年奋斗重大成就和历史经验的决议》，人民出版社2021年版，第25—26页。

在此需要指出的是，探索中国共产党理论发展规律，还必须明确中国共产党不同于世界上其他政党。它既不同于西方资产阶级政党，也不同于其他社会主义国家的共产党。对应于西方政党而言，中国共产党是一个具有严密组织纪律性的政党，团结统一是其自身建设不变的突出特点。坚持马克思主义旗帜不动摇，坚守初心和使命，决定了一代又一代共产党人接力奋斗。而体现于其理论创造中就是继承和连续。与其他国家的共产党比较，如与苏联共产党比较，中国共产党在过去一百年的发展历程中，尽管走过曲折的路，但通过自我革命发现问题，并成功地解决了问题，化解了各种风险。党的指导思想得以一以贯之，继承发挥了重要作用。

其次，从这个理论体系形成的历史进程和时代特点看，"新"字是其显著特征。一个具有强大生命力的政党必然是一个勇于创新、勇于突破旧框框的政党。在这一点上，中国共产党表现出了超常的能力。中国共产党人始终认为，创新是一个民族进步的灵魂。因而，始终以理论创新作为自身生存和推动国家发展进步的保证。"实践永无止境，创新永无止境。"[1]改革开放以来，从邓小平到江泽民、胡锦涛，都"要求全党要解放思想、实事求是，大胆地试，大胆地闯，目的就是要使中国紧紧跟上时代发展的潮流，使中华民族巍然屹立于世界民族之林"[2]。正因不断解放思想和大胆创新，中国共产党将中国特色社会主义推进到新时代中国特色社会主义发展阶段。美国学者布兰特利·沃马克说："尽管中国的政治道路一直是独一无二的，但并非一成不变。……即使中国的基本政治体制自1949年以来没有改变，但它的政治与其说是由制度的连续性决定的，不如说是由政策的变迁决定的。"[3]从党的十二大提出"建设有中国特色的社会主义"，到十三大提出社会主义初级阶段论，经历十

---

[1] 《胡锦涛文选》第2卷，人民出版社2016年版，第621页。
[2] 《江泽民文选》第2卷，人民出版社2006年版，第578页。
[3] 吕增奎：《执政的转型：海外学者论中国共产党的建设》，中央编译出版社2011年版，第108页。

四大、十五大、十六大、十七大、十八大，再到十九大，中国特色社会主义理论体系逐步完备起来。中国特色社会主义理论体系的形成，充分体现了中国共产党与时俱进、开拓创新的品格。

第四，研究中国特色社会主义理论继承的优势。理论继承是中国共产党的诸多优势之一。中国共产党作为一个成立时只有五十多名党员的小党，如今已成为拥有九千六百多万名党员、领导着十四亿多人口大国、具有重大全球影响力的世界第一大执政党；在领导革命和社会主义建设过程中虽历经坎坷，但总是能从困境中走出来，并由弱变强；能够带领人民仅用几十年时间就走完发达国家几百年走过的工业化历程，创造了经济快速发展和社会长期稳定两大奇迹，其中的一个重要奥秘就在于"继承"二字。中国共产党可谓是以理论立身、以理论强党的典型范例。所以，理论继承的规律是我们认识中国共产党优势的一个重要视角，因此，本书将中国特色社会主义理论继承性作为研究的重点之一。

研究中国特色社会主义理论发展规律的目的，除了推动理论发展外，主要在于找到并把握中国共产党自身及其事业发展壮大的密码，即认识继承的优势所在。而通过中国共产党理论继承性优势的探索，可以从深层次上回答一系列重大理论和现实问题。例如，认清坚持继承所形成的理论体系的完整性、稳定性以及凝聚力，"是增强政治意识、大局意识、核心意识、看齐意识，坚定道路自信、理论自信、制度自信、文化自信，做到坚决维护习近平同志党中央的核心、全党的核心地位，坚决维护党中央权威和集中统一领导，确保全党步调一致向前进的需要"[1]；研究中国特色社会主义理论继承性的优势，能够使我们认清"中国特色社会主义新时代是承前启后、继往开来、在新的历史条件下继续夺取中国特色社会主义伟大胜利的时代"[2]，进而准确把握时代精髓和深刻理解新时代的内涵，理解中国共产党的历史使命，可

---

[1] 《中共中央关于党的百年奋斗重大成就和历史经验的决议》，人民出版社2021年版，第2页。

[2] 同上书，第23页。

以明确我们继续前进的方向；研究中国特色社会主义理论继承性的优势，也可以使我们深刻理解党确立习近平同志党中央的核心、全党的核心地位，确立习近平新时代中国特色社会主义思想的指导地位的根本依据是什么，合法性在哪里；理解为什么这"两个确立"能反映全党、全军、全国各族人民的共同心愿，对新时代党和国家事业发展以及推进中华民族伟大复兴历史进程具有决定性意义。研究中国特色社会主义理论继承性的优势，可以使我们正确认识中国共产党为什么能够在重大历史关头统一全党思想和行动，为什么总是能够战胜各种风险和考验；还可以深刻理解新时代中国共产党为什么坚持稳中求进工作总基调；理解以习近平同志为核心的党中央"出台一系列重大方针政策，推出一系列重大举措，推进一系列重大工作，战胜一系列重大风险挑战，解决了许多长期想解决而没有解决的难题，办成了许多过去想办而没有办成的大事，推动党和国家事业取得历史性成就、发生历史性变革"[1]的原因所在；等等。总之，对中国共产党理论继承的研究是我们揭开中国共产党历史多种谜题的钥匙。

与此同时，本书还站在时代高度，将中国共产党理论优势与探索人类文明发展规律联系起来加以研究，从中国文明与世界文明的关系来探讨中国特色社会主义理论继承的优势，揭示中国特色社会主义理论的形成与人类文明发展规律的契合点，进而认识中国特色社会主义对于资本主义文明的超越，由此拓展该领域的研究空间，提升研究站位。

三、研究的思维方法

《中共中央关于党的百年奋斗重大成就和历史经验的决议》指出，改革开放以来，中国共产党"解放思想、锐意进取，创造了改革开放和社会主义现代化建设的伟大成就；自信自强、守正创新，创造了新时代中国

---

[1] 《中共中央关于党的百年奋斗重大成就和历史经验的决议》，人民出版社2021年版，第27页。

特色社会主义的伟大成就"①。本书将"守正创新"视为中国特色社会主义理论体系的总体特征，并以此为研究的切入点构建整体研究框架。邓小平曾指出，我们"绝不能要求马克思为解决他去世之后上百年、几百年所产生的问题提供现成答案。列宁同样也不能承担为他去世以后五十年、一百年所产生的问题提供现成答案的任务。真正的马克思列宁主义者必须根据现在的情况，认识、继承和发展马克思列宁主义"②。这段表述揭示了中国共产党人"守正创新"的逻辑所在。中国特色社会主义理论体系就是中国共产党人"守正创新"的产物。如前所述，本书研究不在于对中国特色社会主义理论体系内容进行继承与创新的区分，也不在于梳理各自的内容，重点在于研究这个理论体系形成的发展规律及其独特优势之所在。因此，"守正创新"就成为我们研究这一理论的重要逻辑起点。

首先，以继承为主轴进行整体性研究。"守正创新"四个字内含了中国共产党理论发展中继承与创新的辩证关系，即继承是创新的前提，没有继承就没有创新，创新是继承的落脚点和目标。习近平曾指出："一个民族的文明进步，一个国家的发展壮大，需要一代又一代人接力努力，需要很多力量来推动，核心价值观是其中最持久最深沉的力量。中华民族有着5000多年的悠久历史和灿烂文化，而且中华文明从远古一直延续发展到今天。为什么中华民族能够在几千年的历史长河中顽强生存和不断发展呢？很重要的一个原因，是我们民族有一脉相承的精神追求、精神特质、精神脉络。"③这充分表明了中国共产党人坚持理论继承的思想根源。虽然它是就中国文化发展而言的，但同样也适用于我们认识中国共产党的思想理论。中国特色社会主义理论体系从形成到其具体内容，处处体现了对人类文明进步规律的遵循和把握。应该说，继承是我们认识和研究中国特色社会主义理论独特优势的主要依据。正如习近

---

① 《中共中央关于党的百年奋斗重大成就和历史经验的决议》，人民出版社2021年版，第2页。
② 《邓小平文选》第3卷，人民出版社1993年版，第291页。
③ 《习近平谈治国理政》第1卷，外文出版社2018年版，第180—181页。

平所说:"坚持和发展中国特色社会主义是一篇大文章,邓小平同志为它确定了基本思路和基本原则,以江泽民同志为核心的党的第三代中央领导集体、以胡锦涛同志为总书记的党中央在这篇大文章上都写下了精彩的篇章。现在,我们这一代共产党人的任务,就是继续把这篇大文章写下去。"① 任何理论都具有继承性,但中国共产党的理论继承性显然具有自己特殊内涵。从这个意义上说,以继承为主轴研究中国特色社会主义理论,符合这个理论形成和发展规律。

其次,从中国共产党理论继承与创新相统一的逻辑出发,将习近平新时代中国特色社会主义思想纳入研究框架之中。虽然中国特色社会主义理论和习近平新时代中国特色社会主义思想都已成为完整体系,但因为本书是"中国特色社会主义理论体系的继承性与创新性研究",全部研究都是围绕继承与创新这两个关键词展开,研究思路遵循了继承是创新的前提,没有继承就没有创新,创新是继承的结果的理论发展规律。从中国共产党理论继承性的角度看,不能把中国特色社会主义理论体系与习近平新时代中国特色社会主义思想割裂开来;从中国特色社会主义理论体系的创新性角度看,更无法绕开习近平新时代中国特色社会主义思想。因此,本书将习近平新时代中国特色社会主义思想融入继承与创新的逻辑中,力图处理好这两个体系之间的关系。

最后,运用马克思主义的方法论。研究中国特色社会主义理论的发展规律,既需要搞清这个理论的生成逻辑,也要深入研究其特点和影响,因此,需要具备比较的视野和辩证的思维方法。从理论与实践的关系看,"当代中国的伟大社会变革,不是简单延续我国历史文化的母版,不是简单套用马克思主义经典作家设想的模板,不是其他国家社会主义实践的再版,也不是国外现代化发展的翻版"②。这就是说,中国社会变革的实际决定了理论发展必须坚持辩证思维。

一是要坚持马克思主义关于矛盾的普遍性与特殊性关系的原理。就

---

① 《习近平谈治国理政》第1卷,外文出版社2018年版,第23页。
② 习近平:《在哲学社会科学工作座谈会上的讲话》,人民出版社2016年版,第21页。

政党理论创立和发展而言,在继承的基础上与时俱进地创新是普遍性问题;然而,从"中国特色"的角度出发,即在全面考察中国共产党自身发展的特点,如其代际交替特点,其指导思想、组织原则、奋斗目标、理论发展脉络等基础上,要想把握中国共产党理论发展的特殊性,认识继承在中国共产党理论发展中的独特地位,就必须运用矛盾特殊性原理和比较的方法。把握中国共产党理论发展规律,离不开对中国共产党自身特点的认识,比较西方资产阶级政党而言,中国共产党"是高度集中统一的马克思主义政党,思想上的统一、政治上的团结、行动上的一致是党的事业不断发展壮大的根本所在"[①]。中国共产党自身的这些特点体现于其思想理论中,即始终把马克思列宁主义、毛泽东思想视为根本,并坚持永远不能丢掉根本,由此也决定,中国特色社会主义理论承载着几代中国共产党人的理想和探索,寄托着无数仁人志士的夙愿和期盼。

事实上,继承,早已成为中国的思想传统,更是中国共产党人创新理论的传统,从毛泽东开始,此后的邓小平、江泽民、胡锦涛、习近平无不强调和坚持继承中华民族优秀传统文化和前人思想。因此,继承性成为中国共产党理论的突出特点。中国共产党的全部理论中,处处闪耀着继承的智慧之光和实践成就。所以,本书在继承与创新两者关系的处理上,一方面,明确创新是研究的目的,创新是一般性问题;另一方面,是以继承为主轴进行理论分析和研究体系建构,意在从深层次上揭示中国理论和实践成功的奥秘。

二是坚持理论与实践相结合。中国特色社会主义理论只能产生于当代中国特色社会主义建设的实践中,离开具体历史实践,一切都是空话。把握和认识这个理论的内容、特点、本质,必须回到中国特色社会主义的实践中去。本书对中国特色社会主义理论体系的全部研究,是建立在对中国共产党一百年历史实践整体把握的基础之上的,离开了这个基础,不仅会使理论失去魅力,而且也使其变成了无源之水、无本之木。

[①]《习近平谈治国理政》第2卷,外文出版社2017年版,第157页。

第一章　中国特色社会主义理论体系的建构及特点

中国特色社会主义理论体系是在中国特色社会主义的伟大实践中一步步建构起来的。它积极回应世情、国情、党情的变化，经历了从开创到丰富发展的壮阔历程，成为指导中华民族实现伟大复兴的系统化的理论体系。因此，要完整准确地认识、把握中国特色社会主义理论体系，首先应从其基本的建构环节入手，厘清这一理论体系建构的理论逻辑、核心构成及突出特点。

第一节　中国特色社会主义理论体系的建构

坚持和发展中国特色社会主义是一篇大文章。在中国共产党领导下，我们开辟了中国特色社会主义道路，形成了中国特色社会主义理论体系，建立了中国特色社会主义制度，发展了中国特色社会主义文化，推动中国特色社会主义进入了新时代。研究中国特色社会主义理论体系的继承性和创新性特质，前提是必须从整体上把握中国特色社会主义理论体系"是什么""从何而来"以及向何处去的问题。

一、何谓"理论"及"理论体系"

理论是行动的先导。在马克思主义者这里,科学的理论以其强大的号召力、感召力,成为其认识世界、改造世界的工具。在中国,中国特色社会主义理论体系就是我们认识世界、改造世界的重要理论指南。那么,到底何谓"理论"及"理论体系"呢?这是把握中国特色社会主义理论体系内在结构、理论特质的基础铺垫和必要环节。

(一)理论

理论指"概念、原理的体系。是系统化了的理性认识。……科学的理论是在社会实践基础上产生并经过社会实践的检验和证明的理论,是客观事物的本质性、规律性的正确反映;它是同错误理论不断地进行斗争中发展起来的。科学理论的重要意义在于它能指导人们的行动"[①]。在这里,我们要认清理论的两个重要特征。第一,须知理论是实践的产物并经受实践的检验。理论是在社会实践中产生,并要经过社会实践的不断检验。只有经过实践证明了其正确性的理论,才能反映客观事物的本质及规律。毛泽东曾说过:"判定认识或理论之是否真理,不是依主观上觉得如何而定,而是依客观上社会实践的结果如何而定。"[②]第二,须知理论是变化发展着的,不是一成不变的。科学理论的发展,一方面由客观事物和社会实践的发展决定,另一方面是在同错误理论的斗争中实现的。它既依赖于社会实践,又有相对独立的自身发展规律。理论与实践的辩证统一关系告诉我们,理论在实践中产生,在实践中发展,反过来又指导实践,为实践服务。

马克思主义者历来重视理论的重要性,并对其有过诸多论述。例如,马克思说:"批判的武器当然不能代替武器的批判,物质力量只能用物质力量来摧毁;但是理论一经掌握群众,也会变成物质力量。理论只要说服人,就能掌握群众;而理论只要彻底,就能说服人。所谓彻

---

① 夏征农主编:《辞海》(语词分册),上海辞书出版社1988年版,第1090页。
② 《毛泽东选集》第1卷,人民出版社1991年版,第284页。

底，就是抓住事物的根本。"①列宁说："没有革命的理论，就不会有革命的运动。""现在我们只想指出一点，就是只有以先进理论为指南的党，才能实现先进战士的作用。"②毛泽东强调要"从客观存在着的实际事物出发，从其中引出规律，作为我们行动的向导"③。邓小平曾要求党的各级干部要"熟悉马克思主义的基本理论，从而加强我们工作中的原则性、系统性、预见性和创造性"④。可见，理论之极端重要性早已成为马克思主义信仰者的普遍共识。

中国共产党的历史，也是一部精彩纷呈的理论创新史。在革命、建设、改革的历史进程中，中国共产党人把马克思主义基本原理同中国具体实际相结合、同中华优秀传统文化相结合，先后形成了毛泽东思想、邓小平理论、"三个代表"重要思想和科学发展观等重大理论成果。正是在这些科学理论的指导下，中国共产党团结带领全国各族人民，取得了新民主主义革命、社会主义革命和建设、改革开放和社会主义现代化建设的伟大成就。党的十八大以来，中国特色社会主义进入新时代。伟大时代呼唤伟大理论。新时代，"这是一个需要理论而且一定能够产生理论的时代，是一个需要思想而且一定能够产生思想的时代"⑤。我们看到，以习近平同志为主要代表的中国共产党人，系统回答了继续推进中国特色社会主义事业的一系列重大基本问题，提出了一系列重大思想、重要观点、重大战略、重大举措，创立了习近平新时代中国特色社会主义思想。这些原创性重要理论成果，指引中国特色社会主义事业不断向前发展、开辟新局面。

需要特别指出的是，创立于新时代的习近平新时代中国特色社会主义思想同创立于改革开放和社会主义现代化建设时期的邓小平理论、

---

① 《马克思恩格斯选集》第1卷，人民出版社2012年版，第9—10页。
② 《列宁全集》第6卷，人民出版社2013年版，第23、24页。
③ 《毛泽东选集》第3卷，人民出版社1991年版，第799页。
④ 《邓小平文选》第3卷，人民出版社1993年版，第147页。
⑤ 习近平：《在哲学社会科学工作座谈会上的讲话》，人民出版社2016年版，第8页。

"三个代表"重要思想和科学发展观之间并不是孤立的、割裂的关系，而是彼此联系、相互交织。它们虽然各自都形成了完整的理论体系，但从中国共产党理论发展的规律看，是不可割裂的继承与发展的关系。

（二）理论体系

那么，何谓理论体系呢？一般而言，理论体系是由理论主题、核心要义、根本观点、逻辑结构、科学方法等构成的。这些相互联系的基本观点形成了一个整体的理论框架。正如列宁所指出的，"真理只是在它们的总和中以及在它们的关系中才会实现"①。判断理论成果是否构成一个有机整体，不能以表面上是否一致为依据，而应透过现象看本质，以贯穿其中的带有根本性的立场、观点和方法一致与否为判断依据。②下面，我们将从构成理论体系所必须具备的基本要素入手，阐述中国特色社会主义理论体系及习近平新时代中国特色社会主义思想一脉相承的内在逻辑。

第一，它们共同拥有一个明确的理论主题——坚持和发展中国特色社会主义。所谓"主题"就是理论探索的核心问题，也是理论研究的对象。③我们认为，中国特色社会主义理论体系"是反映中国特色社会主义这一客观对象本质、发展过程、规律及其认识过程的一系列基本原理、基本观点的内在逻辑联系"④。进入改革开放和社会主义现代化建设时期，在邓小平理论指导下，我们成功开创了中国特色社会主义；在"三个代表"重要思想指导下，我们成功把中国特色社会主义推向二十一世纪；在科学发展观指导下，我们成功在新形势下坚持和发展了中国

---

① 列宁：《哲学笔记》，人民出版社1993年版，第166页。
② 肖贵清、王然：《逻辑与历史统一视域下中国特色社会主义理论体系的整体性》，《中共党史研究》2017年第6期。
③ 秦宣：《论中国特色社会主义理论体系的主题》，《中国特色社会主义研究》2015年第1期。
④ 梅荣政：《论中国特色社会主义旗帜、道路、理论体系三个范畴之间的内在联系》，《思想理论教育导刊》2009年第4期。

特色社会主义。在习近平新时代中国特色社会主义思想指导下，我们解决了许多长期想解决而没有解决的难题，办成了许多过去想办而没有办成的大事，推动党和国家事业取得历史性成就、发生历史性变革，中国特色社会主义进入了新时代。从邓小平理论、"三个代表"重要思想、科学发展观，到习近平新时代中国特色社会主义思想，中国特色社会主义这个理论主旋律是清晰可见的。可以看出，"我们党在新时期的所有理论创新都是围绕中国特色社会主义展开的，也是随着中国特色社会主义的不断深化而不断丰富和发展的"①。因此我们说，坚持和发展中国特色社会主义，是邓小平理论、"三个代表"重要思想、科学发展观和习近平新时代中国特色社会主义思想所共同拥有的理论主题。

第二，它们共同拥有一条清晰的目标主线——实现中华民族伟大复兴。中国共产党自诞生之日起便与中华民族伟大复兴紧密相连。为中国人民谋幸福，为中华民族谋复兴，是中国共产党人始终不渝的初心和使命。这个初心和使命是激励中国共产党人不断前进的根本动力，也是激励中国共产党不断进行理论创新、实践创新的最终旨归。中国共产党领导的新民主主义革命胜利，为实现中华民族伟大复兴创造了根本社会条件；中国共产党领导的社会主义革命和建设，为实现中华民族伟大复兴奠定根本政治前提和制度基础；中国共产党成功领导改革开放和社会主义现代化建设，先后形成了邓小平理论、"三个代表"重要思想和科学发展观，为实现中华民族伟大复兴提供充满新的活力的体制保证和快速发展的物质条件。党的十八大以来，在习近平新时代中国特色社会主义思想指引下，党和国家事业取得历史性成就、发生历史性变革，为实现中华民族伟大复兴提供了更为完善的制度保证、更为坚实的物质基础、更为主动的精神力量。因此说，接续推进并最终实现中华民族的伟大复兴，是邓小平理论、"三个代表"重要思想、科学发展观和习近平新时代中国特色社会主义思想共同拥有的目标主线。

---

① 秦刚：《对中国特色社会主义理论体系的整体性认识》，《中国特色社会主义研究》2017年第4期。

第三，它们共同拥有一脉相承又赓续发展的核心要义，中国特色社会主义理论体系作为一个开放性理论体系，至习近平新时代中国特色社会主义思想形成发展为"十个明确"与"十四个坚持"。在中国特色社会主义事业的伟大实践中，高度重视理论创新的中国共产党经过几代人的接续探索，创立了中国特色社会主义理论体系。这个理论体系具有继承性、创新性和开放性等宝贵理论品格，汲取前人理论成果的精华，不断丰富自身内容，至习近平新时代中国特色社会主义思想的形成，达到更为丰富和完善的阶段。可以说，习近平新时代中国特色社会主义思想的"十个明确"与"十四个坚持"是集中国特色社会主义理论体系之大成，集中代表了中国特色社会主义理论体系的核心要义。这也更加印证了中国特色社会主义理论体系与习近平新时代中国特色社会主义思想之间相呼应的紧密联系。

首先看"十个明确"。2017年在党的十九大上，习近平新时代中国特色社会主义思想的精神实质、核心要义被概括为"八个明确"。2021年党的十九届六中全会通过的《中共中央关于党的百年奋斗重大成就和历史经验的决议》，将习近平新时代中国特色社会主义思想的精神实质、核心要义更精准地概括为"十个明确"。

"十个明确"包括：明确中国特色社会主义最本质的特征是中国共产党领导，中国特色社会主义制度的最大优势是中国共产党领导，中国共产党是最高政治领导力量，全党必须增强"四个意识"、坚定"四个自信"、做到"两个维护"；明确坚持和发展中国特色社会主义，总任务是实现社会主义现代化和中华民族伟大复兴，在全面建成小康社会的基础上，分两步走在本世纪中叶建成富强民主文明和谐美丽的社会主义现代化强国，以中国式现代化推进中华民族伟大复兴；明确新时代我国社会主要矛盾是人民日益增长的美好生活需要和不平衡不充分的发展之间的矛盾，必须坚持以人民为中心的发展思想，发展全过程人民民主，推动人的全面发展、全体人民共同富裕取得更为明显的实质性进展；明确中国特色社会主义事业总体布局是经济建设、政治建设、文化建设、社会建设、生态文明建设五位一体,战略布局是全面建设社会主义现代化国家、全面深化改革、全面依法治国、全面从严治党四个全面;明确全面深化改革总目标是完善和发展中国特色社会主义制度、推进国家治理体系和治理能力现代化;明确全面推进依法治国总目标是建设中国特色社会主义法治体系、建设社会主义法治国家;明确必须坚持和完善社会主义基本经济制度,使市场在资源配置中起决定性作用,更好发挥政府作用,把握新发展阶段,贯彻创新、协调、绿色、开放、共享的新发展理念,加快构建以国内大循环为主体、国内国际双循环相互促进的新发展格局,推动高质量发展,统筹发展和安全;明确党在新时代的强军目标是建设一支听党指挥、能打胜仗、作风优良的人民军队,把人民军队建设成为世界一流军队;明确中国特色大国外交要服务民族复兴、促进人类进步,推动建设新型国际关系,推动构建人类命运共同体;明确全面从严治党的战略方针,提出新时代党的建设总要求,全面推进党的政治建设、思想建设、组织建设、作风建设、纪律建设,把制度建设贯穿其中,深入推进反腐败斗争,落实管党治党政治责任,以伟大自我革命引领伟大社会革命。这些战略思想和创新理念,是党对中国特色社会主义建设规律认识深化和理论创新的重大成果。①

再来看"十四个坚持"。这是习近平新时代中国特色社会主义的基本方略,回答的是"怎样坚持和发展中国特色社会主义"。这"十四个坚持"包括:坚持党对一切工作的领导,坚持以人民为中心,坚持全面深化改革,坚持新发展理念,坚持人民当家作主,坚持全面依法治国,坚持社会主义核心价值体系,坚持在发展中保障和改善民生,坚持人与自然和谐共生,坚持总体国家安全观,坚持党对人民军队的绝对领导,坚持"一国两制"和推进祖国统一,坚持推动建构人类命运共同体,

---

① 《中共中央关于党的百年奋斗重大成就和历史经验的决议》,人民出版社2021年版,第24—25页。

坚持全面从严治党。①

"十个明确"与"十四个坚持"是相辅相成、相互补充、有机统一的。它们从理论概括和实践指南两个方面共同构成了习近平新时代中国特色社会主义思想的主要内容,"凝结着中国共产党坚持和发展中国特色社会主义的宝贵经验,反映了新时代和新实践对理论发展的新要求,表现了以习近平同志为核心的党中央对中国特色社会主义规律性认识的深化、拓展、升华,体现了理论与实际相结合、认识论和方法论相统一的鲜明特色"②。作为马克思主义中国化时代化的最新理论成果,习近平新时代中国特色社会主义思想的核心要义集中代表和拓展深化了邓小平理论、"三个代表"重要思想和科学发展观这些理论成果的核心要义。因此我们说,"十个明确"与"十四个坚持",是邓小平理论、"三个代表"重要思想、科学发展观和习近平新时代中国特色社会主义思想赓续发展着的核心要义。

第四,它们拥有共同的理论灵魂和科学的方法论——解放思想、实事求是、与时俱进、求真务实。围绕中国特色社会主义现代化建设这一重大时代课题,"我们党坚持以马克思列宁主义、毛泽东思想、邓小平理论、'三个代表'重要思想、科学发展观为指导,坚持解放思想、实事求是、与时俱进、求真务实,坚持辩证唯物主义和历史唯物主义,紧密结合新的时代条件和实践要求,以全新的视野深化对共产党执政规律、社会主义建设规律、人类社会发展规律的认识,进行艰辛理论探索,取得重大理论创新成果,形成了新时代中国特色社会主义思想"③。可见,解放思想、实事求是、与时俱进、求真务实是贯穿于邓小平理论、"三个代表"重要思想、科学发展观和习近平新时代中国特色社会主义思想中的科学态度和思想方法。正如习近平总书记在庆

---

① 中共中央宣传部编:《习近平新时代中国特色社会主义思想学习纲要》,学习出版社、人民出版社2019年版,第9页。

② 同上。

③ 《习近平谈治国理政》第3卷,外文出版社2020年版,第15页。

祝改革开放40周年大会上的讲话中所指出:"40年来,我们始终坚持解放思想、实事求是、与时俱进、求真务实,坚持马克思主义指导地位不动摇,坚持科学社会主义基本原则不动摇,勇敢推进理论创新、实践创新、制度创新、文化创新以及各方面创新,不断赋予中国特色社会主义以鲜明的实践特色、理论特色、民族特色、时代特色,形成了中国特色社会主义道路、理论、制度、文化,以不可辩驳的事实彰显了科学社会主义的鲜活生命力,社会主义的伟大旗帜始终在中国大地上高高飘扬!"①

总之,邓小平理论、"三个代表"重要思想、科学发展观和习近平新时代中国特色社会主义思想,都已具备构筑理论体系所需的主题、主线、核心要义、理论灵魂等基本要素。这两个体系当属一个主题、一条主线,是继承与创新的关系。

二、中国特色社会主义理论体系形成的历史条件

"江河万里总有源,树高千尺也有根。"中国特色社会主义理论体系的形成发展不是无源之水、无本之木。它是中国共产党植根所处的伟大时代,汲取历史智慧而形成的理论结晶。探寻这一理论体系何以建构,需用恢宏的历史视野、时代视野对其所处的世情、国情、党情加以科学地审视。其中,以下四个方面的历史条件对中国特色社会主义理论体系的创立发展是不可或缺的。

第一,正确总结历史经验是中国特色社会主义理论体系开创的基本条件。在筚路蓝缕的社会主义革命和建设时期,毛泽东是探索中国特色社会主义道路的先驱者。但由于缺乏社会主义社会建设的经验,对国内阶级斗争形势做出了与实际情况渐趋背离的"左"的错误估计,使他在对什么是社会主义,怎样建设社会主义这一课题的探索中走了弯路,从而导致了"文化大革命"这样的全局性错误,使社会主义建设遭受了严

---

① 习近平:《在庆祝改革开放40周年大会上的讲话》,人民出版社2018年版,第11页。

重挫折。1976年10月,华国锋、叶剑英等代表中央政治局,执行党和人民的意志,粉碎了"四人帮",结束了"文化大革命",我国的社会秩序得以恢复,党和国家的工作开始重新走上健康发展的轨道。"文化大革命"持续十年之久,严重暴露出当时党和国家在体制、政策、工作等方面存在的严重缺陷。正如邓小平所说:"二十年的经验尤其是'文化大革命'的教训告诉我们,不改革不行,不制定新的政治的、经济的、社会的政策不行。"[①]但由于长期以来"左"的积习仍然禁锢着人们的思想,"左"的指导思想不能得到根本纠正,在粉碎"四人帮"后的两年中,党和国家工作出现了在徘徊中前进的局面。这表明,需要中国共产党认真总结历史经验,深刻反思和纠正过去所犯的错误,社会主义建设才能从困境中走出。

1978年12月召开的党的十一届三中全会是一个伟大的转折。这次会议对于中国特色社会主义理论建构的意义就在于,冲破长期"左"倾错误的严重束缚,深刻总结过去的历史经验教训。会议在彻底否定此前"两个凡是"的错误方针的前提下,重新确立起马克思主义的思想路线、政治路线、组织路线,开启了我国改革开放和社会主义现代化建设的新时期。为了深刻总结历史经验,推进改革开放,1981年十一届六中全会召开,这次会议通过的《关于建国以来党的若干历史问题的决议》全面深刻总结了新中国成立以来社会主义建设的历史经验,正确评价了新中国成立以来32年的历史,正确评价了毛泽东和毛泽东思想,澄清了党的历史上十分重大的关键性问题。《关于建国以来党的若干历史问题的决议》为全党继续解放思想、开辟新道路、创立新理论,凝聚了共识,提供了准绳。

在十一届三中全会及十一届六中全会精神的引领下,中国共产党带领人民顺利完成了拨乱反正的任务,调整国民经济,率先取得农村改革的突破,初步展开城市经济体制改革,创办经济特区,各项事业呈现

---

① 《邓小平文选》第3卷,人民出版社1993年版,第266页。

出蓬勃发展的崭新局面,为中国特色社会主义理论体系的构建提供了实践基础。1982年9月,党的十二大在北京举行。邓小平在开幕词中郑重提出:"把马克思主义的普遍真理同我国的具体实际结合起来,走自己的道路,建设有中国特色的社会主义。"① "建设有中国特色的社会主义"命题的提出,深刻回答了进入改革开放新时期后走什么样的道路这一重大问题,这是中国共产党开创中国特色社会主义理论体系的起点。

历史地看,中国特色社会主义理论体系是在我国开启改革开放和社会主义现代化建设的历史条件下,深刻总结我国社会主义建设正反两方面经验教训的条件下创立起来的。

第二,对前人思想的继承是中国特色社会主义理论体系开创的前提条件。中国特色社会主义理论体系是几代中国共产党人接续奋斗所创造出的理论成果。对此,毛泽东有奠基之功,邓小平有开创之功,江泽民和胡锦涛有推进之功,习近平有重大发展之功。

中国特色社会主义理论体系是在毛泽东对社会主义建设道路探索的基础上创建的。在毛泽东的领导下,党在社会主义革命和建设中取得的独创性理论成果和实践成就,为在新的历史时期开创中国特色社会主义提供了宝贵经验、理论准备、物质基础。可以说,中国特色社会主义理论体系是对毛泽东思想的继承与发展,毛泽东关于社会主义建设思想是"中国特色社会主义的渊源理论"②。

在我们对社会主义建设的探索刚刚起步时,毛泽东就论述了中国的社会主义建设必须具有中国特点的思想和必须实行马克思主义与中国实际"第二次结合"的基本原则,提出了社会主义社会矛盾的学说,阐明了调动一切积极因素建设社会主义的基本方针。此后,党又进一步总结经验,对社会主义的发展阶段问题初步作出了正确的论述,提出了中国实现四个现代化的目标、两步走的发展战略,并且阐述了在社会主义经

---

① 《十二大以来重要文献选编》(上),人民出版社1986年版,第3页。
② 石仲泉:《"中国特色社会主义理论体系"——当代中国马克思主义创新理论的最新概括》,《中共党史研究》2018年第1期。

济建设、民主政治建设、文化建设、国防和军队建设、执政党建设等方面的若干重要原则。

在社会主义经济建设方面,毛泽东提出:要实行以农业为基础、以工业为主导的方针,正确处理重工业、轻工业和农业的关系,以农、轻、重为序发展国民经济;在优先发展重工业的条件下,坚持工业和农业并举、重工业和轻工业并举等"两条腿"走路的方针;发展社会主义商品生产,利用价值规律;正确解决好综合平衡的问题,处理好积累和消费、生产和生活的问题,处理好国家、集体和个人的关系,统筹兼顾,适当安排。在社会主义民主政治建设方面,毛泽东提出:把正确处理人民内部矛盾作为国家政治生活的主题,坚持人民民主,尽可能团结一切可以团结的力量;处理好中国共产党同各民主党派的关系,坚持"长期共存、互相监督"的方针,巩固和扩大爱国统一战线;等等。在社会主义文化建设方面,毛泽东提出:要坚持马克思主义的指导地位,实行"百花齐放、百家争鸣","古为今用、洋为中用、百花齐放、推陈出新"的方针;要向科学进军,不能走世界各国发展科学技术的老路,而应独立自主、自力更生、奋发图强,努力赶超世界先进水平;等等。在国防和军队建设方面,毛泽东提出:必须加强国防、建设现代化正规化国防军和发展现代化国防技术等重要指导思想。在执政党建设方面,毛泽东提出:共产党员必须坚持共产主义的远大理想,务必继续地保持谦虚、谨慎、不骄、不躁的作风,继续地保持艰苦奋斗的作风;各级领导干部必须自觉地运用人民赋予的权力为人民服务,依靠人民群众行使这个权力,并接受人民群众的监督;必须防止在共产党内、在干部队伍中形成特权阶层、贵族阶层,坚决地反对党内和干部队伍中的腐败现象;必须切实解决"培养无产阶级革命事业的接班人"的问题;等等。①

---

① 参见中共中央党史研究室:《中国共产党的九十年(社会主义革命和建设时期)》,中共党史出版社、党建读物出版社2016年版,第639—641页。

以上这些思想初步回答了在一个半殖民地半封建的东方大国在完成新民主主义革命和社会主义革命之后,建设什么样的社会主义、怎样建设社会主义的问题,积累了在中国这样一个社会生产力水平十分落后的东方大国进行社会主义建设的重要经验,以创造性的内容为马克思主义宝库增添了新的财富。可以说,"毛泽东确实想走出一条不同于苏联的、适合中国国情的、具有中国自己特点的社会主义道路,也提出了许多有价值的理论观点,为后来中国特色社会主义理论体系的形成提供了许多有益的启示与借鉴"[①]。

中国特色社会主义理论体系对毛泽东思想的继承,最重要的体现在对其活的灵魂的继承。毛泽东以后党的历代领导集体都十分清楚地认识到:"毛泽东思想活的灵魂是贯穿其中的立场、观点、方法,它们有三个基本方面,这就是实事求是、群众路线、独立自主。新形势下,我们要坚持和运用好毛泽东思想活的灵魂,把我们党建设好,把中国特色社会主义伟大事业继续推向前进。"[②]中国特色社会主义理论体系正是继承了实事求是精神,做到了坚持一切从实际出发,理论联系实际,在实践中检验真理和发展真理;正是继承了群众路线精神,做到了坚持一切为了群众,一切依靠群众,把群众路线贯彻到治国理政全部活动之中;正是继承了独立自主精神,做到了坚持把国家和民族发展放在自己力量的基点上,坚持民族自尊心和自信心,坚定不移走自己的路,才有改革开放和社会主义现代化建设的伟大成就。

不仅如此,中国特色社会主义理论体系也充分体现了改革开放以来中国共产党历代领导集体对中国特色社会主义道路探索过程代际之间的不可分割性。即毛泽东思想、邓小平理论、"三个代表"重要思想、科学发展观与习近平新时代中国特色社会主义思想之间的不可分割性,即继承性。

---

① 罗平汉、周震:《中国特色社会主义理论体系与毛泽东思想的关系研究述评》,《党的文献》2013年第2期。
② 《十八大以来重要文献选编》(上),中央文献出版社2014年版,第695页。

第三，准确把握时代意志是中国特色社会主义理论体系形成的关键条件。真正的哲学，是社会变革的先导，是时代的精华。黑格尔在论述哲学与时代的关系时曾经写道："就个体而言，每个人本来都是他时代的产儿；那么，哲学也就是被把握在思想中的它的时代。"① 真正的哲学总是应时代而生，领时代之先。经过实践考验的中国特色社会主义理论体系自然是时代精华、真正的哲学，其所承载的时代意志更是显而易见的。习近平强调："实现中华民族伟大复兴，就是中华民族近代以来最伟大的梦想。这个梦想，凝聚了几代中国人的夙愿，体现了中华民族和中国人民的整体利益，是每一个中华儿女的共同期盼。"② 实现中华民族伟大复兴，是中国特色社会主义理论体系所不懈追求的时代意志。

实现中华民族伟大复兴的愿景，与近代以来中国人民的悲惨遭遇密不可分。鸦片战争后，"在一片风雨之势中，来自异域的政治、经济、军事、思想、文化急速地渗入中国社会的各个方面"③，中国开始沦为半殖民地半封建社会，中国被动卷入世界现代化浪潮中。由此开始，实现民族复兴，成为近代以降中国人民孜孜以求的美好愿景。在无数仁人志士的努力相继失败，中国面临向何处去的历史关头，代表无产阶级和劳苦大众利益的中国共产党应运而生。《共产党宣言》指出，"只有无产阶级是真正革命的阶级"④，"无产阶级的运动是绝大多数人的，为绝大多数人谋利益的独立的运动"⑤。故而，代表无产阶级根本利益的共产党更是"没有任何同整个无产阶级的利益不同的利益"⑥。于是，新生的中国共产党便肩负起实现民族复兴的重任，开始以强烈的历史主动精神和责

---

① ［德］黑格尔：《黑格尔著作集（第7卷·法哲学原理）》，邓安庆译，人民出版社2016年版，第13页。
② 《习近平谈治国理政》第1卷，外文出版社2018年版，第36页。
③ 陈旭麓：《近代中国社会的新陈代谢》，生活·读书·新知三联书店2017年版，第200页。
④ 《马克思恩格斯选集》第1卷，人民出版社2012年版，第410—411页。
⑤ 同上书，第411页。
⑥ 同上书，第413页。

任担当带领中国人民走向民族复兴。回顾百年历史,中国共产党筚路蓝缕,团结带领中国人民进行的一切奋斗、一切牺牲、一切创造,归结起来其实就是一个主题,即实现中华民族伟大复兴。

中国特色社会主义理论体系创立于改革开放和社会主义现代化建设新时期。为了实现中华民族伟大复兴,在改革开放和社会主义现代化建设新时期,中国共产党的任务就是大力发展生产力,使中华民族由站起来到富起来,让人民过上幸福生活。邓小平、江泽民、胡锦涛几代共产党人,把握了这个时代赋予的历史使命,团结带领中国人民创造了改革开放和社会主义现代化建设的伟大成就,实现了人民生活从温饱不足到总体小康、奔向全面小康的历史性跨越,为实现中华民族伟大复兴提供了充满新的活力的体制保证和快速发展的物质条件,中华民族迎来了从站起来到富起来的伟大飞跃。

作为中国特色社会主义理论体系的继承和发展部分,习近平新时代中国特色社会主义思想是在中华民族迎来站起来、富起来的基础上走向强起来的过程中创立的。以习近平同志为核心的党中央团结带领中国人民,创造了新时代中国特色社会主义的伟大成就,党和国家事业取得历史性成就、发生历史性变革,为实现中华民族伟大复兴提供了更为完善的制度保证、更为坚实的物质基础、更为主动的精神力量,"实现中华民族伟大复兴进入了不可逆转的历史进程!"[①]如今,我们已经开启实现第二个百年奋斗目标的新征程,正朝着实现中华民族伟大复兴的宏伟目标继续前进。

总之,中国仅用几十年时间就走完发达国家几百年走过的工业化历程,创造了经济快速发展和社会长期稳定两大奇迹。纵观历史、现实与未来,毫无疑问,实现中华民族的伟大复兴就是时代意志、时代使命。中国特色社会主义理论体系必将在实现中华民族伟大复兴的历史进程中继续丰富和发展。

---

① 习近平:《在庆祝中国共产党成立100周年大会上的讲话》,人民出版社2021年版,第7页。

第四，中国共产党的自我革命是中国特色社会主义理论体系形成不可或缺的条件。历史告诉我们，一个政党只有实施正确的路线，并成为坚强的领导核心，才具备贡献伟大理论的可能性。中国共产党之所以能带领中国人民开创、发展中国特色社会主义理论体系，关键原因就在于其能够正视问题，勇于纠错，成功地实现了自我革命，从而始终保持了自身的先进性，进而能够始终担当社会主义事业领导核心的角色。中国特色社会主义理论体系的成功创立和发展，始终展现着"治国必先治党"的实践逻辑和理论逻辑。

"文化大革命"结束后，我们党面对过去走过的歧路，以巨大的政治勇气，推进自我革命。1978年5月10日，中央党校内部刊物《理论动态》刊载《实践是检验真理的唯一标准》一文，《光明日报》在第二天以特约评论员名义公开发表，并被各大报刊转载。由此引发了一场关于真理标准问题的大讨论。邓小平和老一辈革命家对此予以强烈支持。真理标准问题大讨论的伟大历史意义就在于形成了思想解放的大潮，打破了教条式的理论禁锢，推动恢复了实事求是的马克思主义思想路线，在开启了历史转折之际，中国共产党迈出自我革命的关键一步。

正是在此历史背景下，十一届三中全会果断停止使用"以阶级斗争为纲"的口号，重新确立起马克思主义的思想路线、政治路线、组织路线，实现了伟大转折。与此同时，一系列拨乱反正的任务陆续开展。大规模平反冤假错案和调整社会关系，"对促进社会安定、人民团结，对巩固和发展爱国统一战线，从而推动改革开放和社会主义现代化建设事业发展，起到了十分重要的作用"[①]。特别是1981年党的十一届六中全会通过的《关于建国以来党的若干历史问题的决议》，直面自己在社会主义建设中犯的严重错误，包括"文化大革命"的错误，深刻分析了犯错误的原因。正是由于敢于承认，正确分析，坚决纠正错误的正确态

[①] 《中国共产党简史》编写组编著：《中国共产党简史》，人民出版社、中共党史出版社2021年版，第227页。

度,使党卸去了历史包袱、思想上达到统一,从而开启了改革开放的新征程。

此后,以邓小平同志为主要代表的中国共产党人,始终高度重视党的自我革命,提出了"把党建设成为领导社会主义现代化事业的坚强核心"①的时代命题;要求把发展生产力作为党建工作的出发点和最高原则,深刻阐明了党的建设的路径和方向;提出健全党规党纪党法和党内民主集中制等制度建设的构想;深入阐释了党在改革开放历史条件下如何坚持工人阶级先锋队性质,从严治党,反对腐败等重要现实问题,成为新时期党的建设的新起点。这些宝贵思想成为邓小平理论的重要组成部分。

党的十三届四中全会以后,以江泽民同志为主要代表的中国共产党人,面对社会主义市场经济新形势下党自身出现的新矛盾新问题,积极探索加强党的建设的途径,提出了"三个代表"重要思想,为执政党建设作出了重大贡献。党的十四届四中全会通过的《中共中央关于加强党的建设几个重大问题的决定》,明确提出"把党建设成为用建设有中国特色社会主义理论武装起来、全心全意为人民服务、思想上政治上组织上完全巩固、能够经受住各种风险、始终走在时代前列的马克思主义政党"②的目标与任务。全党开展了以"三讲"为主要内容的党性党风教育活动,广大干部普遍受到一次深刻的马克思主义教育,经受了一次党内民主生活的严格锻炼。

党的十六大以后,以胡锦涛同志为主要代表的中国共产党人,面对进入新世纪新阶段的形势任务,明确提出了党的建设科学化的重大命题,要求围绕不断提高领导水平和执政水平、提高拒腐防变和抵御风险的能力这两大历史性课题,全面推进党建工作。党的十六届四中全会作出《中共中央关于加强党的执政能力建设的决定》,对于加强党的执政

---

① 《中国共产党第十二次全国代表大会文件汇编》,人民出版社1982年版,第62页。
② 《中共中央关于加强党的建设几个重大问题的决定》,人民出版社1994年版,第6页。

能力建设作出了重要部署。保持共产党员先进性教育活动在全党分批展开,进一步增强了党的先进性,提高了党的执政能力。

从理论继承的角度看,党的十八大以来,以习近平同志为核心的党中央准确把握中国共产党领导是中国特色社会主义最本质的特征及其政治逻辑。面对管党治党一度宽松软带来的问题,围绕"建设一个什么样的党、怎样建设党"这一根本问题,创造性地提出了一系列党的建设的新思想。例如,在强调"打铁还需自身硬"的基础上,把"全面从严治党"置于治国理政的战略之中,提出了"四个全面"的战略思想,形成了治党与治国有机统一的理论;针对党自身存在的"精神懈怠危险、能力不足危险、脱离群众危险、消极腐败危险"的严峻形势,强化提高党的自我净化、自我完善、自我革新、自我提高能力;提出"实现伟大梦想,必须推进伟大工程"以及"全面从严治党永远在路上";将"全面从严治党"的重点落在"深入推进反腐败斗争"上;强调把政治建设摆在首位;将思想建党和制度治党相统一;坚持抓"关键少数"和管"绝大多数"相统一;坚持党内监督和群众监督相统一;等等。这些思想构成了新时代全面从严治党的系统理论,从而保证新时代中国特色社会主义伟大事业的顺利推进。

总之,一个健康强大的政党才能孕育出科学的理论。中国特色社会主义理论体系是在中国共产党的坚强领导下开创发展起来的,没有中国共产党持续开展自我革命,不断提升执政能力,就没有中国特色社会主义事业的发展,就没有中国特色社会主义理论体系的创立和发展。

第二节 中国特色社会主义理论体系的核心构成

中国特色社会主义理论体系是一个要素完整、逻辑严密的理论系统。党的十九届六中全会通过的《中共中央关于党的百年奋斗重大成就和历史经验的决议》指出,在改革开放和社会主义现代化建设新时期,中国共产党"从新的实践和时代特征出发坚持和发展马克思主义,科学回答了建设中国特色社会主义的发展道路、发展阶段、根本任务、发展动力、发展战略、政治保证、祖国统一、外交和国际战略、领导力量和依靠力量等一系列基本问题,形成中国特色社会主义理论体系,实现了马克思主义中国化新的飞跃"①。本节将从以上几个方面入手,简述中国特色社会主义理论体系的核心构成,以期对其形成一个比较全面的认识。

一、中国特色社会主义的发展道路

道路问题对一个政党、一个国家、一个民族来说至关重要。走什么路,是关系党的事业兴衰成败的首要问题。中国特色社会主义的发展道路就是我们党带领全国各族人民历经千辛万苦所开辟出的中国特色社会主义道路。习近平总书记指出,"在中国共产党领导下,我们开辟了中国特色社会主义道路,形成了中国特色社会主义理论体系,建立了中国特色社会主义制度,发展了中国特色社会主义文化"②。其中,中国特色社会主义道路是实现途径。中国特色社会主义发展道路的开辟、形成与发展,经历了党的几代领导集体艰辛的探索和实践,凝聚了几代中国共产党人的智慧,形成了一系列理论与实践的创新成果,体现了马克思主义与时俱进的理论品质。

(一)中国特色社会主义发展道路的历史脉络

回顾历史,中国共产党对社会主义道路的探索经历了一个艰辛过程。早在抗日战争和解放战争时期,毛泽东等老一辈无产阶级革命家就发表了《〈共产党人〉发刊词》《中国革命和中国共产党》以及《新民主主义论》等著作,阐明了中国革命的历史进程必须分为民主主义革命

---

① 《中共中央关于党的百年奋斗重大成就和历史经验的决议》,人民出版社2021年版,第17—18页。
② 《十九大以来重要文献选编》(中),中央文献出版社2021年版,第29页。

和社会主义革命两部分，制定了新民主主义的经济、政治、文化纲领。新中国成立后，以毛泽东同志为主要代表的中国共产党人，抓住机遇，领导中国人民进行了社会主义改造，在中国建立了社会主义制度，并轰轰烈烈地搞起了社会主义建设。在筚路蓝缕的建设过程中，党注意以苏联经验为借鉴，注重马克思主义与中国实际"第二次结合"，取得了许多独创性理论成果和巨大成就，"为在新的历史时期开创中国特色社会主义提供了宝贵经验、理论准备、物质基础"[①]。但毛泽东等老一辈无产阶级革命家在探索中国社会主义发展道路过程中，尽管有意区别于苏联模式，但却没有突破苏联模式的束缚，社会主义建设始终在高度集中的计划经济体制框架内进行，最终使中国社会主义事业受到挫折。

1978年底召开的党的十一届三中全会以后，以邓小平同志为主要代表的中国共产党人，领导全党和全国人民对中国特色社会主义道路进行了新的开拓与探索。邓小平继承了毛泽东的一切从中国实际出发的优良传统，恢复了实事求是的思想路线，为开辟中国特色社会主义道路奠定了坚实的思想基础。首先，党中央果断停止了"以阶级斗争为纲"的"左"倾路线，把工作重点转移到社会主义现代化建设上来。其次，立足国情又放眼世界，强调贫穷不是社会主义，社会主义要消灭贫穷。再次，结合时代发展的新特点，提出了一系列理论观点和亟待解决的实践问题。比如，"社会主义现代化建设是我们当前最大的政治，因为它代表着人民的最大的利益、最根本的利益"[②]。"生产力方面的革命也是革命，而且是很重要的革命，从历史的发展来讲是最根本的革命"[③]。1981年党的十一届六中全会初步地概括了这条"适合我国情况的社会主义现代化建设的正确道路"，从此我们党形成了一系列与以往不同的关于社会主义建设道路的新认识。1982年党的十二大提出走建设有中国特色社

---

① 《中共中央关于党的百年奋斗重大成就和历史经验的决议》，人民出版社2021年版，第14页。
② 《邓小平文选》第2卷，人民出版社1994年版，第163页。
③ 同上书，第311页。

会主义道路的新命题,邓小平在党的十二大开幕词中指出:"把马克思主义的普遍真理同我国的具体实际结合起来,走自己的道路,建设有中国特色的社会主义,这就是我们总结长期历史经验得出的基本结论。"①这标志着以邓小平同志为主要代表的中国共产党人对中国特色社会主义道路的探索步入了新阶段。

党的十三届四中全会以后,以江泽民同志为主要代表的中国共产党人承接了中国特色社会主义发展道路的探索任务,总结了前人对中国特色社会主义发展道路的探索经验,进一步推进了中国特色社会主义事业的快速、稳定发展。1992年党的十四大上,江泽民作了题为《加快改革开放和现代化建设步伐,夺取有中国特色社会主义事业的更大胜利》的报告,总结了十一届三中全会以来十四年的实践经验,决定抓住机遇,加快发展;确定我国经济体制改革的目标是建立社会主义市场经济体制;提出用邓小平建设有中国特色社会主义理论武装全党。十四大使用了"建设有中国特色社会主义理论"的表述,并从九个方面对邓小平理论的内容作出了新概括,强调邓小平理论是马克思列宁主义、毛泽东思想的继承和发展,是马克思主义在中国发展的新阶段。②随着时代前进的步伐,以江泽民同志为主要代表的中国共产党人,团结带领全党全国各族人民,坚持党的基本理论、基本路线,加深了对什么是社会主义、怎样建设社会主义和建设什么样的党、怎样建设党的认识,形成了"三个代表"重要思想。

中国特色社会主义进入21世纪的新历史阶段,党的十六大形成的以胡锦涛同志为总书记的党中央,肩负起了领导中华民族继续建设社会主义的历史重任。新一届党中央面对新世纪前所未有的机遇和挑战,站在历史的新起点上,坚持以邓小平理论和"三个代表"重要思想为指导,从我国经济社会发展的阶段性特征出发,提出了科学发展观等一系列

---

① 《邓小平文选》第3卷,人民出版社1993年版,第3页。
② 参见《十四大以来重要文献选编》(上),人民出版社1996年版,第10—13页。

重大战略思想。科学发展观是对我们党关于发展的重要思想的继承和发展，是同马克思列宁主义、毛泽东思想既一脉相承又与时俱进的科学理论，与邓小平理论和"三个代表"重要思想一起构成了中国特色社会主义理论体系，成为我国经济社会发展的指导思想。

（二）中国特色社会主义发展道路的理论内涵

2012年党的十八大报告指出："中国特色社会主义道路，就是在中国共产党领导下，立足基本国情，以经济建设为中心，坚持四项基本原则，坚持改革开放，解放和发展社会生产力，建设社会主义市场经济、社会主义民主政治、社会主义先进文化、社会主义和谐社会、社会主义生态文明，促进人的全面发展，逐步实现全体人民共同富裕，建设富强民主文明和谐的社会主义现代化国家。"①这一论述高屋建瓴地阐明了中国特色社会主义道路的科学内涵。

第一，中国共产党是实现社会主义现代化，建设中国特色社会主义的领导力量。对此，毛泽东明确指出："中国共产党是全中国人民的领导核心。没有这样一个核心，社会主义事业就不能胜利。"②邓小平也多次指出："中国由共产党领导，中国的社会主义现代化建设事业由共产党领导，这个原则是不能动摇的；动摇了中国就要倒退到分裂和混乱，就不可能实现现代化。"③第二，"立足基本国情"，明确了建设中国特色社会主义的现实依据，同时赋予中国特色社会主义道路鲜明的时代特征。中国共产党正是在掌握国际局势的新特点和我国处于并将长期处于社会主义初级阶段的基本国情的基础上，敏锐地作出实行改革开放的重大决策，开辟了中国特色社会主义道路。第三，中国共产党领导中国人民在中国特色社会主义道路上前进的根本途径是坚持"一个中心，两个基本点"。坚持以经济建设为中心、坚持四项基本

---

① 《十八大以来重要文献选编》（上），中央文献出版社2014年版，第9—10页。
② 《毛泽东文集》第7卷，人民出版社1999年版，第303页。
③ 《邓小平文选》第2卷，人民出版社1994年版，第267—268页。

原则、坚持改革开放，集中体现了全国人民的根本利益和共同意志，反映了中国特色社会主义建设规律。第四，建设中国特色社会主义的根本任务是"解放和发展社会生产力"。因为社会主义的本质，就是解放生产力，发展生产力，消灭剥削，消除两极分化，最终达到共同富裕。第五，建设中国特色社会主义的奋斗目标是"建设富强民主文明和谐的社会主义现代化国家"。中国共产党站在新的历史起点上，创造性地提出了中国特色社会主义经济建设、政治建设、文化建设、社会建设、生态文明建设的总体布局，并对其作出了全面部署，指导着中国特色社会主义事业不断前进。

党的十八大报告对中国特色社会主义道路内涵的科学界定，突出了党的领导地位；明确了中国社会主义初级阶段的国情；坚持了党在社会主义初级阶段的基本路线；强调了发展生产力、巩固和完善社会主义制度的历史任务；把握了经济、政治、文化、社会、生态文明"五大"建设之脉络；明晰了建设富强、民主、文明、和谐的社会主义现代化国家的奋斗目标；破解了在经济文化比较落后的国家如何巩固社会主义革命的成果、如何建设和继续发展社会主义的难题。同时，标志着中国共产党人在长期社会主义建设的实践中，对社会主义发展规律认识的不断深化。

（三）中国特色社会主义发展道路的具体呈现

中国特色社会主义发展道路在经济、政治、文化、社会以及生态文明等方面都有具体呈现，它们揭示着中国特色社会主义的独特性创新性奥妙所在，引领着中国特色社会主义事业在各方面行稳致远。

第一，中国特色社会主义经济发展道路。坚持和完善社会主义市场经济体制，从制度上更好地发挥市场在资源配置中的基础性作用。坚持和完善公有制为主体、多种所有制经济共同发展的基本经济制度。坚持和完善按劳分配为主体、多种分配方式并存的分配制度。加快转变经济发展方式，坚持走中国特色新型工业化道路，推动产业结构优化升级。

深化各项体制改革,健全现代市场体系,完善有利于科学发展的宏观调控体系。提高自主创新能力,建设创新型国家,建设社会主义新农村,推动区域协调发展,加强能源资源节约和生态环境保护,提高开放型经济水平,促进国民经济又好又快发展。

第二,中国特色社会主义政治发展道路。人民民主是社会主义的生命,人民当家作主是社会主义民主政治的本质和核心。坚持中国特色社会主义政治发展道路,坚持党的领导、人民当家作主、依法治国有机统一,坚持和完善人民代表大会制度、中国共产党领导的多党合作和政治协商制度、民族区域自治制度以及基层群众自治制度,不断推进社会主义政治制度自我完善和发展。深化政治体制改革,扩大人民民主,发展基层民主,尊重和保障人权,全面落实依法治国基本方略,加快行政管理体制改革,完善权力制约和监督机制,推进社会主义民主政治制度化、规范化、程序化,建设社会主义法治国家,发展社会主义政治文明。

第三,中国特色社会主义文化发展道路。坚持社会主义先进文化前进方向,建设社会主义核心价值体系,建设社会主义精神文明,发展面向现代化、面向世界、面向未来的,民族的科学的大众的社会主义文化。坚持为人民服务、为社会主义服务的方向,坚持百花齐放、百家争鸣的方针,坚持贴近实际、贴近生活、贴近群众,积极推进文化创新。深化文化体制改革,大力发展文化事业和文化产业,建设和谐文化,弘扬中华文化,提高国家文化软实力,推动社会主义文化大发展大繁荣,保障人民基本文化权益,提高全民族文明素质,使社会文化生活更加丰富多彩,使人民精神风貌更加昂扬向上。

第四,中国特色社会主义社会发展道路。"社会和谐是中国特色社会主义的本质属性"[①]。按照构建社会主义和谐社会的总要求和共同建设、共同享有的原则,坚持把保障和改善民生作为关系全局的重大任

---

① 《十八大以来重要文献选编》(上),中央文献出版社2014年版,第12页。

务,着力解决人民最关心、最直接、最现实的利益问题,优先发展教育,实施扩大就业的发展战略,深化收入分配制度改革,完善社会保障体系,建立基本医疗卫生体系,促进社会公平正义。深化社会体制改革,扩大公共服务,完善社会管理,妥善处理人民内部矛盾,统筹协调各方面利益关系,最大限度激发社会创造活力,最大限度增加和谐因素,最大限度减少不和谐因素,努力形成全体人民各尽其能、各得其所而又和谐相处的局面。

第五,中国特色社会主义生态文明建设道路。生态兴则文明兴,生态衰则文明衰。建设生态文明是关系人民福祉、关乎中华民族永续发展的千年大计,是实现中华民族伟大复兴的重要战略任务。关于生态文明建设的理论日益成为中国特色社会主义理论体系中不可或缺的重要组成部分。2007年党的十七大把建设生态文明列入全面建设小康社会的目标。随着我国经济社会发展不断深入,生态文明建设地位和作用日益凸显。"党的十八大把生态文明建设纳入中国特色社会主义事业总体布局,使生态文明建设的战略地位更加明确,有利于把生态文明建设融入经济建设、政治建设、文化建设、社会建设各方面和全过程。这是我们党对社会主义建设规律在实践和认识上不断深化的重要成果。"[①]坚持节约资源和保护环境的基本国策,坚持节约优先、保护优先、自然恢复为主的方针,着力推进绿色发展、循环发展、低碳发展,形成节约资源和保护环境的空间格局、产业结构、生产方式、生活方式,从源头上扭转生态环境恶化趋势,为人民创造良好生产生活环境,为全球生态安全作出贡献。

二、中国特色社会主义的发展阶段

我国处于并将长期处于社会主义初级阶段,这是我国逐步摆脱不发达状态、基本实现现代化的特定历史阶段,是中国特色社会主义很长历

---

① 《十八大以来重要文献选编》(上),中央文献出版社2014年版,第77页。

史过程的初始阶段。科学把握我国发展的阶段性特征,一切从社会主义初级阶段的实际出发,是建设中国特色社会主义的前提。正如党的十三大所提出的:"正确认识我国社会现在所处的历史阶段,是建设有中国特色的社会主义的首要问题,是我们制定和执行正确的路线和政策的根本依据。"①

(一)我国处于并将长期处于社会主义初级阶段

党的十一届三中全会以后,在总结历史经验的过程中,我们党逐步形成了关于社会主义初级阶段的理论。在这个历史阶段中,要想准确贯彻执行党的路线、方针、政策,必须对我国社会主义初级阶段的科学含义、客观依据和主要矛盾有统一认识和准确把握。

我国社会主义初级阶段,"不是泛指任何国家进入社会主义都会经历的起始阶段,而是特指我国在生产力落后、商品经济不发达条件下建设社会主义必然要经历的特定阶段"②。社会主义初级阶段,是我国逐步摆脱不发达状态、基本实现现代化的特定历史阶段,是中国特色社会主义很长历史过程的初始阶段。它包括两层含义:第一,从社会性质上看,我国已经进入社会主义社会。我们必须坚持社会主义方向和道路,而不能放弃社会主义。第二,从社会发展程度上看,我国的社会主义还处在不发达的阶段,还不成熟、不完善。邓小平把这种不发达的社会主义说成是"事实上不够格"的社会主义③。因此,我们必须从这个实际出发考虑问题、开展工作,而不能超越这个历史发展阶段。从我国情况来看,这个阶段至少需要上百年时间。明确社会主义初级阶段的科学含义,必须反对两种错误倾向:一种是不承认中国人民可以不经过资本主义充分发展阶段而走上社会主义道路,这是革命发展问题上的机械论,是右的错误的重要认识根源;另一种是以为不经过生产力的巨大发展就

---

① 《十三大以来重要文献选编》(上),人民出版社1991年版,第9页。
② 同上书,第12页。
③ 参见《邓小平文选》第3卷,人民出版社1993年版,第225页。

可以越过社会主义初级阶段,这是革命发展问题上的空想论,是"左"的错误的重要认识根源。

我国现在处于并将长期处于社会主义初级阶段的科学论断有着严谨的客观条件作支撑。第一,这是由我国进入社会主义的历史前提决定的。由于我国的社会主义不是脱胎于发达的资本主义,而是脱胎于半殖民地半封建社会,经由新民主主义阶段实现的。这种历史前提使我国进入社会主义社会以后,工业化水平和经济发展程度还很低,这就决定了我们必须在社会主义条件下,经历一个很长的历史阶段去实现别的国家在资本主义条件下实现的工业化和经济的社会化、市场化、现代化的任务,建立和发展社会主义应有的发达的物质基础,这样的历史阶段就是我国社会主义的初级阶段,这是一个不可逾越的历史阶段。第二,这是由我国的现实状况决定的。生产力是社会发展的最终决定力量,它是衡量一个社会发展程度的最重要内容。应该说,新中国成立以来,我们在经济建设、民主政治建设、文化建设等方面,都取得了巨大的成就。特别是改革开放以来,我们社会主义社会的生产力、国家的综合国力、人民的生活水平都有巨大提升。但从根本上说,我国还没有摆脱生产力的不发达状态,我们社会主义的经济、政治制度还不成熟、不完善。因此我们说,我国社会主义初级阶段是一个相当长的历史发展阶段,正确认识我国社会主义初级阶段,具有极其重要的意义。它是我们搞清"什么是社会主义,怎样建设社会主义"的前提,也是我们制定和理解党的路线、方针、政策的客观依据。

在党的十八大以前,与社会主义初级阶段相对应,我国社会的主要矛盾是"人民日益增长的物质文化需要同落后的社会生产之间的矛盾"[1]。这一重要论断其实来之不易。回首社会主义革命和建设时期,我们在建设中出现过种种偏差和失误,其中一个最主要的原因是对社会主义的主要矛盾认识及判断上的失误,提出社会主义的主要矛盾是无产阶

---

[1] 《十八大以来重要文献选编》(上),中央文献出版社2014年版,第12页。

级同资产阶级的矛盾,由此确立了"以阶级斗争为纲"的基本路线,给社会主义事业带来了消极影响。1978年党的十一届三中全会实行拨乱反正,果断放弃了"以阶级斗争为纲"的基本路线,决定全党工作的重点转移到社会主义现代化建设上来。随后,邓小平明确回答了我国社会的主要矛盾问题。他指出:"至于什么是目前时期的主要矛盾,也就是目前时期全党和全国人民所必须解决的主要问题或中心任务,由于三中全会决定把工作重点转移到社会主义现代化建设方面来,实际上已经解决了。我们的生产力发展水平很低,远远不能满足人民和国家的需要,这就是我们目前时期的主要矛盾,解决这个主要矛盾就是我们的中心任务。"①1981年党的十一届六中全会通过的《关于建国以来党的若干历史问题的决议》又强调指出:"在社会主义改造基本完成以后,我国所要解决的主要矛盾,是人民日益增长的物质文化需要同落后的社会生产之间的矛盾。"②党的十二大确认了这一提法,并把它载入了党章总纲。党的十三大则进一步指出,这就是我国社会主义初级阶段的主要矛盾。党的十四大、十五大、十六大、十七大、十八大继续强调人民日益增长的物质文化需要同落后的社会生产之间的矛盾这一社会主要矛盾没有变。事实雄辩地证明,这是完全符合国情的正确判断。

党的十八大以来,经过全国人民的共同奋斗,我国迈入新的历史发展阶段,社会主要矛盾发生了变化。习近平总书记在党的十九大上宣布:"中国特色社会主义进入新时代,我国社会主要矛盾已经转化为人民日益增长的美好生活需要和不平衡不充分的发展之间的矛盾。"③我国社会主要矛盾的变化是关系全局的历史性变化,对党和国家工作提出了许多新要求。因此,我们必须立足社会主义初级阶段理论和我国社会主要矛盾的变化,与时俱进地制定党的路线、方针、政策。

---

① 《邓小平文选》第2卷,人民出版社1994年版,第182页。
② 中共中央文献研究室编:《关于建国以来党的若干历史问题的决议注释本》,人民出版社1983年版,第63页。
③ 《十九大以来重要文献选编》(上),中央文献出版社2019年版,第8页。

（二）新的历史阶段我国发展呈现出新的阶段性特征

社会发展是一个从量变到质变、又从质变到新的量变螺旋式上升的过程，在不同时期会呈现出相应的阶段性特征。我国社会主义初级阶段至少要经历上百年时间，在其不同发展时期也会呈现不同的特征。从党的十六大到党的十八大，以胡锦涛同志为总书记的党中央科学分析我国全面参与经济全球化的新机遇、新挑战，全面认识工业化、信息化、城镇化、市场化、国际化深入发展的新形势、新任务，深刻把握我国发展面临的新课题、新矛盾，提出了关于深刻认识和把握我国发展的阶段性特征的重要思想。党的十七大报告指出："当前我国发展的阶段性特征，是社会主义初级阶段基本国情在新世纪新阶段的具体表现。"[1]只有准确把握我国发展的阶段性特征，才能更好地从国情出发，制定正确的方针政策，促进经济社会又好又快发展。

从经济发展看，在改革开放推动下，我国经济持续快速发展，经济实力和综合国力不断增强，基础设施和城乡面貌发生了巨大变化。从经济体制看，以公有制为主体、多种所有制经济共同发展的基本经济制度已经形成，社会主义市场经济体制初步建立，为经济发展注入了强大活力。从人民生活看，人民生活总体上已经达到小康水平。从发展的协调性看，由于农村综合改革逐步深化，农业税、牧业税、特产税全部取消，支农惠农政策不断加强，农村发展保持良好势头。从民主政治建设看，随着整个改革进程积极稳妥地推进政治体制改革，社会主义民主政治不断发展，中国特色社会主义法律体系基本形成，人民参与政治的积极性和主动性不断提高，政治体制总体上是适应经济社会发展要求的。从文化建设看，在经济快速发展的推动下，文化建设取得了巨大成就，人民群众的文化生活更加丰富多彩。从社会建设和管理看，在发展多种经济成分、社会主义市场经济和对外开放的推动下，社会活力显著增强。从对外开放看，我国已经从封闭半封闭型经济转变为开放型经济，

---

[1] 《十七大以来重要文献选编》（上），中央文献出版社2009年版，第11页。

加入世贸组织标志着对外开放进入新的阶段,蓬勃发展的中国经济在世界上的地位越来越重要。

三、中国特色社会主义的根本任务

社会主义的根本任务是解放和发展生产力,这是邓小平把马克思主义基本原理运用于中国建设实际,总结社会主义建设历史经验,所得出的一个根本观点,也是中国特色社会主义理论体系的核心观点。解放和发展社会生产力是社会主义本质的内在要求,发展生产力首先要发展科学技术,科学技术是第一生产力,要大力促进科技进步和创新;发展是硬道理,发展是党执政兴国的第一要务;发展又是一项系统工程,要注重全方位、宽领域的发展。要全面推进社会主义经济建设、政治建设、文化建设、社会建设和生态文明建设,促进人的全面发展。

(一)社会主义的根本任务是解放和发展社会生产力

"社会主义阶段的最根本任务就是发展生产力"[①],这是以邓小平同志为主要代表的中国共产党人依据唯物史观观察和分析社会主义社会得出的重要理论观点。此后,江泽民、胡锦涛等领导人也一贯重视和坚持发展生产力的重大意义。江泽民指出:"如果生产力不发展,社会主义制度的巩固和国家的长治久安就会遇到极大的困难,社会主义优越性就会丧失最根本的经济源泉。无论遇到什么情况,都不能动摇和影响经济建设这个中心。"[②]胡锦涛进一步强调了这一思想,指出"解放和发展社会生产力是中国特色社会主义的根本任务"[③]。这不仅因为生产力是社会发展的最根本、最强大的动力,还因为解放和发展生产力,对于充分显示社会主义制度的优越性,解决当前中国面临的矛盾,进而向共产主义过渡等,都是不可或缺的条件。

---

① 《邓小平文选》第3卷,人民出版社1993年版,第63页。
② 《江泽民文选》第2卷,人民出版社2006年版,第253页。
③ 《胡锦涛文选》第3卷,人民出版社2016年版,第623页。

第一,只有大力解放和发展生产力,才能充分显示社会主义制度的优越性。邓小平在深刻分析社会主义同发展生产力的关系后,指出:"贫穷不是社会主义,社会主义要消灭贫穷。不发展生产力,不提高人民的生活水平,不能说是符合社会主义要求的。"①"社会主义的优越性归根到底要体现在它的生产力比资本主义发展得更快一些、更高一些,并且在发展生产力的基础上不断改善人民的物质文化生活。"②正是由于在这个重大问题上有了更加清晰而准确的认识,我们才实现了从"阶级斗争为纲"到"以经济建设为中心"的根本转变。在这一思想的指导下,我们党坚持和完善社会主义公有制为主体、多种所有制经济共同发展的基本经济制度;坚持和完善社会主义市场经济体制;坚持和完善按劳分配为主体的多种分配方式,允许一部分地区一部分人先富起来,带动和帮助后富,逐步走向共同富裕;坚持和完善对外开放;等等。这些举措有力地促进了中国社会生产力的发展和进步,既给整个经济社会生活带来了强劲动力,又充分显示了社会主义制度的优越性。

第二,只有大力解放和发展生产力,才能解决当前我国面临的主要矛盾。社会主义主要矛盾与根本任务是一个相互联系、相互作用的整体,根本任务由主要矛盾决定,根本任务又是解决主要矛盾的根本途径。邓小平指出:"我们的生产力发展水平很低,远远不能满足人民和国家的需要,这就是我们目前时期的主要矛盾,解决这个主要矛盾就是我们的中心任务。"③经过几十年的发展,到党的十八大召开时我国经济效益明显提高,综合国力不断增强,城乡居民收入较大增加,公共服务明显增强,人民物质文化生活显著改善。但是应该看到,人民日益增长的物质文化需求与落后的社会生产之间的矛盾仍然是我国面临的主要矛盾。这就要求我们必须牢牢扭住经济建设这个中心,提高经济增长质量和效益,在解放和发展社会生产力的过程中,顺应各族人民过上更好生

---

① 《邓小平文选》第3卷,人民出版社1993年版,第116页。
② 同上书,第63页。
③ 《邓小平文选》第2卷,人民出版社1994年版,第182页。

活的新期待，满足人民群众在物质文化生活上的新要求。

第三，只有大力解放和发展生产力，才能为社会主义向共产主义过渡创造条件。"要实现共产主义，一定要完成社会主义阶段的任务。社会主义的任务很多，但根本一条就是发展生产力，在发展生产力的基础上体现出优于资本主义，为实现共产主义创造物质基础"[①]。由此观之，建设中国特色社会主义，全面建设小康社会，是实现中国共产党人最高理想的必经之路。向共产主义过渡所必须具备的全部条件中，大力发展生产力是首要条件，其他条件都要受到生产力这个条件的制约。脱离发展生产力，搞社会主义建设，绝不是真正的中国特色社会主义。因此，必须全力以赴地促进社会生产力的发展，为顺利向共产主义过渡提供坚实的物质基础。

（二）社会主义的本质

1992年，邓小平在南方谈话中深刻指出："社会主义的本质，是解放生产力，发展生产力，消灭剥削，消除两极分化，最终达到共同富裕。"[②]解放生产力是发展社会主义生产力的前提；发展生产力是社会主义的发展动力；消灭剥削，消除两极分化，就是要坚持公有制和按劳分配的社会主义经济制度，这是社会主义区别于资本主义的根本经济特征；共同富裕是社会主义的根本目的，是社会主义制度优越性最根本的体现。社会主义本质的各个方面是一个互相依存、缺一不可的整体，失去或否定任何一个方面都将失去或否定社会主义的存在和发展。具体来看：

第一，解放生产力和发展生产力是社会主义本质的首要内容。社会主义首要的是解放生产力和发展生产力。邓小平明确提出在社会主义制度建立后，仍然有解放生产力和发展生产力的任务，并把它作为社会主义本质的重要内容，这是对毛泽东阐明的社会主义生产关系和生产力既相矛盾又相适应理论的继承和发展。把解放生产力、发展生产力放在

---

① 《邓小平文选》第3卷，人民出版社1993年版，第137页。
② 同上书，第373页。

社会主义本质的首位,正体现了历史唯物主义关于生产力是社会发展的最终决定力量的基本原理。没有生产力的解放和发展,就不可能消灭剥削,消除两极分化,当然也就不能达到共同富裕的根本目标。

第二,消灭剥削和消除两极分化是社会主义生产关系的本质属性。这是由社会主义根本制度的性质决定的。社会主义是与资本主义相对立的经济制度。剥削和两极分化是资本主义私有制和按资分配经济制度的必然产物。要消灭剥削,消除两极分化,就必须消灭产生剥削和两极分化的经济基础,用社会主义公有制和按劳分配的经济制度来代替资本主义的经济制度。邓小平在思考什么是社会主义、如何建设社会主义时,强调必须在坚持社会主义根本制度前提下,实行改革开放,发展经济,改善人民的物质文化生活。只有这样才能真正地解放和发展生产力,才能避免两极分化,实现共同富裕。邓小平在社会主义本质中,提出社会主义要消灭剥削,消除两极分化,正是社会主义根本制度的集中体现。

第三,最终达到共同富裕是社会主义本质的根本目标。共同富裕是社会主义所要实现的根本目标,是社会主义制度优越性的生动体现。共同富裕作为社会主义本质的重要内容,"共同"体现了社会的公平,"富裕"反映了社会生产力的高度发展和人民物质文化生活水平的极大提高。历史地看,党的历代领导人都十分重视共同富裕的问题。新中国成立不久,毛泽东就展望过共同富裕的前景,指出"这个富,是共同的富,这个强,是共同的强,大家都有份"[1]。邓小平曾说:"不能有穷的共产主义,同样也不能有穷的社会主义。致富不是罪过。但我们讲的致富不是你们讲的致富。社会主义财富属于人民,社会主义的致富是全民共同致富。社会主义原则,第一是发展生产力,第二是共同致富。我们允许一部分人先好起来,一部分地区先好起来,目的是更快地实现共同富裕。"[2]江泽民强调以"逐步实现共同富裕的战略思想来统一全党的认

---

[1] 《毛泽东文集》第6卷,人民出版社1999年版,第495页。
[2] 《邓小平文选》第3卷,人民出版社1993年版,第171—172页。

识。实现共同富裕是社会主义的根本原则和本质特征,绝不能动摇"①。胡锦涛也要求"使全体人民共享改革发展成果,使全体人民朝着共同富裕的方向稳步前进"②。进入中国特色社会主义新时代,习近平总书记明确指出:"消除贫困、改善民生、逐步实现共同富裕,是社会主义的本质要求,是我们党的重要使命。"③可见,我们党对实现共同富裕目标的追求是一以贯之的。

(三)必须坚持发展是党执政兴国的第一要务

党的十七大报告强调,"必须坚持把发展作为党执政兴国的第一要务。发展,对于全面建设小康社会、加快推进社会主义现代化,具有决定性意义。要牢牢扭住经济建设这个中心,坚持聚精会神搞建设、一心一意谋发展,不断解放和发展社会生产力"④。这个重要论断,揭示了发展与执政、兴国与执政的内在关系,表明中国共产党人始终坚持以发展为己任,以兴国为目标,以富民为取向。同时也表明,在党面临的一系列任务中,发展始终是第一位的任务、根本任务、中心任务。党和国家其他任务都要围绕这个"第一要务"来进行。

首先,发展是解决中国一切问题的"总钥匙"。邓小平积数十年我国社会主义建设的正反两方面历史经验提出了"发展才是硬道理"⑤的精辟论断。这一论断是对科学社会主义原理的重大发展,它深刻揭示了社会主义建设的本质和规律。我们注意到,随着改革开放的深化和社会主义现代化建设事业的高度发展及市场经济体制的建立,深层次问题和深层次矛盾不断凸显。发展已成为解决新问题、新矛盾的关键。对此,江泽民多次指出,实现全面建设小康社会的宏伟目标,进一步提高人民

---

① 《江泽民文选》第1卷,人民出版社2006年版,第466页。
② 《胡锦涛文选》第2卷,人民出版社2016年版,第291页。
③ 中共中央文献研究室编:《习近平关于全面建成小康社会论述摘编》,中央文献出版社2016年版,第155页。
④ 《十七大以来重要文献选编》(上),中央文献出版社2009年版,第12页。
⑤ 《邓小平文选》第3卷,人民出版社1993年版,第377页。

的物质文化生活水平,要靠发展;增强我国的综合国力,实现中华民族的伟大复兴,要靠发展;实现祖国的完全统一,要靠发展;促进世界和平与发展的崇高事业,要靠发展;解决人们的思想认识问题,说服那些不相信社会主义的人,坚定对社会主义和祖国未来前途的信念和信心,最终也要靠发展。① 胡锦涛则进一步强调:"发展是解决中国一切问题的总钥匙,发展对于全面建设小康社会、加快推进社会主义现代化,对于开创中国特色社会主义事业新局面、实现中华民族伟大复兴,具有决定性意义。"②

其次,发展是实现中华民族复兴的关键。只有大力发展社会生产力,才能实现经济以及社会各方面的现代化,进而建设发达的社会主义,实现社会的高度发展和全面进步,为不断提高我国国际地位提供强大支撑;只有加快发展,保持较快的经济增长,增强经济实力,提高综合国力,才能在风云变幻的局势面前处于主动地位,立于不败之地,更好地在更广阔范围内争取和实现国家利益。所以,抓住机遇,加快发展,是实现民族复兴和国家强盛的关键所在。

最后,坚持科学发展、和谐发展、和平发展。进入新世纪新阶段,新的形势和任务迫切呼唤着中国发展理念的与时俱进。科学发展观,正是对党的三代中央领导集体关于发展的重要思想的继承和发展,是马克思主义关于发展的世界观和方法论的集中体现,是我国经济社会发展的重要指导方针。

其一,坚持科学发展,要求我们必须完整准确地理解科学发展观。科学发展的核心理念就是坚持"以人为本"。这要求我们要始终把实现好、维护好、发展好最广大人民的根本利益作为党和国家一切工作的出发点和落脚点,做到发展为了人民、发展依靠人民、发展成果由人民共享。科学发展的基本要求是全面协调可持续。要按照中国特色社会主义

---

① 李新泰、孙占元主编:《"三个代表"重要思想基本问题读本》,人民出版社2003年版,第340页。
② 《胡锦涛文选》第3卷,人民出版社2016年版,第95页。

事业总体布局,全面推进经济建设、政治建设、文化建设、社会建设、生态文明建设,促进现代化建设各个环节、各个方面相协调,促进生产关系与生产力、上层建筑与经济基础相协调。科学发展观的根本方法是统筹兼顾。要统筹城乡发展、区域发展、经济社会发展、人与自然和谐发展、国内发展和对外开放,统筹中央和地方关系,统筹个人利益和集体利益、局部利益和整体利益、当前利益和长远利益,充分调动各方面积极性。既要总揽全局、统筹规划,又要抓住牵动全局的主要工作、事关群众利益的突出问题,着力推进、重点突破。其二,坚持和谐发展,要求我们努力实现"各方面事业有机统一、社会成员团结和睦"①。即要在充分发展社会主义物质文明的基础上,使社会主义物质文明、政治文明、精神文明与社会建设全面发展。其三,坚持和平发展,要求我们努力"实现既通过维护世界和平发展自己,又通过自身发展维护世界和平"②,与各国人民携手努力,推动建设持久和平、共同繁荣的和谐世界。

(四)不断促进先进生产力的发展

社会主义的根本任务是发展生产力,发展生产力的核心是促进先进生产力的发展。从邓小平提出的"科学技术是第一生产力"③,到江泽民提出我们党"是代表先进生产力的发展要求的"④,再到胡锦涛提出的"提高自主创新能力,建设创新型国家"⑤,表明我们党不仅极大地丰富了马克思主义关于生产力的学说,而且为我国如何实现生产力大发展指明了方向。

首先,科学技术是第一生产力。邓小平提出的"科学技术是第一生产力"的思想,丰富和发展了马克思主义关于科学技术和生产力的学

---

① 《十七大以来重要文献选编》(上),中央文献出版社2009年版,第12页。
② 同上。
③ 《邓小平文选》第3卷,人民出版社1993年版,第274页。
④ 《江泽民文选》第3卷,人民出版社2006年版,第2页。
⑤ 《胡锦涛文选》第2卷,人民出版社2016年版,第629页。

说，揭示了科学技术对当代生产力发展和社会经济发展的作用。科学是生产力的观点，是马克思主义的重要内容。马克思曾对机器大工业中应用科学技术的状况做过研究。马克思明确指出："生产力中也包括科学"，"社会的劳动生产力，首先是科学的力量"①。因此，恩格斯就曾说过："在马克思看来，科学是一种在历史上起推动作用的、革命的力量；是历史的有力的杠杆；是最高意义上的革命力量。"②马克思主义经典作家的这些论述，是中国共产党人社会主义生产力论的理论遵循。

其次，促进科技进步和创新。自主创新是国家独立自主的基础，是支撑国家强盛的筋骨，是国家竞争力的核心，事关国家的国际地位、民族尊严、发展后劲。有了自主创新，才能把命运掌握在自己的手里。党的十七大报告指出："提高自主创新能力，建设创新型国家。这是国家发展战略的核心，是提高综合国力的关键。"③这就把自主创新提升到了国家战略的高度，为我国的现代化建设提出了战略性要求。

最后，建设创新型国家。改革开放以来，我们所取得的一切发展成就无不与创新紧密相连。邓小平曾经指出，要善于学习，更要善于创新。江泽民则指出，创新是一个民族进步的灵魂，是一个国家兴旺发达的不竭动力，也是一个政党永葆生机的源泉。以胡锦涛同志为主要代表的中国共产党人提出建设创新型国家的重要思想。他指出："党中央、国务院作出的建设创新型国家的决策，是事关社会主义现代化建设全局的重大战略决策。"④"我们必须把建设创新型国家作为面向未来的重大战略，紧紧扭住经济建设这个中心任务，瞄准世界科技发展前沿，明确自主创新战略目标，加快国家创新体系建设。"⑤这就将建设创新型国家的任务提高到了重要的战略位置上，于国家发展来说意义重大。

---

① 转引自《十三大以来重要文献选编》（下），人民出版社1993年版，第1589页。
② 《马克思恩格斯全集》第3卷，人民出版社1972年版，第575页。
③ 《十七大以来重要文献选编》（上），中央文献出版社2009年版，第17页。
④ 《胡锦涛文选》第2卷，人民出版社2016年版，第402页。
⑤ 同上书，第388页。

（五）按照中国特色社会主义事业总体布局，全面推进经济、政治、文化、社会和生态文明建设

党的十八大指出，由社会主义经济建设、政治建设、文化建设、社会建设、生态文明建设"五位一体"组成的中国特色社会主义事业总体布局，是随着中国特色社会主义事业的发展而不断拓展和深化的。"五位一体"总体布局反映了建设富强民主文明和谐的社会主义现代化国家的内在要求，重视环境保护、建设生态文明是中国特色社会主义事业总体布局的题中应有之义。应当说，"五位一体"总体布局是一个充满活力的有机系统。在这个系统中，经济建设、政治建设、文化建设、社会建设、生态文明建设这五大要素，是互为条件、相互促进的，彼此形成了内在的互动关系。

具体来说，经济建设是前提，它为政治建设、文化建设、社会建设和生态文明建设提供雄厚的物质基础。政治建设是根本，它为经济建设、文化建设、社会建设和生态文明建设提供坚实的政治保证。文化建设是灵魂，它为经济建设、政治建设、社会建设和生态文明建设提供强大的精神动力。社会建设是纽带，它为经济建设、政治建设、文化建设和生态文明建设提供有利的社会环境和条件。生态文明建设是保障，它为经济建设、政治建设、社会建设、文化建设提供坚强保障。在这里，要特别领会新加入的生态文明建设之于中国特色社会主义事业总体布局的重要意义。面对资源约束趋紧、环境污染严重、生态系统退化的严峻形势，把生态文明建设放在突出地位，融入经济建设、政治建设、文化建设、社会建设各方面和全过程，这对于努力建设美丽中国，实现中华民族永续发展意义重大。

四、中国特色社会主义的发展动力

在社会主义社会，社会的基本矛盾仍然是生产力与生产关系、经济基础与上层建筑之间的矛盾，只有不断改革生产关系和上层建筑中那些不适应生产力发展的环节，才能进一步解放和发展生产力，为社会主义社会的全面发展和进步开辟道路。"改革开放是强国之路,是我们党、我们国家发展进步的活力源泉。"①这是我们党根据马克思主义的唯物史观,总结新中国成立以来正反两方面的经验,对社会主义发展问题作出的重大理论贡献。

(一)改革开放是中国特色社会主义发展的动力

党的十一届三中全会实现了工作重点由"阶级斗争为纲"到"经济建设为中心"的转移。怎样发展的问题就摆在了人们面前。这实际上就是要正确回答社会主义的发展动力问题。邓小平在继承和发展毛泽东关于社会主义社会基本矛盾思想的基础上,创造性地把社会主义的基本制度和具体体制作了不同层次的区分。他指出:"我们建立的社会主义制度是个好制度。"②但是,"我们现在的体制就很不适应四个现代化的需要"③,"如果现在再不实行改革,我们的现代化事业和社会主义事业就会被葬送"④。这就是说,我国社会主义的基本制度是优越的,是适应生产力发展的,但在具体体制上,则存在着阻碍生产力发展的弊端,严重束缚了生产力的发展,使本应该生机盎然的社会主义经济在很大程度上失去了活力。因此,要想解放和发展生产力,充分发挥社会主义的优越性,就必须消除生产关系上层建筑中与生产力发展不相适应的方面和环节,对僵化的体制进行彻底的改革。对此,邓小平明确指出:"我是主张改革的,不改革就没有出路。"⑤"改革的性质同过去的革命一样,也是为了扫除发展社会生产力的障碍,使中国摆脱贫穷落后的状态。从这个意义上说,改革也可以叫革命性的变革。"⑥这样,邓小平就从根本上解决了社会主义社会的发展动力问题。

---

① 《十七大以来重要文献选编》(上),中央文献出版社2009年版,第13页。
② 《邓小平文选》第3卷,人民出版社1993年版,第116页。
③ 同上书,第280页。
④ 同上书,第150页。
⑤ 同上书,第237页。
⑥ 同上书,第135页。

纵观改革开放和社会主义现代化建设的历史，不难发现，改革给整个经济社会带来了强大的生机和活力，使社会生产力得到了巨大的解放和发展，我国在各方面均取得了举世瞩目的辉煌成就。《中共中央关于党的百年奋斗重大成就和历史经验的决议》深刻指出："党的十二大、十三大、十四大、十五大、十六大、十七大，根据国际国内形势发展变化，从我国发展新要求出发，一以贯之对推进改革开放和社会主义现代化建设作出全面部署，并召开多次中央全会专题研究部署改革发展稳定重大工作。我国改革从农村实行家庭联产承包责任制率先突破，逐步转向城市经济体制改革并全面铺开，确立社会主义市场经济的改革方向，更大程度更广范围发挥市场在资源配置中的基础性作用，坚持和完善基本经济制度和分配制度。党坚决推进经济体制改革，同时进行政治、文化、社会等各领域体制改革，推进党的建设制度改革，不断形成和发展符合当代中国国情、充满生机活力的体制机制。党把对外开放确立为基本国策，从兴办深圳等经济特区、开发开放浦东、推动沿海沿边沿江沿线和内陆中心城市对外开放到加入世界贸易组织，从'引进来'到'走出去'，充分利用国际国内两个市场、两种资源。经过持续推进改革开放，我国实现了从高度集中的计划经济体制到充满活力的社会主义市场经济体制、从封闭半封闭到全方位开放的历史性转变。"①这一段论述确属中肯之言。

（二）继续把改革事业推向前进

进入新世纪新阶段，我国经济社会发展已站在了更高的历史起点上。一方面，我们面临着全面参与经济全球化的新机遇和新挑战；另一方面，随着工业化、城镇化、市场化、国际化的深入发展，各项事业发展也面临着许多新课题、新矛盾。面对新的形势，胡锦涛在党的十七大报告中指出："深入贯彻落实科学发展观，要求我们继续深化改革开放。

---

① 《中共中央关于党的百年奋斗重大成就和历史经验的决议》，人民出版社2021年版，第18—19页。

要把改革创新精神贯彻到治国理政各个环节,毫不动摇地坚持改革方向,提高改革决策的科学性,增强改革措施的协调性。"[1]具体来说,以胡锦涛同志为主要代表的中国共产党人主要从以下几个方面继续深化改革开放事业。

第一,毫不动摇地坚持改革的正确方向。"必须把坚持四项基本原则同坚持改革开放结合起来,牢牢扭住经济建设这个中心,始终保持改革开放正确方向"[2]。四项基本原则是立国之本,是我们党、我们国家生存发展的政治基石;改革开放是强国之路,是我们党、我们国家发展进步的活力源泉。一个中心两个基本点是相互贯通、相互依存、不可分割的统一整体,必须全面坚持、一以贯之。第二,提高改革决策的科学性。坚持从实际出发,遵循经济社会发展的客观规律,把最广大人民的根本利益作为改革的基点和决策的依据,把总结我国改革的实践经验与吸收国外的有益做法结合起来,把广泛征询群众意见与认真进行专家论证结合起来,努力使改革决策兼顾各方面利益、照顾到各方面关切,真正得到广大人民群众的拥护和支持。第三,增强改革措施的协调性。"这就要求我们必须树立全局眼光和战略思维,在充分发挥各方面推进改革积极性的同时,加强对改革的总体指导和统筹协调,统一改革思想、凝聚改革共识、协调改革思路、配套改革措施、规范改革行为,既着力在重点领域和关键环节取得突破,又努力使经济、政治、文化、社会各方面改革有机衔接、协调推进,确保改革沿着正确的方向顺利发展。"[3]努力实现宏观改革与微观改革相协调,城市改革与农村改革相协调,改革的力度、发展的速度和群众的可承受程度相协调,使改革进一步兼顾各方面利益、照顾到各方面关切,始终得到人民的拥护和支持。

---

[1] 《十七大以来重要文献选编》(上),中央文献出版社2009年版,第14页。
[2] 《胡锦涛文选》第3卷,人民出版社2016年版,第158页。
[3] 《毫不动摇地坚持改革方向,提高改革决策的科学性,增强改革措施的协调性》,《人民日报》2007年11月18日。

（三）在新的历史条件下提高对外开放水平

改革开放以来，我们党对提高对外开放水平的理论认知不断深化。邓小平曾说："经验证明，关起门来搞建设是不能成功的，中国的发展离不开世界。"①江泽民在党的十五大报告中指出："面对经济、科技全球化趋势，我们要以更加积极的姿态走向世界，完善全方位、多层次、宽领域的对外开放格局。"②进入新世纪，伴随着我国经济的高速增长，与国际经济的融合程度不断加快，中国经济与世界经济已经进入一个新型的互动阶段。为此，胡锦涛再次强调指出："当今世界是一个开放的世界，中国的发展离不开世界，世界的发展也需要中国。我们要坚定不移实施对外开放的基本国策和互利共赢的开放战略，注重政经结合、以政促经、以经促政，在更大范围、更广领域、更高层次上参与国际经济技术合作和竞争，充分利用国际国内两个市场、两种资源，充分运用经济全球化和区域合作提供的各种有利条件，促进国家现代化建设。"③

同时，以党的十一届三中全会为标志，我国对外开放的实践活动也走向深入。特别是党的十六大以来，我国紧紧抓住加入世贸组织的重大机遇，积极参与经济全球化，从大规模"引进来"到大踏步"走出去"，利用国际国内两个市场、两种资源水平显著提高，国际竞争力不断增强，对外开放水平有了进一步的提高。那么，如何在新的历史阶段进一步推进全方位、多层次、宽领域的对外开放就成为一个新的重大课题。以胡锦涛同志为主要代表的中国共产党人从以下几个方面进行了大量工作。

一是完善对外开放的制度保障。在开放区域、开放产业、开放业务、开放程度等方面制定差别性政策，采用逐步推进的方式。二是更

---

① 《邓小平文选》第3卷，人民出版社1993年版，第78页。
② 《江泽民文选》第2卷，人民出版社2006年版，第26页。
③ 《胡锦涛文选》第2卷，人民出版社2016年版，第513页。

好地发挥物资的作用。注重将吸引外资与国内产业结构的调整升级相结合,更多地引进先进技术、管理经验和高素质人才。三是促进形成若干外资密集、内外结合、带动力强的新经济增长带。四是加快实施"走出去"战略。"引进来"和"走出去"并重,继续实施"走出去"战略。此外,更加积极主动地利用国际国内两种资源和两个市场。党的十七大报告强调要"形成经济全球化条件下参与国际经济合作和竞争新优势"[1],这是基于深刻变化的国内外条件和环境,为今后一个时期拓展我国对外开放广度和深度、提高开放型经济水平必然提出的迫切要求。在经济全球化条件下,不断构筑新的竞争优势,更加积极地参与国际竞争和合作,其中既有严峻的挑战,更蕴藏着发展的机遇。对不同地区、不同产业和不同市场主体来说,关键要学会以更加广阔的视野审视内外环境变化,客观认识自己,冷静分析原有优势的消长关系,在国际经济合作和竞争中始终牢牢把握主动权。

五、中国特色社会主义的发展战略

古人云,"夫取法于上,仅得为中;取法于中,故为其下"[2]。奋斗目标对一项事业的进展有重要的牵引作用。中国特色社会主义的发展战略是我们党立足当代中国基本国情提出的战略目标和宏伟蓝图。在改革开放和社会主义现代化建设时期,我们党始终立足我国社会主义初级阶段基本国情,牢牢把握我国发展的新的阶段性特征,坚持党的基本理论、基本路线、基本纲领、基本经验,紧紧抓住重要战略机遇期,分"三步走"有步骤地从温饱到小康,从全面建设小康社会到21世纪中叶基本实现现代化,努力建设富强民主文明和谐的社会主义现代化国家。

---

[1] 《十七大以来重要文献选编》(上),中央文献出版社2009年版,第21页。
[2] 吴云、冀宇校注:《唐太宗全集校注》,天津古籍出版社2004年版,第620页。

(一)"小康社会"与"三步走"发展战略的提出

"小康"一词源于中国的传统文化。《礼记》曾提出了"大同"和"小康"两种社会模式思想。"大同"是儒家的理想社会。在这个社会里,财产公有,人人平等,社会和谐。"小康"则比"大同"低一个层次,一般是指社会生活稳定,治理有方,国泰民安。但在封建主义的社会制度下,中国不仅无法实现"大同"社会,甚至"小康"社会也不可能达到。新中国的成立,为逐步实现"大同"社会理想提供了前提条件。毛泽东在1949年所写的《论人民民主专政》一文中指出,康有为写了《大同书》,他没有也不可能找到一条到达大同的路。共产党人则找到了这条路,这就是经过人民共和国到达社会主义和共产主义,到达消灭阶级和世界大同。[①]但要实现这一理想,需要经过一个长期逐步的探索和实践过程。

党的十一届三中全会以后,邓小平提出社会主义初级阶段奋斗目标就是基本实现社会主义现代化。他还提出和设计了我国社会主义初级阶段"三步走"的发展战略,其中第二步,邓小平就借用了中国传统文化中的"小康"概念。1979年12月6日,邓小平在会见日本首相大平正芳时使用"小康"来描述中国式的现代化。"我们要实现的四个现代化,是中国式的四个现代化。我们的四个现代化的概念,不是像你们那样的现代化的概念,而是'小康之家'。"[②]这样,邓小平就在我国传统文化的小康思想中赋予了中国特色社会主义和社会主义现代化的含义。1987年4月30日,邓小平会见西班牙工人社会党副总书记、政府副首相格拉时的谈话,标志"分三步走"的战略规划已经形成。邓小平说:"我们原定的目标是,第一步在八十年代翻一番。以一九八〇年为基数,当时国民生产总值人均只有二百五十美元,翻一番,达到五百美元。第二步是到本世纪末,再翻一番,人均达到一千美元。实现这个目标意味着我

---

① 《毛泽东选集》第4卷,人民出版社1991年版,第1471页。
② 《邓小平文选》第2卷,人民出版社1994年版,第237页。

们进入小康社会,把贫困的中国变成小康的中国。那时国民生产总值超过一万亿美元,虽然人均数还很低,但是国家的力量有很大增加。我们制定的目标更重要的还是第三步,在下世纪用三十年到五十年再翻两番,大体上达到人均四千美元。做到这一步,中国就达到中等发达的水平。"①1987年党的十三大进一步明确了邓小平提出的"三步走"战略。具体来说:党的十一届三中全会以后,我国经济建设的战略部署大体分三步走。第一步,实现国民生产总值比一九八〇年翻一番,解决人民的温饱问题。这个任务已经基本实现。第二步,到本世纪末,使国民生产总值再增长一倍,人民生活达到小康水平。第三步,到下个世纪中叶,人均国民生产总值达到中等发达国家水平,人民生活比较富裕,基本实现现代化。然后,在这个基础上继续前进。②

(二)十六大、十七大对"三步走"发展战略和"小康社会"的深化

邓小平"三步走"发展战略虽然对第三步战略部署勾画了一个轮廓和设想,但还没有形成具体的规划。党的十六大提出的全面建设小康社会的奋斗目标,把全面建设小康社会作为邓小平第三步发展战略的起始阶段,详细规划了第三步发展战略,使"三步走"发展战略更加明确。第一,用"两阶段"安排了第三步发展战略的具体步骤。党的十六大对"三步走"的发展战略进行了新的规划,分为21世纪头20年和此后30年两个阶段,用"两小阶段"实现邓小平的第三步战略目标,并把全面建设小康社会作为第三步发展战略的起始阶段,明确指出"我们要在本世纪头二十年,集中力量,全面建设惠及十几亿人口的更高水平的小康社会"③。从而使第三步发展战略更加具体化。第二,具体规划了第三步发展战略的第一阶段,即全面建设小康社会阶段。党的十六大指出,这

---

① 《邓小平文选》第3卷,人民出版社1993年版,第226页。
② 参见《十三大以来重要文献选编》(上),人民出版社1991年版,第16页。
③ 《十六大以来重要文献选编》(上),中央文献出版社2005年版,第14页。

一时期的首要目标是在优化结构和提高效益的基础上，国内生产总值到2020年力争比2000年翻两番，人均GDP将超过3000美元，综合国力和国际竞争力明显增强，争取达到中等收入国家水平。这一步的目标，将使我们比原来"翻两番"的目标在更大的基数上、更高的水平上，实现我国经济持续健康快速发展。第三，明确了全面建设小康社会的目标模式。全面建设小康社会，就是要建设一个惠及十几亿人口的更高水平的、更全面的、发展比较均衡的小康社会。全面小康从内容上包括经济、政治、文化等全面发展的目标。根据党的十六大报告，全面建设小康社会的主要目标是：

第一，在优化结构和提高效益的基础上，国内生产总值到2020年力争比2000年翻两番，综合国力和国际竞争力明显增强。基本实现工业化，建成完善的社会主义市场经济体制和更具活力、更加开放的经济体系。城镇人口的比重较大幅度提高，工农差别、城乡差别和地区差别扩大的趋势逐步扭转。社会保障体系比较健全，社会就业比较充分，家庭财产普遍增加，人民过上更加富足的生活。

第二，社会主义民主更加完善，社会主义法制更加完备，依法治国基本方略得到全面落实，人民的政治、经济和文化权益得到切实尊重和保障。基层民主更加健全，社会秩序良好，人民安居乐业。

第三，全民族的思想道德素质、科学文化素质和健康素质明显提高，形成比较完善的现代国民教育体系、科技和文化创新体系、全民健身和医疗卫生体系。人民享有接受良好教育的机会，基本普及高中阶段教育，消除文盲。形成全民学习、终身学习的学习型社会，促进人的全面发展。

第四，可持续发展能力不断增强，生态环境得到改善，资源利用效率显著提高，促进人与自然的和谐，推动整个社会走上生产发展、生活富裕、生态良好的文明发展道路。①

---

① 参见《十六大以来重要文献选编》（上），中央文献出版社2005年版，第15页。

以党的十六大为标志,中国迈入全面建设小康社会的新阶段。2007年党的十七大则在十六大的基础上提出了更具体也更高的要求。具体内容包括:

第一,增强发展协调性,努力实现经济又好又快发展。转变发展方式取得重大进展,在优化结构、提高效益、降低消耗、保护环境的基础上,实现人均国内生产总值到2020年比2000年翻两番。社会主义市场经济体制更加完善。自主创新能力显著提高,科技进步对经济增长的贡献率大幅上升,进入创新型国家行列。居民消费率稳步提高,形成消费、投资、出口协调拉动的增长格局。城乡、区域协调互动发展机制和主体功能区布局基本形成。社会主义新农村建设取得重大进展。城镇人口比重明显增加。

第二,扩大社会主义民主,更好地保障人民权益和社会公平正义。公民政治参与有序扩大。依法治国基本方略深入落实,全社会法制观念进一步增强,法治政府建设取得新成效。基层民主制度更加完善。政府提供基本公共服务能力显著增强。

第三,加强文化建设,明显提高全民族文明素质。社会主义核心价值体系深入人心,良好思想道德风尚进一步弘扬。覆盖全社会的公共文化服务体系基本建立,文化产业占国民经济比重明显提高、国际竞争力显著增强,适应人民需要的文化产品更加丰富。

第四,加快发展社会事业,全面改善人民生活。现代国民教育体系更加完善,终身教育体系基本形成,全民受教育程度和创新人才培养水平明显提高。社会就业更加充分。覆盖城乡居民的社会保障体系基本建立,人人享有基本生活保障。合理有序的收入分配格局基本形成,中等收入者占多数,绝对贫困现象基本消除。人人享有基本医疗卫生服务。社会管理体系更加健全。

第五,建设生态文明,基本形成节约能源资源和保护生态环境的产业结构、增长方式、消费模式。循环经济形成较大规模,可再生能源比重显著上升。主要污染物排放得到有效控制,生态环境质量明显改善。

生态文明观念在全社会牢固树立。①

作为中国特色社会主义理论体系奋斗目标与发展战略的延伸，2012年党的十八大根据我国经济社会发展实际，提出要在十六大、十七大确立的全面建设小康社会目标的基础上努力实现新的要求，确立到2020年实现全面建成小康社会的宏伟目标。经过全党全国各族人民持续奋斗，我们如期在中华大地上全面建成了小康社会，历史性地解决了绝对贫困问题，创造了举世瞩目的人间奇迹。现在，我们正意气风发地向着全面建成社会主义现代化强国的目标阔步迈进，中华民族伟大复兴展现出无比光明的前景。这与中国共产党从实际出发所设定的发展目标和分步走的发展战略密不可分。

六、中国特色社会主义的政治保证

中国特色社会主义理论体系认为，中国特色社会主义的政治保证是坚持四项基本原则。江泽民在党的十四大上指出："在社会主义建设的政治保证问题上，强调坚持社会主义道路、坚持人民民主专政、坚持中国共产党的领导、坚持马克思列宁主义毛泽东思想。这四项基本原则是立国之本，是改革开放和现代化建设健康发展的保证，又从改革开放和现代化建设获得新的时代内容。"②

四项基本原则的提出，其来有自。1978年底党的十一届三中全会郑重决定，从1979年1月起把全党的工作重点和全国人民的注意力转移到社会主义现代化建设上来。正当党带领全国人民进行拨乱反正、改革开放的时候，社会上出现了一股怀疑和否定社会主义道路，反对人民民主专政，反对共产党的领导和马列主义、毛泽东思想的错误思潮，严重威胁着来之不易的安定团结的政治局面，干扰了社会主义现代化建设。同时，党内也有个别同志不承认这种思潮的危险，甚至直接间接地加以某种程度的支持。就在这个严峻时刻，邓小平在1979年3月召开的党的理

---

① 参见《十七大以来重要文献选编》（上），中央文献出版社2009年版，第15—16页。
② 《十四大以来重要文献选编》（上），人民出版社1996年版，第12页。

论工作务虚会上做了《坚持四项基本原则》的讲话，代表中共中央明确提出了"四项基本原则"这个政治概念。他旗帜鲜明地阐明了坚持四项基本原则的重要性，对违反这些原则的思潮逐一进行了揭露和批判，并且强调："每个共产党员，更不必说每个党的思想理论工作者，决不允许在这个根本立场上有丝毫动摇。如果动摇了这四项基本原则中的任何一项，那就动摇了整个社会主义事业，整个现代化建设事业。""只有坚持我们党历来坚持的四项基本原则，坚决克服妨碍实现三中全会方针政策的不良倾向，我们才能坚定地向着我们的宏伟目标胜利前进。"①这个重要讲话，为新时期坚持正确的政治方向提供了重要武器。

应当说，党的十一届三中全会以来，对四项基本原则讲得最多、最深刻的当属作为改革开放总设计师的邓小平。他不仅首先倡导并不断丰富四项基本原则，而且在实践中始终旗帜鲜明地坚持四项基本原则，同种种怀疑和否定四项基本原则的错误思潮进行不懈的斗争。他明确指出："对于这四项基本原则，必须坚持，绝不允许任何人加以动摇，并且要用适当的法律形式加以确定。""我们的宣传工作还存在严重缺点，主要是没有积极主动、理直气壮而又有说服力地宣传四项基本原则，对一些反对四项基本原则的严重错误思想没有进行有力的斗争。"②1985年8月，邓小平在同外宾谈话时指出，我们在粉碎"四人帮"之后进行的拨乱反正，就是要纠正极左思潮，同时我们还提出要坚持四项基本原则，"如果不坚持这四项基本原则，纠正极左就会变成'纠正'马列主义'纠正'社会主义"③。直至1992年初视察南方重要讲话中，邓小平又一次强调指出："在整个改革开放的过程中，必须始终注意坚持四项基本原则。"④这充分表明，邓小平在理论和实践上坚持四项基本原则的一贯性。

---

① 《邓小平文选》第2卷，人民出版社1994年版，第173、178页。
② 同上书，第358、364页。
③ 《邓小平文选》第3卷，人民出版社1993年版，第137页。
④ 同上书，第379页。

此后，党的领导人继续一以贯之地坚持四项基本原则，强调四项基本原则与改革开放这两个基本点的统一。江泽民说："四项基本原则是保证经济建设和改革开放最根本的政治条件。"① "四项基本原则是立国之本，改革开放是强国之路。坚持四项基本原则和坚持改革开放是紧密结合、相互促进的，不能把它们割裂开来、对立起来，而应该把以经济建设为中心同四项基本原则、改革开放这两个基本点统一于建设有中国特色社会主义的伟大实践。"②胡锦涛也强调："四项基本原则是立国之本，是我们党、我们国家生存发展的政治基石；改革开放是强国之路，是我们党、我们国家发展进步的活力源泉。要坚持把以经济建设为中心同四项基本原则、改革开放这两个基本点统一于发展中国特色社会主义的伟大实践，任何时候都决不能动摇。"③

总之，四项基本原则作为一个统一的有机整体，集中体现了我国的社会主义基本制度，是不可动摇的立国之本；坚持四项基本原则，就为改革开放和现代化建设提供了根本的政治保证，使我们在任何风浪面前都能够保持冷静的头脑，始终坚持正确的航向，克服前进中的艰难险阻，不断赢得社会主义现代化建设事业新的胜利。

七、中国特色社会主义的祖国统一

实现包括台湾在内的祖国完全统一，是中华民族的共同心愿，也是海外华人华侨的共同心愿。新时期以来，党把完成祖国统一大业作为历史重任，为此进行了不懈努力。党的十一届三中全会前后，邓小平集中全党智慧，创造性地提出了解决祖国统一问题的"一国两制"构想，从而找到了一条解决香港、澳门、台湾问题，实现祖国统一的正确途径。这一创造性构想是对马克思主义国家学说的运用和发展，是马克思主义与中国实际相结合的产物，是中国特色社会主义理论体

---

① 《江泽民文选》第1卷，人民出版社2006年版，第515页。
② 《江泽民文选》第3卷，人民出版社2006年版，第214页。
③ 《胡锦涛文选》第2卷，人民出版社2016年版，第625页。

系的重要组成部分。

（一）"一国两制"方针的形成与成功实践

"和平统一、一国两制"方针的形成有一个历史过程。这一方针最早是针对解决台湾问题而提出的。早在20世纪50年代，中国政府就曾设想以和平方式解决台湾问题。中国人民解决台湾问题有两种可能的方式，即战争的方式和和平的方式，中国人民愿意在可能的条件下，争取用和平的方式解决问题。1956年4月，毛泽东又提出"和为贵""爱国一家""爱国不分先后"等政策主张。但由于某些外国势力的干预等原因，这些主张未能付诸实践。[1]

自20世纪70年代末开始，随着中美关系的正常化，以及全党的工作重点和全国人民的注意力转移到社会主义现代化建设上来，中国政府出于对整个国家民族利益与前途的考虑，提出了"和平统一、一国两制"的方针。1979年1月1日，中华人民共和国全国人大常务委员会发表《告台湾同胞书》，郑重宣告了中国政府和平解决台湾问题的大政方针，并表示在实现国家统一时，一定"尊重台湾现状和台湾各界人士的意见，采取合情合理的政策和办法"[2]。1981年9月30日全国人大常务委员会委员长叶剑英发表讲话，进一步阐明解决台湾问题的方针政策，表示"国家实现统一后，台湾可作为特别行政区，享有高度的自治权"[3]。1982年1月11日，邓小平就叶剑英的上述讲话指出：这实际上就是"一个国家、两种制度"。1984年6月，邓小平在会见香港人士时指出："我们的政策是实行'一个国家，两种制度'，具体说，就是在中华人民共和国内，十亿人口的大陆实行社会主义制度，香港、台湾实行资本主义制度。"[4]

---

[1] 参见中共中央文献研究室编：《一国两制重要文献选编》，中央文献出版社1997年版，第232页。

[2] 《三中全会以来重要文献选编》（上），人民出版社1982年版，第36页。

[3] 《三中全会以来重要文献选编》（下），人民出版社1982年版，第966页。

[4] 《邓小平文选》第3卷，人民出版社1993年版，第58页。

同年6月召开的全国人大六届二次会议,正式将"一国两制"作为和平统一祖国的基本国策。

具体地看,"一个国家"即"一个中国",意思是世界上只有一个中国,台湾、香港、澳门都是中国的一部分,中国的主权和领土完整不容分割,承认在国际上代表全中国人民的唯一合法政府,只能是中华人民共和国。"两种制度",即在一个国家的前提下,中国大陆坚持社会主义制度,香港、澳门和台湾保持原有的资本主义制度不变,两种制度长期共存,和平共处,共同为国家的繁荣和民族的振兴作贡献。在"一国两制"理论指导下,1997年和1999年香港、澳门分别顺利回归祖国,使得"一国两制"由科学构想变为生动现实,进一步丰富了"一国两制"的理论和实践。香港、澳门回归祖国后,中央政府严格按照宪法和特别行政区基本法办事,保持了香港、澳门长期繁荣稳定。

(二)实现祖国统一大业

为了解决台湾问题,最终实现祖国统一大业,党和国家在邓小平创造性提出的"一个国家,两种制度"科学构想的基础上继续努力。1995年1月30日,江泽民发表了《为促进祖国统一大业的完成而继续奋斗》的重要讲话,提出了现阶段发展海峡两岸关系、推进祖国和平统一进程的"八项主张",进一步丰富了"一国两制"的思想,成为新的历史时期推进祖国和平统一大业的重要指导方针。

进入21世纪,胡锦涛又从祖国统一的核心利益和中华民族的根本利益、从两岸同胞的福祉和期待出发,先后就坚持"一国两制"、实现祖国完全统一提出一系列重要论断,为两岸关系的进一步发展指明了方向、开辟了道路,这是党在推进祖国和平统一思想上的一脉相承和与时俱进。特别是2008年12月31日,胡锦涛在纪念《告台湾同胞书》发表30周年座谈会上发表重要讲话,对30年来两岸关系的发展进行了全面回顾和总结,并系统提出了实现两岸关系和平发展的"六点意见",成为指导新形势下推进两岸和平发展的纲领性文件,对于推动和实现两岸关系和平发展具有重要的理论和实践指导意义。在这些正确方针的指导下，党推动两岸双方达成体现一个中国原则的"九二共识"，推进两岸协商谈判，实现全面直接双向"三通"，开启两岸政党交流；制定《反分裂国家法》，坚决遏制"台独"势力、促进祖国统一，有力挫败各种制造"两个中国""一中一台""台湾独立"的图谋。

总之，"解决台湾问题、实现祖国完全统一，是不可阻挡的历史进程。和平统一最符合包括台湾同胞在内的中华民族的根本利益。实现和平统一首先要确保两岸关系和平发展。必须坚持'和平统一、一国两制'方针，坚持发展两岸关系、推进祖国和平统一进程的八项主张，全面贯彻两岸关系和平发展重要思想，巩固和深化两岸关系和平发展的政治、经济、文化、社会基础，为和平统一创造更充分的条件。"①

八、中国特色社会主义的外交和国际战略

从邓小平提出"和平与发展"是时代主题，以及江泽民提出"树立互信、互利、平等、协作的新安全观""推动世界多极化，稳妥应对经济全球化"，到胡锦涛提出"走和平发展道路""推动建设持久和平、共同繁荣的和谐世界"的国际战略主张，党和国家逐步形成了中国特色社会主义的外交与国际战略理论体系，为我国新时期外交指明了方向，为全面建设小康社会和维护重要战略机遇期争取了良好的国际环境。

首先，对"和平与发展"时代主题的判断与坚守。改革开放后，以邓小平同志为主要代表的中国共产党人，坚持解放思想、实事求是的思想路线观察国际大势，在对复杂多变的国际国内环境综合研判的基础上，党的十二大明确提出了"世界和平是有可能维护的"②这一重要论断，实现了党对时代主题认识和判断的根本性转变，这成为我们逐渐调

---

① 《十八大以来重要文献选编》（上），中央文献出版社2014年版，第35页。
② 《中国共产党第十二次全国代表大会文件汇编》，人民出版社1982年版，第57页。

整中国外交战略的根本依据。1985年邓小平在科学分析国际局势和发展趋势的基础上，指出"现在世界上真正大的问题，带全球性的战略问题，一个是和平问题，一个是经济问题或者说发展问题。和平问题是东西问题，发展问题是南北问题。概括起来，就是东西南北四个字，南北问题是核心问题"[①]。1987年党的十三大首次明确提出"和平与发展"是世界的两大主题，正式确立了和平与发展是时代主题的重大判断。[②]在此后的20多年中，江泽民、胡锦涛两代领导人根据国际形势的大发展、大变革、大调整，明确提出和平与发展已成为时代的主潮流，并不断丰富和发展这一认识和判断。对和平与发展时代主题的认识和判断是改革开放以来党确立和调整中国外交战略的依据和基石。

其次，始终坚持独立自主的和平外交政策，维护国家主权、安全、发展利益。新中国成立以来，我们就奉行独立自主的和平外交政策。1953年12月，周恩来在接见印度政府代表团时，提出了互相尊重主权和领土完整、互不侵犯、互不干涉内政、平等互利、和平共处五项原则，这也是在世界上首先提出了和平共处五项原则。进入改革开放新时期，我国独立自主的和平外交进一步发展和完善。邓小平提出和平与发展是当今世界两大主题的科学论断，明确把为国内现代化建设争取一个较长时期的国际和平环境和良好的周边环境作为外交目标和任务。江泽民把握世界多极化和经济全球化的发展趋势，倡导新安全观、世界多样化和国际关系民主化。以胡锦涛同志为主要代表的中国共产党人高举和平、发展、合作旗帜，我国独立自主的和平外交政策在理论和实践上得到进一步创新。我国同世界各国的友好合作全面发展，建交国不断增加。中国外交坚定维护国家主权、安全和发展利益，现代化外部环境总体上更加有利。始终不渝走和平发展道路，推动建设持久和平、共同繁荣的和谐世界。

---

① 《邓小平文选》第3卷，人民出版社1993年版，第105页。
② 《十三大以来重要文献选编》（上），人民出版社1991年版，第7页。

最后，推动建设持久和平、共同繁荣的和谐世界。这是新世纪新阶段中国政府和人民作出的国际战略和外交战略抉择。建设一个持久和平、共同繁荣的和谐世界，是世界各国人民的共同心愿，是中国走和平发展道路的崇高目标，是中国特色社会主义外交与国际战略理论与实践的创新发展。胡锦涛2005年9月在联合国成立60周年首脑会议上发表《努力建设持久和平、共同繁荣的和谐世界》的讲话，首次正式向世界提出了各国共同建设"持久和平、共同繁荣的和谐世界"①的主张。党的十七大报告从共同分享发展机遇，共同应对各种挑战，推进人类和平与发展的崇高事业的高度，进一步阐述了推动建设持久和平、共同繁荣的和谐世界的深刻内涵和内在要求。并强调："共同分享发展机遇，共同应对各种挑战，推进人类和平与发展的崇高事业，事关各国人民的根本利益，也是各国人民的共同心愿。我们主张，各国人民携手努力，推动建设持久和平、共同繁荣的和谐世界。为此，应该遵循联合国宪章宗旨和原则，恪守国际法和公认的国际关系准则，在国际关系中弘扬民主、和睦、协作、共赢精神。"②

推动建设和谐世界，是反映当今时代特征和世界深刻变化、顺应和平发展的时代主题及和平发展合作的时代潮流的产物，回答了我们究竟应该推动建设一个什么样的世界、究竟应该怎样推进人类和平与发展崇高事业这一摆在世界各国人民面前的时代课题，进一步丰富发展了新中国外交思想，尤其是改革开放以来我国和平发展合作为特征的中国特色外交理论体系，是我国外交思想理论与实践的重大创新成果。和谐世界科学统筹国内国际两个大局，为中国发展营造了长期稳定的国际和平环境，为世界和平发展指明了方向。这些思想为党的十八大以来以习近平同志为主要代表的中国共产党人，鲜明提出推动建设新型国际关系、构建人类命运共同体、共建"一带一路"、弘扬全人类共同价值、建设一

---

① 《胡锦涛文选》第2卷，人民出版社2016年版，第352页。
② 《十七大以来重要文献选编》（上），中央文献出版社2009年版，第36页。

个持久和平、普遍安全、共同繁荣、开放包容、清洁美丽的世界等重要思想和重大倡议奠定了思想基础。

九、中国特色社会主义的领导力量

中国共产党是中国特色社会主义的领导力量和根本保证。党的建设,直接关系到党和国家的前途命运。因此,党的领导和党的建设是坚持和发展中国特色社会主义的关键。在改革开放和社会主义现代化建设时期,党始终强调治国必先治党,治党务必从严,聚精会神抓好党的建设,开创和推进党的建设新的伟大工程。

(一)中国问题的关键在于党

中国共产党是中国特色社会主义的领导核心和根本保证,开创中国特色社会主义事业必须加强和改善党的领导,推进改革开放的伟大历史进程要求我们必须不断加强党的自身建设。从邓小平理论到"三个代表"重要思想,再到科学发展观等重大战略思想,都把党的领导和党的建设摆在十分突出的位置来认识、来谋划。邓小平指出:"中国要出问题,还是出在共产党内部。""说到底,关键是我们共产党内部要搞好。"① 江泽民指出:"要把中国的事情办好,关键取决于我们党。"② 胡锦涛强调:"我们党担负着团结带领人民全面建成小康社会、推进社会主义现代化、实现中华民族伟大复兴的重任。党坚强有力,党同人民保持血肉联系,国家就繁荣稳定,人民就幸福安康。形势的发展、事业的开拓、人民的期待,都要求我们以改革创新精神全面推进党的建设新的伟大工程,全面提高党的建设科学化水平。"③ 这些重要论述都说明巩固党的执政地位、抓好党的自身建设对于国家建设和发展的决定性意义。同时也表明,抓好党的自身建设是推进改革开放、建设和发展中国特色社

---

① 《邓小平文选》第3卷,人民出版社1993年版,第380、381页。
② 《江泽民文选》第3卷,人民出版社2006年版,第1页。
③ 《胡锦涛文选》第3卷,人民出版社2016年版,第653页。

会主义事业的必然要求。

（二）以改革创新精神全面推进党的建设新的伟大工程

胡锦涛在党的十七大报告中强调，要以改革创新精神全面推进党的建设新的伟大工程。党的十七届四中全会对此进行了具体的研究和部署，提出了体现改革创新精神的一系列重要举措，为新形势下全面推进党的建设新的伟大工程提供了指导原则和行动纲领，这充分体现了我们党准确把握时代潮流和世界大势的能力，以及与时俱进的远见卓识。党的十七大报告指出，必须把党的执政能力建设和先进性建设作为主线，全面推进党的建设新的伟大工程。这是当时形势下党的建设的总体要求和根本思路，为进一步加强和改进党的建设指明了方向，提出了检验标准。

第一，党的执政能力建设是党执政后的一项根本建设。我们党作为马克思主义执政党，始终高度重视执政能力建设问题。毛泽东在新中国成立前夕，就强调要做到"两个务必"。邓小平针对改革开放的新形势，明确提出了"执政党应该是一个什么样的党，执政党的党员应该怎样才合格，党怎样才叫善于领导"①的问题。江泽民创立了"三个代表"重要思想，强调要按照"三个代表"要求，全面深入地加强和改进党的建设。胡锦涛强调，我们党是执政党，党的各方面建设，最终都要体现到巩固党的执政地位、提高党的执政能力上来。可见，党执政后的全部实践活动，都是围绕着执政展开，都是围绕着提高执政水平、完成执政使命来进行的，执政能力建设贯穿于党的建设各个方面。

第二，党的先进性建设是加强和改进党的建设的根本任务和永恒课题。先进性是马克思主义政党的本质属性，是马克思主义政党的生命所系、力量所在。党的建设的一切活动，归根到底都是为了保持党的先进性。党的先进性是历史的、具体的，既是一以贯之的，又是与时俱进的，是随着形势和任务的变化而不断丰富和发展的。我们党的历代中央

---

① 《邓小平文选》第2卷，人民出版社1994年版，第276页。

领导集体都高度重视党的先进性建设，并在理论与实践的结合上进行了长期探索，形成了一系列重要思想。以胡锦涛同志为主要代表的中国共产党人明确提出加强党的先进性建设的重大战略思想，在全党开展保持共产党员先进性教育活动，正是基于对不断解决好这个重大课题的战略思考，标志着我们党对共产党执政规律和自身建设规律的认识达到了新的高度。

回顾以改革创新精神全面推进党的建设新的伟大工程的五年，我们党的执政能力建设和先进性建设继续推进，思想理论建设成效明显，学习实践科学发展观活动取得重要成果，党的建设改革创新迈出重要步伐。党内民主进一步扩大。干部队伍建设取得重要进展，人才工作开创新局面。创先争优活动和学习型党组织建设深入进行，基层党组织不断加强。党风廉政建设和反腐败斗争取得新成效。[①]所有这些，为中国特色社会主义新时代以习近平同志为核心的党中央推进全面从严治党奠定了坚实基础。

（三）明确党的建设的任务和要求

以党的建设的总要求引领党的建设新的伟大工程持续推进，这是改革开放以来中国共产党在治党方面的鲜明特色。十一届三中全会以后，党在总结过去自身建设正反两方面经验的基础上，提出了"执政党应该是一个什么样的党"的问题，即执政党建设目标问题。以此为开端，党对自身建设的目标逐渐清晰完善。

党的十二大明确提出要"把党建设成为领导社会主义现代化事业的坚强核心"[②]的课题。党的十三大从"勇于改革、充满活力""纪律严明、公正廉洁""选贤任能、卓有成效地为人民服务"等方面做了规定。党的十四届四中全会提出了党的建设"新的伟大工程"，并将其总目标表述为"把党建设成为用建设有中国特色社会主义理论武装起来、全心

---

① 《十八大以来重要文献选编》（上），中央文献出版社2014年版，第4页。
② 《十二大以来重要文献选编》（上），人民出版社1986年版，第47页。

全意为人民服务、思想上政治上组织上完全巩固、能够经受住各种风险、始终走在时代前列的马克思主义政党"①。党的十五大则在此基础上作了两处新发展：一是将"用建设有中国特色社会主义理论武装起来"改为"用邓小平理论武装起来"，体现了党的指导思想的与时俱进；二是在马克思主义政党的修饰词中，新增了"领导全国人民建设有中国特色社会主义"，体现了对党的领导核心地位的强调。②党的十六大对党的建设总要求作出了更为完善的表述，提出要坚持"党要管党、从严治党"的方针，把"制度建设"纳入到党建布局中，把党建设成为"两个先锋队""一个领导核心""三个代表"等。③党的十七大提出要使党"始终成为立党为公、执政为民，求真务实、改革创新，艰苦奋斗、清正廉洁，富有活力、团结和谐的马克思主义执政党"④。这一变化与新形势下贯彻落实科学发展观、建设社会主义和谐社会等党的重大任务相一致。党的十八大在党建总体目标方面有了更多更具体的要求，提出了"增强自我净化、自我完善、自我革新、自我提高能力，建设学习型、服务型、创新型的马克思主义执政党"⑤。这些战略思想和创新理念，是党对中国特色社会主义理论体系关于党的建设方面认识深化和理论创新的重大成果。

随着中国特色社会主义进入新时代，党的十九大在此前基础上提出了把党建设成为"始终走在时代前列、人民衷心拥护、勇于自我革命、经得起各种风浪考验、朝气蓬勃的马克思主义执政党"⑥的目标。不难发现，我们党自身建设的要求和任务处于动态的演进之中，呈现出愈加丰富和完善的状态。

---

① 《十四大以来重要文献选编》（中），人民出版社1997年版，第957页。
② 参见《十五大以来重要文献选编》（上），中央文献出版社2000年版，第45页。
③ 参见《十六大以来重要文献选编》（上），中央文献出版社2005年版，第38页。
④ 《十七大以来重要文献选编》（上），中央文献出版社2009年版，第38页。
⑤ 《十八大以来重要文献选编》（上），中央文献出版社2014年版，第39页。
⑥ 《十九大以来重要文献选编》（上），中央文献出版社2019年版，第44页。

十、中国特色社会主义的依靠力量

中国特色社会主义理论体系认为,中国特色社会主义的依靠力量是人民群众。建设中国特色社会主义是一项前无古人的崇高事业,也是一项富有挑战性的事业。要胜利完成这一事业,依靠谁,团结谁,是一个至关重要的问题。只有在中国共产党的领导下,坚定不移地依靠全国各族人民,团结一切可以团结的力量,结成最广泛的爱国统一战线,把一切积极因素都充分调动和凝聚起来,才能推进中国特色社会主义事业不断向前。

(一)人民群众是历史的创造者,是中国特色社会主义事业的主体力量

人民群众是历史的创造者是马克思主义历史唯物主义的基本原理之一。任何创造包括首创,都是建立在总结人民群众的实践经验基础之上的,都离不开人民群众的广泛参与和大力支持。离开了最广大的人民群众,脱离了广大人民群众的实践活动,不论什么人,都不会取得事业的发展。人民群众是社会主义国家的主人,是中国特色社会主义事业的主体力量。

人民群众的伟大创造,是中国特色社会主义理论体系形成和发展的不竭源泉。中国特色社会主义事业是全国各族人民实现自己利益、创造美好生活的共同事业。改革开放以来的许多成功探索和新鲜经验都来自基层,来自人民群众。坚持从人民群众的生动实践中总结经验、汲取智慧、寻找路子,是中国特色社会主义理论体系发展的重要途径。邓小平讲过,改革开放中许许多多的东西,都是群众在实践中提出来的。这是群众的智慧,集体的智慧。我的功劳是把这些新事物概括起来,加以提倡。[①]江泽民说过,好办法不是从天上掉下来的,也不是我们头脑里固

[①] 中共中央文献研究室编:《邓小平年谱(1975—1997)》下卷,中央文献出版社2004年版,第1350页。

有的，归根到底来自人民群众的实践。①胡锦涛指出：尊重人民实践、从人民的伟大创造中汲取思想营养并上升为理论，是我们党进行理论创新的不竭源泉。②回首改革开放以来的伟大创造，不论是农村家庭联产承包责任制的发明，乡镇企业的异军突起，还是城镇化的不断推进，社会主义新农村的建设，无不显示了人民群众在改革开放实践中的智慧和活力。这表明我们党始终坚持以人为本，尊重人民主体地位，尊重人民首创精神，最大限度地集中全社会全民族的智慧和力量发展中国特色社会主义。我们党坚持从群众中来、到群众中去的马克思主义群众路线，热情支持、鼓励、保护、引导人民群众的伟大创造，深刻总结人民群众在创造性实践中产生的丰富经验，从中把握社会主义现代化建设的规律，不断推进党的理论创新。可以说，中国特色社会主义理论体系是我们党紧紧依靠人民，最广泛地调动人民群众的积极性、主动性、创造性，从人民群众中凝聚力量、汲取智慧而形成和发展起来的。

（二）建设中国特色社会主义事业必须依靠人民群众

毛泽东说："人民，只有人民，才是创造世界历史的动力。"③人民在不同的历史时期具有不同的内涵。当前，工人、农民、知识分子是人民群众的最大多数，是建设中国特色社会主义事业的根本力量，在社会变革中出现的新的社会阶层是建设中国特色社会主义事业的一支新兴力量。推进中国特色社会主义事业，必须紧紧依靠人民群众，充分发挥他们的主动性和创造性。

首先，包括知识分子在内的工人阶级、农民阶级是建设中国特色社会主义事业的根本力量。工人阶级是我们国家的领导阶级，是我们党的阶级基础，是我国先进生产力和先进生产关系的代表，我们党和国家的性质、我国工人阶级的特点及其历史地位和作用，决定了我们必须始终

---

① 江泽民：《论党的建设》，中央文献出版社2001年版，第181页。
② 《胡锦涛文选》第2卷，人民出版社2016年版，第495页。
③ 《毛泽东选集》第3卷，人民出版社1991年版，第1031页。

不渝地坚持全心全意依靠工人阶级。农民阶级是我国社会主义现代化建设和改革开放中人数最多的依靠力量。我国的国情，决定了广大农民不但是我国新民主主义革命的主力军，而且是我国社会主义现代化建设和改革开放中人数最多的依靠力量。知识分子是中国工人阶级的一部分。在中国的革命年代里，先进的知识分子是首先觉悟的成分。没有知识分子的参加，革命的胜利是不可能的。在当代中国，知识分子是工人阶级的一部分，而且是我国工人阶级中掌握科学文化知识较多的、主要从事脑力劳动的一部分，是先进生产力的开拓者和教育科学文化工作的基本力量，在改革开放和现代化建设中承担着重大历史责任。

其次，新的社会阶层是中国特色社会主义事业的建设者。改革开放以来，我国出现了一些新的社会阶层。他们是民营科技企业的创业人员和科技人员、受聘于外资企业的管理技术人员、个体户、私营企业主、中介组织的从业人员、自由职业者等。他们是从工人、农民、知识分子和干部队伍中分化出来的，已经成为建设中国特色社会主义事业的一支重要力量。从总体上看，新的社会阶层中的广大人员，拥护共产党的领导和社会主义制度，拥护党的路线方针政策，遵守国家法律，热爱祖国。他们勇于开拓，敢冒风险，勇于冲破一切陈旧观念和习惯势力的束缚，善于把握市场经济大潮和走势，能够适时抓住和利用各种机遇，使自己赢得发展的机会，走出了一条创业之路，为我国的经济进步和社会发展作出了自己的贡献。把新的社会阶层中的广大人员作为中国特色社会主义建设事业的建设者，是从实际出发、尊重实践、尊重群众得出的科学结论。

需要指出的是，我们说新社会阶层中的广大人员是中国特色社会主义事业的建设者，没有也不会否认工人、农民和知识分子在建设中国特色社会主义事业中的主体地位。包括知识分子在内的工人阶级和广大农民，始终是推动我国先进生产力发展和社会全面进步的根本力量。对于新出现的社会阶层，要在充分发挥其作用的同时加强教育引导，增强他们的历史使命感和社会责任感。

（三）巩固和发展中国特色社会主义事业的依靠力量

社会主义事业是全体人民共同的事业，工人、农民、知识分子是社会主义建设的主力军，其他劳动群众也是社会主义建设的依靠力量，他们都是国家和社会的主人。在中国共产党的领导下，团结一切可以团结的力量，调动一切积极因素，组成最广泛的统一战线，是中国特色社会主义事业取得胜利的重要保证。不断巩固全体社会主义劳动者、社会主义事业的建设者、拥护社会主义的爱国者和拥护祖国统一的爱国者的最广泛的联盟，是建设中国特色社会主义事业的必然要求。

第一，尊重劳动、尊重知识、尊重人才、尊重创造。"四个尊重"是在新的实践的基础上的重大理论创新，是对马克思主义劳动和劳动价值理论的重要发展。劳动是马克思主义整个学说的起点。恩格斯曾经指出：马克思主义是在"劳动发展史中找到了理解全部社会史的锁钥"[①]。我们党历来坚持"劳动创造了世界""劳动创造了人本身"这一马克思主义基本观点。改革开放以来，邓小平和江泽民分别提出"要尊重劳动，尊重人才""尊重知识，尊重人才""尊重知识，尊重创新"等新观点、新概念，党的十六大报告把这些集中起来，加以系统化，以完整的理论形态集中地、鲜明地提出了"四个尊重"，并且要求作为党和国家的一项重大方针在全社会认真贯彻，充分体现了我们党对马克思主义劳动和劳动价值理论的高度尊崇，对知识和知识分子历史地位与重要作用的高度尊崇，对社会主义条件下人才和人才资源的高度尊崇，对新时期一切有利于祖国富强、人民幸福的创造精神和创造性劳动的高度尊崇。

倡导"四个尊重"就是要营造鼓励人们干事创业的浓厚社会氛围，放手让一切劳动、知识、技术、管理和资本的活力竞相迸发，让一切创造社会财富的源泉充分涌流，以造福于人民，从而最广泛最充分地调动全社会全民族的积极性、创造性，把中国特色社会主义事业不断推向前进。

---

① 《马克思恩格斯选集》第4卷，人民出版社2012年版，第265页。

第二，巩固和发展中国特色的政党制度，促进政党关系和谐。中国共产党领导、多党派合作，中国共产党执政、多党派参政的多党合作的政治格局，体现了我国社会主义民主政治的本质要求，是我国社会主义制度的一个政治优势。巩固和发展我国社会主义政党关系，实现我国政党关系长期和谐，根本在于坚持走中国特色社会主义政治发展道路，关键在于坚持和完善中国共产党领导的多党合作和政治协商制度。既要坚持中国共产党的领导，又要促进多党派团结合作；既要提高党的执政能力，又要发挥民主党派参政议政的作用；既要重视做好民主党派的思想引导工作，又要真诚接受他们的民主监督；既要全面推进党的建设新的伟大工程，又要积极支持民主党派加强自身建设，使执政党建设与参政党建设相互促进，更好地统一于多党合作、共创伟业的历史进程中。① 中国共产党领导的多党合作和政治协商制度是实现政党关系和谐的制度保证。

中国共产党领导的多党合作和政治协商制度，是中国的一项基本政治制度，是在长期革命与建设中形成和发展起来的。这一制度的特征是：共产党领导、多党派合作，共产党执政、多党派参政。各民主党派是与共产党亲密合作的友党和参政党，而不是反对党或在野党；共产党和各民主党派在重大问题上进行民主协商；共产党与各民主党派互相监督，促进共产党领导的改善和参政党建设的加强。中国共产党领导的多党合作和政治协商制度的基本方针是"长期共存、互相监督、肝胆相照、荣辱与共"。其优势在于既能实现广泛的民主参与，集中各民主党派、各人民团体和各界人士的智慧，促进执政党和各级政府决策的科学化、民主化，又能实现集中统一，统筹兼顾各方面群众的利益要求；既能避免一党执政缺乏监督的弊端，又可避免多党纷争、互相倾轧造成的政治混乱和社会不安定团结。改革开放以来，我国在稳定的大环境中实

---

① 参见《十六大以来重要文献选编》(下)，中央文献出版社2008年版，第549—551页。

现大发展,这种稳定从根本上说得益于中国共产党的坚强领导,也得益于中国共产党与各民主党派之间的亲密合作关系。

第三,牢牢把握"两个共同"的主题,促进民族关系的和谐。平等、团结、互助、和谐的社会主义民族关系,体现了中华民族多元一体的基本格局,体现了中华民族大家庭的根本利益。平等是社会主义民族关系的基石,团结是社会主义民族关系的主线,互助是社会主义民族关系的保障,和谐是社会主义民族关系的本质。正确认识和处理我国民族关系,最根本的就是要始终不渝地坚持民族平等,加强民族团结,推动民族互助,促进民族和谐。要牢牢把握各民族共同团结奋斗、共同繁荣发展的主题,充分发挥民族区域自治制度的优越性,全面贯彻落实民族区域自治法,加快少数民族和民族地区经济社会发展,加强和维护民族团结,坚决防范和打击境内外敌对势力利用民族问题进行的各种分裂、破坏活动。

第四,全面贯彻党的宗教工作基本方针,积极主动做好新形势下宗教工作。做好新形势下的宗教工作,关键是要全面理解和认真贯彻党的宗教工作基本方针。要全面正确地贯彻党的宗教信仰自由政策,坚持政治上团结合作、信仰上互相尊重,努力使广大信教群众在拥护中国共产党的领导和社会主义制度、热爱祖国、维护祖国统一、促进社会和谐等重大问题上取得共识。要坚持依法管理宗教事务,保护合法,制止非法,打击犯罪,确保宗教活动规范有序进行。要坚持独立自主自办的原则,帮助和支持各宗教团体加强自身建设。要积极引导宗教与社会主义社会相适应,使信教群众在全面建设小康社会的宏伟目标下最大限度地团结起来。

全面贯彻党的宗教信仰自由政策,尊重和保护公民的宗教信仰自由权利,是我们党维护人民利益、尊重和保护人权的重要体现,也是最大限度团结人民群众的需要。既要尊重每个公民信仰宗教的自由,也要强调保护不信教的自由,强迫信教的人不信教或强迫不信教的人信教,都是对宗教信仰自由权利的侵犯。依法管理宗教事务,要求宗教方面涉及国家利益和社会公共利益的事项和活动，必须纳入依法管理的范围，必须在宪法和法律规定的权利和义务范围内进行。我国实行政教分离的原则，任何宗教都没有超越宪法和法律的特权，都不能干预国家行政、司法和教育等国家职能的实施。坚持独立自主自办的原则，坚决抵制境外势力利用宗教进行渗透，坚决打击宗教极端势力。积极引导宗教与社会主义社会相适应，不是要求宗教界人士和信教群众放弃宗教信仰，而是要求他们热爱祖国，拥护社会主义制度，拥护中国共产党的领导，遵守国家的法律、法规和方针政策；要求他们从事的宗教活动服从和服务于国家的最高利益与民族的整体利益；支持他们努力对宗教作出符合社会进步要求的阐释；支持他们与各族人民一道反对一切利用宗教进行危害社会主义祖国和人民利益的非法活动，为民族团结、社会发展和祖国统一多做贡献。

第五，协调新的社会阶层利益关系，促进阶层关系的和谐。科学分析和准确把握我国社会阶层结构发生的深刻变化，全面兼顾和实现社会各阶层群众的利益，充分发挥社会各阶层在推动经济社会发展中的作用。要坚持充分尊重、广泛联系、加强团结、热情帮助、积极引导的方针，切实做好新的社会阶层人士的工作，尊重他们的劳动创造和创业精神，凝聚他们的聪明才智，引导他们做合格的中国特色社会主义事业的建设者。

第六，加强海内外中华儿女的大团结，促进海内外同胞关系的和谐。坚持"一国两制"、"港人治港"、"澳人治澳"、高度自治的方针，是促进香港、澳门长期繁荣稳定的根本保证，也是推动内地同香港、澳门和谐相处、共同发展的根本保证。要严格按照宪法和特别行政区基本法办事，支持特别行政区行政长官和政府依法施政，重视和支持香港、澳门发展经济、改善民生，加强内地同香港、澳门的交流合作。要加强对台湾人民的工作，加强同台湾同胞的团结，扩大和深化两岸人员往来和经济文化交流合作。要以凝聚侨心、汇集侨智、发挥侨力为目标，坚持把维护海外侨胞和归侨侨眷的根本利益作为侨务工作的出发点和落脚点，使海外侨胞对祖国的认同感和自豪感不断增强，弘扬热爱祖国、振兴中华的优良传统。

第三节　中国特色社会主义理论体系的特征

"我们要坚信，中国特色社会主义理论体系是指导党和人民沿着中国特色社会主义道路实现中华民族伟大复兴的正确理论，是立于时代前沿、与时俱进的科学理论。"[①] 引领时代潮流的科学理论，总是具有旺盛的生命力与崇高的理论品质。作为实现中华民族伟大复兴的行动指南，中国特色社会主义理论体系所具有的理论特质突出表现在以下几个方面。

一、科学性与实践性相统一

包含邓小平理论、"三个代表"重要思想、科学发展观的中国特色社会主义理论体系，以及在继承基础上创新的部分——习近平新时代中国特色社会主义思想，是在国内外环境深刻变化的条件下，于伟大的中国特色社会主义实践中逐步升华而成的，它破解了中国特色社会主义事业发展中遇到的各种难题和困局，体现了科学性与实践性相统一的特征。

首先，中国特色社会主义理论体系作为科学的思想理论体系，一是体现了对马克思主义的精髓，即对马克思主义的世界观和方法论的运用，处处展现了辩证唯物主义和历史唯物主义的思维方法和智慧。毛泽东曾指出，"马克思活着的时候，不能将后来出现的所有问题都看到，也就不能在那时把所有的问题都加以解决。俄国的问题只能由列宁解决，中国

---

① 习近平：《在纪念红军长征胜利80周年大会上的讲话》，《人民日报》2016年10月22日。

的问题只能由中国人解决"①。中国特色社会主义理论体系，就是运用马克思主义的世界观和方法论解决当今中国问题的产物。它坚持解放思想、实事求是、与时俱进、求真务实的马克思主义思想路线，把马克思主义基本原理同中国具体实际相结合、同中华优秀传统文化相结合，顺应实践发展和人民心愿，系统回答坚持和发展什么样的中国特色社会主义、怎样坚持和发展中国特色社会主义的大问题，同时，以全新的视野，深化了对共产党执政规律、社会主义建设规律和人类社会发展规律的认识。二是体现了思想理论的系统性、完整性。从纵向的历史发展视域来看，邓小平理论、"三个代表"重要思想、科学发展观一脉相承，具有内在一致性。如前所述，这些理论成果具有共同的理论主题（坚持和发展中国特色社会主义）、主线（实现中华民族的伟大复兴）、理论灵魂和科学的方法论（解放思想、实事求是、与时俱进、求真务实），遂得以凝聚成中国特色社会主义理论体系。从横向的理论逻辑视域来看，"中国特色社会主义理论体系关于经济、政治、文化、社会建设、生态文明建设和党的建设等领域的理论观点紧密联系、不可分割，构成一个有机整体"②。中国特色社会主义理论体系以坚持和发展中国特色社会主义为主题，建构了一系列由理念到方略、由目标到步骤、由政策到制度、由问题到出路的理论系统。综观这一理论，它贯通马克思主义哲学、政治经济学、科学社会主义，贯通历史、现实和未来，贯通改革发展稳定、内政外交国防、治党治国治军等各领域，是一个内容完整、逻辑严谨的科学理论体系。

其次，作为科学性与实践性相统一的思想理论体系，中国特色社会主义理论体系科学回答并在实践中解决了中国社会主义现代化建设的一系列重大课题。马克思说："社会生活在本质上是实践的。凡是把理论诱入神秘主义的神秘东西，都能在人的实践中以及对这种实践的理解中

---

① 《毛泽东文集》第8卷，人民出版社1999年版，第5页。
② 肖贵清、王然：《逻辑与历史统一视域下中国特色社会主义理论体系的整体性》，《中共党史研究》2017年第6期。

得到合理的解决。"①邓小平也曾语重心长地告诫全党:"一个党,一个国家,一个民族,如果一切从本本出发,思想僵化,迷信盛行,那它就不能前进,它的生机就停止了,就要亡党亡国。"②习近平指出:"实践的观点、生活的观点是马克思主义认识论的基本观点,实践性是马克思主义理论区别于其他理论的显著特征。"③改革开放以来,中国共产党人在把握认识和实践辩证关系原理的基础上,坚持实践第一的观点,不断推进实践基础上的理论创新,创立了邓小平理论、"三个代表"重要思想、科学发展观和习近平新时代中国特色社会主义思想,实现了中国特色社会主义理论体系的与时俱进。"中国特色社会主义的生命力,主要体现在对时代重大现实问题的正视和把握上。"④

邓小平理论是在党的十一届三中全会以后,以邓小平同志为主要代表的中国共产党人,围绕什么是社会主义、怎样建设社会主义这一问题而形成的;"三个代表"重要思想是在党的十三届四中全会以后,以江泽民同志为主要代表的中国共产党人,继续围绕什么是社会主义、怎样建设社会主义和重点围绕建设什么样的党、怎样建设党这一问题而形成的;科学发展观是党的十六大以后,以胡锦涛同志为主要代表的中国共产党人,围绕新形势下实现什么样的发展、怎样发展等重大问题而形成的。在这一历史进程中,我们持续探索并形成了中国建设社会主义的正确道路,解放和发展了社会生产力,使人民摆脱贫困、尽快富裕起来了。习近平新时代中国特色社会主义思想是党的十八大以来,以习近平同志为主要代表的中国共产党人,就新时代坚持和发展什么样的中国特色社会主义、怎样坚持和发展中国特色社会主义,建设什么样的社会主义现代化强国、怎样建设社会主义现代化强国,建设什么样的长期执政

---

① 《马克思恩格斯选集》第1卷,人民出版社2012年版,第139—140页。
② 《邓小平文选》第2卷,人民出版社1994年版,第143页。
③ 习近平:《在纪念马克思诞辰200周年大会上的讲话》,人民出版社2018年版,第9页。
④ 肖贵清:《不断丰富中国特色社会主义的"四个特色"》,《北京行政学院学报》2013年第2期。

的马克思主义政党、怎样建设长期执政的马克思主义政党等重大时代课题而创立起来的。在这一思想指导下,我们出台一系列重大方针政策,推出一系列重大举措,推进一系列重大工作,战胜一系列重大风险挑战,解决了许多长期想解决而没有解决的难题,办成了许多过去想办而没有办成的大事,推动党和国家事业取得历史性成就、发生历史性变革。"习近平新时代中国特色社会主义思想,植根于坚持和发展中国特色社会主义新的伟大实践,坚持理论指导和实践探索相统一,在指导实践、推动实践中展现出强大真理力量和独特思想魅力"①。由此可见,中国特色社会主义理论体系及其继承与创新延伸而来的习近平新时代中国特色社会主义思想,具有鲜明的问题导向和实践导向。

最后,科学性与实践性相统一的中国特色社会主义理论体系的引领性充分彰显。科学理论具有引领性和前瞻性。历史经验告诉我们,只有自身完备,关怀现实、面向未来、拥抱世界的理论才能拥有强大生命力,成为理论武器,引领时代进步。中国特色社会主义理论具备了引领时代的"资格",在指导实践中彰显出强大的感召力和历史主动性,成为引领当代中国发展进步的光辉旗帜。"在新时代的征程上,全党同志一定要弘扬理论联系实际的学风,紧密联系党和国家事业发生的历史性变革,紧密联系中国特色社会主义进入新时代的新实际,紧密联系我国社会主要矛盾的重大变化,紧密联系'两个一百年'奋斗目标和各项任务,自觉运用理论指导实践,使各方面工作更符合客观规律、科学规律的要求,不断提高新时代坚持和发展中国特色社会主义的能力,把党的科学理论转化为万众一心推动实现'两个一百年'奋斗目标、实现中华民族伟大复兴中国梦的强大力量。"②这告诉我们,中国特色社会主义理论体系是具有开放性、引领性品质的科学理论体系。在指导伟大社会革

---

① 中共中央宣传部编:《习近平新时代中国特色社会主义思想学习纲要》,学习出版社、人民出版社2019年版,第11页。
② 《习近平谈治国理政》第3卷,外文出版社2020年版,第63—64页。

命和自我革命的历史进程中,随着中国特色社会主义实践和全球治理的深入,中国特色社会主义理论体系将展现出更强大、更有说服力的真理力量和实践力量。

二、民族性和世界性的统一

从理论体系的形成逻辑来看,中国特色社会主义理论体系是马克思主义基本原理同中国具体实际相结合、同中华优秀传统文化相结合的产物。中国特色社会主义理论体系是中华民族根植于中国社会所产生的伟大理论创造,是中华民族五千多年来的智慧结晶。同时,它又面向世界,学习和借鉴世界优秀文明成果,是融民族性和世界性于一体的科学理论体系。一句话,"中国特色社会主义理论体系的创立和发展,体现了中国特色与世界眼光的统一,中国国情与世界大势的统一,中国选择与世界博弈的统一。"①

马克思主义是产生于西方的理论,是在俄国十月革命后逐渐传入中国的。毛泽东就曾形象地说过:"十月革命一声炮响,给我们送来了马克思列宁主义。"②马克思主义是中国共产党的指导思想,也是中国特色社会主义理论体系形成的基本理论来源。习近平强调:"马克思主义就是我们共产党人的'真经','真经'没念好,总想着'西天取经',就要贻误大事!"③马克思主义从来就是我们立党、兴党、强国的根本指导思想。正如有学者所说,"信'共'必信'马',信'马'必信'共',共产党与马克思主义是互为存在的前提,舍弃一方就没有另一方"④。回顾党的百年历史,"马克思主义的科学性和真理性在中国得到充分检验,

---

① 李忠杰:《永葆与时俱进的理论品质——中国特色社会主义理论体系的发展历程与历史启示》,《中共党史研究》2013年第6期。
② 《毛泽东选集》第4卷,人民出版社1991年版,第1471页。
③ 中共中央文献研究室编:《习近平关于全面从严治党论述摘编》,中央文献出版社2016年版,第66页。
④ 梅荣政:《共产党人要念好马克思主义"真经"》,《红旗文稿》2017年第20期。

马克思主义的人民性和实践性在中国得到充分贯彻，马克思主义的开放性和时代性在中国得到充分彰显"①。坚持马克思主义指导地位，这是中国特色社会主义理论体系的根本特征。

"文明因交流而多彩，文明因互鉴而丰富。文明交流互鉴，是推动人类文明进步和世界和平发展的重要动力。"②中国特色社会主义理论体系，立足中国，同时放眼世界，真正做到了"坚持开放，面向世界，学习和借鉴世界文明"③。诚如学者所概括的："中国特色社会主义理论体系决不是离开世界文明发展大道而产生的一种故步自封、僵化不变的理论。"④

"新时期最鲜明的特点是改革开放。"⑤因此，中国特色社会主义理论体系是在我国对外开放、与世界融通的大背景下形成发展起来的。"邓小平理论坚持用马克思主义的宽广眼界观察世界，对当今时代特征和总体国际形势，对世界上其他社会主义国家的成败，发展中国家谋求发展的得失，发达国家发展的态势和矛盾，进行正确分析，作出了新的科学判断。"⑥江泽民的"三个代表"重要思想是"借鉴当代人类文明的有益成果，在理论上不断扩展新视野"⑦所作出的新概括。胡锦涛的科学发展观则是"科学分析我国全面参与经济全球化的新机遇新挑战，全面认识工业化、信息化、城镇化、市场化、国际化深入发展的新形势新任务"⑧的基础上形成的。

---

① 《中共中央关于党的百年奋斗重大成就和历史经验的决议》，人民出版社2021年版，第63页。
② 习近平：《论坚持推动构建人类命运共同体》，中央文献出版社2018年版，第76页。
③ 郝立新：《世界历史视野下的中国特色社会主义》，《理论与评论》2019年第4期。
④ 田克勤：《深入研究中国特色社会主义理论体系的几点思考》，《马克思主义研究》2008年第6期。
⑤ 《十七大以来重要文献选编》（上），中央文献出版社2009年版，第7页。
⑥ 《十五大以来重要文献选编》（上），中央文献出版社2000年版，第11页。
⑦ 《十六大以来重要文献选编》（上），中央文献出版社2005年版，第10页。
⑧ 《十七大以来重要文献选编》（上），中央文献出版社2009年版，第11页。

中国特色社会主义理论体系与世界的沟通是双向的。它一方面汲取世界优秀成果,另一方面为世界进步发展作出了自己的贡献,特别是为完善全球治理体系贡献了中国智慧和中国方案。这不仅有利于解决中国在发展中面临的经济、社会等难题,还有利于构建人类命运共同体,推进全球治理体制机制的完善,"为一些国家的探索和对历史经验的反思提供了可借鉴的经验"①。

同时,中国特色社会主义理论体系又是扎根中国大地的思想理论,具有浓厚的中华民族风格。中国特色社会主义理论体系的民族性首先是由马克思主义的理论品质所规定的。马克思、恩格斯多次指出,他们的理论不是教条,而是行动的指南;对他们理论的实际运用应"随时随地都要以当时的历史条件为转移"②。列宁也指出,马克思的理论"所提供的只是总的指导原理,而这些原理的应用具体地说,在英国不同于法国,在法国不同于德国,在德国又不同于俄国"③。早在新民主主义革命时期,毛泽东也鲜明提出:"对于中国共产党说来,就是要学会把马克思列宁主义的理论应用于中国的具体的环境。成为伟大中华民族的一部分而和这个民族血肉相联的共产党员,离开中国特点来谈马克思主义,只是抽象的空洞的马克思主义。"④

马克思主义理论家的这些论述告诉我们,一种科学的学说始终以客观事实为根据,而实际生活总是在不停地变动之中。因此,马克思主义只有与本国国情相结合、与时代发展同进步、与人民群众共命运,才能焕发出强大的生命力、创造力、感召力。也就是说,"在马克思主义基本原理的运用中,不能把这种普遍性当作一种'历史哲学'到处套用,马克思主义基本原理在不同民族和不同国家的具体境遇中,必然会产生具有各自民族特色或国别特色的马克思主义理论,在中国就是中国化的

---

① 秦宣:《中国特色社会主义的世界意义》,《当代世界与社会主义》2017年第5期。
② 《马克思恩格斯选集》第1卷,人民出版社2012年版,第376页。
③ 《列宁选集》第1卷,人民出版社2012年版,第274—275页。
④ 《毛泽东选集》第2卷,人民出版社1991年版,第534页。

马克思主义,就是中国特色社会主义。"① 因此,在马克思主义指导下,植根于中国土壤的中国特色社会主义理论体系,十分注重民族性品质,成为从中国实际出发,坚持体现中国化、民族性前进方向的思想理论。一言以蔽之,"马克思主义只有与本国国情相结合、与时代发展同进步、与人民群众共命运,才能焕发出强大的生命力、创造力、感召力";"坚持中国特色社会主义理论体系,就是真正坚持马克思主义"。②

三、时代性和开放性的统一

历史车轮滚滚向前,时代潮流浩浩荡荡。一个国家、一个民族要振兴,就必须在历史前进的逻辑中前进、在时代发展的潮流中发展。任何理论都不可能凭空产生,它是时代的产物。任何真正的哲学"不仅在内部通过自己的内容,而且在外部通过自己的表现,同自己时代的现实世界接触并相互作用"③。同时,理论要与时俱进,还必须保持开放性。坚持时代性和开放性的统一是中国特色社会主义理论体系从过去通向未来的重要理论品格。

中国特色社会主义理论体系具有鲜明的时代性。历史经验告诉我们,只有面向所处时代的理论,才能不断输入时代的新鲜血液,保持强大生机。"面对急剧变化的社会现实,能否把握形势发展的特点,制定符合时代要求的理论纲领,事关政党的前途和命运"④。中国特色社会主义理论就是具有鲜明时代性的科学的理论,它具有与时俱进的理论特质。在世情、国情、党情发生复杂深刻变化的历史条件下,它立足中国、面向实践,站在人类历史发展的高度,为中国人民谋幸福,为中华民族谋复兴,为世界人民谋大同,科学地回答了一系列中国问题和世界

---

① 顾海良:《马克思恩格斯经典著作与中国特色社会主义理论体系的形成》,《教学与研究》2011年第6期。
② 《十七大以来重要文献选编》(上),中央文献出版社2009年版,第9页。
③ 《马克思恩格斯全集》第1卷,人民出版社1995年版,第220页。
④ 周淑真:《政党政治学》,人民出版社2011年版,第201页。

性难题。"中国特色社会主义理论体系之所以能够引领中国发展进步，关键也正在于我们既坚持了科学社会主义的基本原则，又根据我国实际和时代特征赋予其鲜明的时代特色。"①

一个时代有一个时代的科学理论。邓小平理论、"三个代表"重要思想、科学发展观和习近平新时代中国特色社会主义思想的创立具有各自的时代背景，其所面对的主要问题也各有不同。邓小平理论，是于改革开放初期创立的，主要解决的是什么是社会主义、怎样建设社会主义这一根本问题；"三个代表"重要思想，于世纪之交形成，主要解决的是建设什么样的党、怎样建设党的问题；科学发展观，于全面建设小康社会的进程中提出，主要解决的是新形势下实现什么样的发展、怎样发展的问题；习近平新时代中国特色社会主义思想，于中国特色社会主义进入新时代之际创立并发展起来，主要解决的是新时代坚持和发展什么样的中国特色社会主义、怎样坚持和发展中国特色社会主义，建设什么样的社会主义现代化强国、怎样建设社会主义现代化强国，建设什么样的长期执政的马克思主义政党、怎样建设长期执政的马克思主义政党等重大时代课题。这些思想理论在其所处的时空中都对中国特色社会主义现代化建设产生了引领作用。

中国特色社会主义理论体系还具有开放性。中国特色社会主义理论体系正是以其开放性的理论品质才能不断丰富发展，绵延至今。具体地看，第一，中国特色社会主义理论体系有对实践开放的特点。中国特色社会主义理论体系是在实践中奋勇开拓、深化发展，逐渐形成的。它是为回答和解决时代之间所提出的理论，具有拥抱现实、拥抱实践的开放性特征。

正如邓小平所说："一个新的科学理论的提出，都是总结、概括实践经验的结果。没有前人或今人、中国人或外国人的实践经验，怎么能概括、提出新的理论？"②习近平也强调："新时代中国特色社会主义思想

---

① 韩庆祥：《论中国特色社会主义理论体系的时代特色》，《光明日报》2021年2月1日。
② 《邓小平文选》第2卷，人民出版社1994年版，第57—58页。

和基本方略,不是从天上掉下来的,不是主观臆想出来的,而是党的十八大以来,在新中国成立特别是改革开放以来我们党推进理论创新和实践创新的基础上,全党全国各族人民进行艰辛理论探索的成果,是全党全国各族人民创新创造的智慧结晶。"①可以说,人民群众的创造性实践每前进一步,中国特色社会主义理论体系就会发展一步。②

第二,中国特色社会主义理论体系具备对未来开放的特点。恩格斯指出,我们的理论"在不同的时代具有完全不同的形式,同时具有完全不同的内容"③。以马克思主义为"老祖宗"的中国特色社会主义理论体系自然具有与时俱进的理论品格。"邓小平理论、'三个代表'重要思想以及科学发展观等重大战略思想,都坚持从实际出发,注重总结改革开放不同时期、不同阶段的新鲜经验,注重探索和回答不同时期、不同阶段遇到的新矛盾、新问题,在理论创新和理论发展上都作出了各自的独特贡献。它们既相互贯通又层层递进,体现了新时期以来我们党理论创新成果的科学性体系、阶段性成果和发展性要求的内在统一。"④

四、继承与创新的有机统一

中国特色社会主义理论体系是继承与创新的有机统一。具体地说,继承性是中国特色社会主义理论体系的浓厚底色;创新性是中国特色社会主义理论体系的鲜明标识;在继承的前提下创新,在创新中继承,是中国特色社会主义理论体系最突出的特征。

首先,继承性是中国特色社会主义理论体系的浓厚底色。继承性,即承接、接续性。中国特色社会主义理论体系不是凭空产生的,而是站在历史巨人的肩膀上,充分汲取前人的优秀思想成果,从而实现了理论

---

① 《习近平谈治国理政》第3卷,外文出版社2020年版,第63页。
② 秦宣:《中华民族伟大复兴的科学指南——毫不动摇地坚持中国特色社会主义理论体系》,《求是》2012年第18期。
③ 《马克思恩格斯全集》第26卷,人民出版社2014年版,第499页。
④ 《十七大以来重要文献选编》(上),中央文献出版社2009年版,第244—245页。

的创新发展。从邓小平理论、"三个代表"重要思想、科学发展观，再到习近平新时代中国特色社会主义思想，中国共产党的思想理论依然在续写中，处处体现了理论的继承性。具体可从以下五个方面理解：一是对马克思主义的继承；二是对毛泽东思想的继承；三是对中国特色社会主义理论体系自身的继承；四是对中华优秀传统文化的继承；五是对中华民族风格与特点的继承。这"五个继承"的具体内容将在本书后文中进行详细论述，在此不做展开。

其次，创新性是中国特色社会主义理论体系的鲜明标识。"理论的生命力在于创新"。创新是中国共产党推进理论发展的永恒主题，也是社会发展、实践深化、历史前进的必然要求。中国共产党是一贯重视理论创新的马克思主义政党。在中国共产党人看来，"先进性是马克思主义政党的生命所系、力量所在"①。而理论创新则是中国共产党的先进性的源泉之一。毛泽东曾指出："人类的历史，就是一个不断地从必然王国向自由王国发展的历史。这个历史永远不会完结。""因此，人类总得不断地总结经验，有所发现，有所发明，有所创造，有所前进。"②许多西方学者认为，中国共产党之所以能够一直是成功者和胜利者，主要在于其积极适应和主动创新，将社会主义引向了一个崭新的天地，由此中国共产党也获得了生存和发展的动力和基础。中国共产党在领导中国革命、建设、改革的长期实践中，始终坚持把马克思主义基本原理同中国具体实际相结合、同中华优秀传统文化相结合，不断推进马克思主义中国化时代化大众化，不断开辟马克思主义发展新境界。

中国特色社会主义理论体系的创立，便是中国共产党人对党和国家事业发展的一系列重大理论和实践问题进行深邃思考和探索的产物。这一理论体系既坚持了老祖宗，又讲了很多新话，对共产党执政规律、社会主义建设规律、人类社会发展规律的认识达到了新高度，为发展马克

---

① 《胡锦涛文选》第2卷，人民出版社2016年版，第655页。
② 《毛泽东文集》第8卷，人民出版社1999年版，第325页。

思主义作出了一系列原创性贡献。总之，在继承中实现创新是中国特色社会主义理论体系最显著的特征。

综上所述，继承与创新有机统一是规定中国特色社会主义理论体系之理论品格的关键。"不忘历史才能开辟未来，善于继承才能更好创新。"①习近平总书记这一表述深刻揭示了中国特色社会主义理论体系继承与创新的辩证统一关系：继承是创新的基础和前提，创新是继承的目的；继承和创新互相依存，互为条件，不可分割。一个民族、一种理论只有正确处理好继承与创新的关系，方能拥有鲜活的生命力，才能行稳致远、引领未来。

回首改革开放以来党和人民的奋进历程，不难发现，中国共产党正是准确把握了科学理论的继承性与创新性相统一的规律，在继承的基础上大胆进行创新，与时偕行，先后创立了邓小平理论、"三个代表"重要思想、科学发展观和习近平新时代中国特色社会主义思想，为中华民族伟大复兴提供丰富的理论滋养和正确的行动指南。可以说，善于进行理论继承与理论创新，是中国共产党从胜利走向胜利的重要原因之一。

---

① 《习近平谈治国理政》第1卷，外文出版社2018年版，第164页。

第二章 中国特色社会主义理论体系继承的逻辑分析

中国特色社会主义理论体系不是从天上掉下来的,不是主观臆想出来的,而是在中国共产党持续推进理论创新和实践创新的基础上形成的集体智慧的结晶。继承是创新的前提和基础,作为马克思主义中国化新的飞跃的理论成果,中国特色社会主义理论体系厚植于马克思列宁主义、毛泽东思想的理论宝库,深刻总结并充分运用党成立以来的历史经验,深化了对共产党执政规律、社会主义建设规律与人类社会发展规律的认识。因此,继承性是中国特色社会主义理论体系的突出特点,它贯穿于理论体系的形成、发展与最终样态。同时,这种理论继承在实践中不断得到检验与调整,包含守正与创新的双重意蕴,是在实践的基础上不断丰富发展的动态过程。

第一节 继承具有必然性

《共产党宣言》发表距今已有170余年,"尽管我们所处的时代同马克思所处的时代相比发生了巨大而深刻的变化,但从世界社会主义500年的大视野来看,我们依然处在马克思主义所指明的历史时代"①，马克思主义所阐述的一般原理仍然具有强大的解释力。在马克思主义的指导下，中国共产党带领中国人民探索出了一条符合中国实际的社会主义道路，并在新的历史阶段，朝着既定目标接续奋进。中国共产党百年奋斗的历史经验和当代中国社会主义发展的现实与前景决定了我们必须高举马克思主义的旗帜，在继承的基础上接续探索与创新。

一、历史的结论与人民的选择

研究中国共产党理论体系的继承性，首先要明确中国共产党人所从事的事业的本质特点是什么；明确我们的事业从哪里来，要到哪里去。中国共产党自诞生以来，前赴后继，不懈奋斗，就是为了实现社会主义和共产主义。中国共产党人的奋斗目标不是随意选择的，它建立在历史和人民选择的基础之上，是党在探求救国救民之路和强国富民之路中得出的正确道路。可以说，中国共产党理论体系的继承性，首先是由历史和人民的选择决定的。换言之，历史和人民的选择决定了中国共产党人需要具备继承性思维。

（一）只有社会主义才能救中国

知所从来，方明所往。回顾近代中国的历史，西方的坚船利炮打破了清王朝"天朝上国"的幻梦，面对西方侵略者，清政府妥协就范，割地赔款，赋予列强在华的诸多特权，将中国推向被瓜分的境地。身处其时的李鸿章称当时的局势为"数千年来未有之变局"②。在此背景下，挽救民族危亡、改革中国社会成为众多仁人志士的共同追求。鸦片战争后，士大夫阶层率先提出了"师夷长技以制夷"的口号，将目光转向了"天朝"以外的世界。而后，洋务派、维新派、革命派等提出了种种不同的社会改造方案。在严重的民族危机下，这些政治潮流冲击了封建帝

---

① 《习近平谈治国理政》第2卷，外文出版社2017年版，第66页。
② 《李鸿章全集》（奏议六），安徽教育出版社2008年版，第159页。

制，亦极大地解放了国人的思想，但却未改变中国半殖民地半封建社会的性质和中国人民的悲惨命运。因而，选择走社会主义道路是近代国人在艰辛探索后的新选择，这条道路符合中国革命发展的客观规律，是历史和人民的必然选择。

首先，科学社会主义理论提供了一套"根本解决"的社会改造方案。从鸦片战争后探索国家出路的历次斗争来看，作为农民运动的最高峰，太平天国运动最终仍陷于封建专制主义的窠臼，在权力争夺所致的内讧中败亡。以"借法自强""求强求富"为主要内容的洋务运动，在"中体"的范畴内学习与引进西方的制器之术，实质上是"变器不变道"。维新派虽认识到了制度革新之必要，主张兴民权、设议院、开民智，希冀建立资产阶级的君主立宪制，然而其思想体系中却存在无法克服的内在矛盾。维新派虽意在打破封建君主专制制度，却将全部希望寄予没有实权的皇帝；虽主张发展资本主义工商业，却又丝毫不触及封建土地所有制。戊戌变法的失败，也使得改良主义的阵营内部产生了分化，革命逐渐压倒改良成为时代思潮的主流。辛亥革命后，清王朝虽归于覆灭，但帝国主义和封建势力在中国统治的根基并未铲除，中国深层的社会结构亦未发生改变，且随之而来的北洋军阀独裁统治使中国陷入更深的灾难之中。因此，在中国向何处去的问题上，思想界再度活跃起来，在五四时期出现了各种"主义"林立的文化图景，时人对社会主义的探索再度出现热潮，并在二十世纪二十年代展开了关于社会主义的大讨论。然而这一时期，社会主义思潮流派繁多，无政府主义、基尔特社会主义、工读主义、科学社会主义等不一而足。在这场关于社会主义的论战中，马克思主义的科学社会主义理论逐渐分化出来，同无政府主义、改良主义和修正主义划清了界限，在革命的路径和前途问题上明确了要通过阶级斗争彻底推翻剥削阶级的统治并实行无产阶级的专政。一批进步知识青年在此过程中逐渐认识到，只有坚持科学社会主义的理论指导才能达到救国救民与根本改造中国社会的目标，逐渐明确"用革命的手段建设劳动阶级（即生产阶级）的国家，创造那禁止对内外一切掠夺的政治法律,为现代社会第一需要"①。尽管早期的马克思主义者对中国社会的性质、各革命阶段的任务等基本问题尚缺乏系统的认识,并且他们所接受的马克思主义理论更多地受到俄国化的影响,但仍不能否定他们坚持了正确的斗争方向,找到了一条解决中国问题的根本道路。

其次,社会主义思想符合中国传统文化的内在精神追求。在社会主义思想传入中国后,维新派、资产阶级革命派等阶级主体也纷纷利用社会主义为自己的主张进行注脚。康有为在流亡海外时曾吸收西方社会主义的观点,在《大同书》中描绘了一幅融合东西方意念的大同世界的理想方案。孙中山在辛亥革命后进一步发展了三民主义的思想,将民生主义与社会主义联系起来,称"民生主义者,即国家社会主义也"②。宋教仁也主张"实行国家社会主义,保育国民生计,以国家权力,使一国经济之发达均衡而迅速也"③。此外,新村主义、工读互助主义在知识分子中间也有一众拥趸。整体视之,尽管这些主体只是将社会主义视为一种可用的学说纳入自身的理论体系,为其各自的政治目的所服务,但这一现象代表了先进知识分子新的思想动向,同时也表明国人对社会主义思想的天然亲近。在民初社会大转型的急剧变化中,社会主义理论能够得到众多有志之士的关注与接纳,与传统文化土壤中浓厚的"大同思想"有着密不可分的关系。这种对平等和自由世界的朴素向往、以天下为己任的追求、讲求群体利益的观念根植于传统的文化心态中,减轻了中国先进知识分子对科学社会主义理论的认知障碍,促进了科学社会主义理论在中国的广泛传播,更为社会主义道路在中国的落地和发展提供了文化土壤。

再次,社会主义道路是代表中国广大历史主体共同利益的正确道路。在近代中国各派救国方案的较量中,社会主义道路最终能够获得主动,不仅与其理论自身的彻底性、同传统文化心态的趋近性相关,更在于这一道路合乎中国国情,符合民心所向。从近代中国社会的阶级结构

---

① 《独秀文存》,安徽人民出版社1987年版,第371页。
② 《孙中山全集》第2卷,中华书局1982年版,第339页。
③ 《宋教仁集》(下),中华书局1981年版,第749—750页。

来看，中国的民族资产阶级是在外国资本主义入侵的影响和刺激下产生的，民族资产阶级既受到外国资本的压迫，又受到官僚资本的排挤，发展缓慢，力量弱小，因而在革命问题上具有动摇性和妥协性，无法领导中国走上资本主义的独立发展道路，这也是维新变法和辛亥革命等资产阶级救国方案失败的根源所在。而十月革命的发生"帮助了中国的先进分子，用无产阶级的宇宙观作为观察国家命运的工具，重新考虑自己的问题"①，这种转向也恰恰符合近代中国社会经济结构的改变和社会阶级关系的变化。虽然近代中国资本主义的发展水平较低，但一定程度上促进了中国社会新的革命力量的增长。据统计，在1919年五四运动前夕，中国的产业工人已达200万人以上；除产业工人外，还有与其处于同等或类似地位、靠出卖劳动力为生、与产业工人所从事的机器大工业生产有直接或间接联系的各种非产业工人，这类群体总数在4000万人左右。②这类主体大多出身于破产的农民或手工业者，并且他们受到帝国主义、资产阶级和封建势力的三重压迫，最富革命的坚决性和彻底性。在民族危机和社会危机日益严峻的情况下，在俄国十月革命和新思潮的影响下，无产阶级日益觉醒，并登上政治舞台。随后无产阶级政党中国共产党的创立，更是使无产阶级和广大劳动群众有了坚强的领导核心，最终赢得了新民主主义革命的胜利，取得了引导中国走上社会主义道路的主导权。因此，社会主义道路在中国的落地生根并非仅是历史发展的自然结果，同样也是广大历史主体主动的选择。

正如马克思所言，"理论在一个国家实现的程度，总是取决于理论满足这个国家的需要的程度"③。中国在20世纪中叶走上社会主义的道路，是中国先进分子探索国家出路的进程与十月革命后世界社会主义的发展进程相互融汇的必然产物；是半殖民地半封建社会的特殊国情和无产阶

---

① 《毛泽东选集》第4卷，人民出版社1991年版，第1471页。
② 中共中央党史研究室：《中国共产党历史》第1卷（上册），中共党史出版社2011年版，第25—26页。
③ 《马克思恩格斯选集》第1卷，人民出版社2012年版，第11页。

级革命时代的特定世情所决定的必然趋势。与此同时,科学社会主义理论以其科学性和革命性帮助国人找到了实现中国社会最广泛而深刻的社会变革的正确路径,也为中国的民族独立与人民解放指明了正确的方向。

(二)只有中国特色社会主义才能发展中国

恩格斯曾深刻指出:"马克思的整个世界观不是教义,而是方法。它提供的不是现成的教条,而是进一步研究的出发点和供这种研究使用的方法。"① 马克思主义是我们立党立国、兴党强国的根本指导思想,作为一种科学理论和行动指南,马克思主义必须中国化才能落地生根,必须时代化才能充满活力。在中国新民主主义革命和社会主义建设的过程中,中国共产党虽经历了艰难曲折,但仍完成了中国其他各种政治力量所不能完成的艰巨任务,根本原因就在于党坚持把马克思主义基本原理同中国具体实际相结合、同中华优秀传统文化相结合,开创并发展了中国特色社会主义。理性审视中国特色社会主义的内在逻辑,应当认识到"中国特色社会主义,是科学社会主义理论逻辑和中国社会发展历史逻辑的辩证统一"②,是实现中国现代化发展的必由之路。因此,中国特色社会主义内含继承的逻辑。

第一,理论逻辑。中国特色社会主义是社会主义,而不是其他什么主义,中国特色社会主义始终坚持以科学社会主义的基本原则为理论源泉,坚持用马克思主义的立场、观点和方法分析现实社会问题。

认识中国特色社会主义理论体系的继承性需要明确两大问题,其一,马克思主义的科学性体现在哪里。其二,中国特色社会主义是否坚持了马克思主义的科学社会主义原理。

在世界社会主义的发展历程中,唯物史观和剩余价值学说的创立使社会主义从空想发展到科学。马克思主义的唯物史观从生产力和生产关系、经济基础和上层建筑的矛盾运动出发,科学揭示了人类社会由低

---

① 《马克思恩格斯选集》第4卷,人民出版社2012年版,第664页。
② 《习近平谈治国理政》第1卷,外文出版社2018年版,第21页。

级社会形态向高级社会形态发展的客观规律,在此基础上论证了资本主义社会化大生产与生产资料私人占有的基本矛盾,从而为社会主义代替资本主义的必然性作出了理论说明。除了运用唯物史观揭示人类社会发展的客观规律外,马克思、恩格斯还将唯物史观用以分析资本主义社会的生产关系,开创了剩余价值学说。以此为重要的理论基石,马克思主义的政治经济学理论打破了古典经济学的分析范式,揭露了资本主义残酷剥削与压迫无产阶级的社会现实;阐明了无产阶级才是价值创造的主体,是变革资本主义的伟大社会力量;指明了无产阶级通过革命斗争来推翻资本主义统治、实现自身解放、并最终建成共产主义的根本路径。这些学说在理论深度上远远超越了空想社会主义单纯从道德原则对资本主义制度的现实批判,且指明了革命的主体与革命的路径等问题。由此,唯物史观和剩余价值理论为科学社会主义的创立构建了扎实的理论根基。马克思的科学社会主义理论之所以是科学的,就在于它是建立在唯物史观和剩余价值理论之上的对人类社会发展规律的客观判断和对无产阶级解放运动的科学预判。我们说中国特色社会主义是社会主义,则是因为中国特色社会主义在改革开放的历史进程中始终坚持社会主义的道路、理论、制度、文化,全面贯彻党的基本理论、基本路线与基本方略,而这些正是在新的历史条件下体现科学社会主义基本原则的内容。因此,可以说中国特色社会主义发展了科学社会主义的科学内涵、精神实质与基本原则,是能够指导中国社会发展的科学世界观与方法论。马克思主义理论的科学性决定了中国特色社会主义理论体系发展进程各个阶段不可隔断的连续性。

第二,历史逻辑。中国特色社会主义是当代中国的科学社会主义,是根植于中国大地、反映人民意愿、适应中国和时代发展进步要求的科学社会主义。探究中国特色社会主义形成与发展的历史过程,可以发现中国特色社会主义具有鲜明的实践性与民族性、时代性与开放性,这些基本特征是我们认识和把握中国特色社会主义理论继承性思维的关键所在。

实践是理论之源。中国特色社会主义"是党和人民历尽千辛万苦、付出巨大代价取得的根本成就"①。早在土地革命战争时期，毛泽东就提出了将马克思主义的普遍真理与中国革命具体实践相统一的命题，指出"马克思主义的'本本'是要学习的，但是必须同我国的实际情况相结合"②。1956年，在社会主义制度初步建立之际，毛泽东在总结新民主主义革命的经验教训、反思苏共二十大所暴露出的苏联社会主义模式的弊端后，明确要"进行第二次结合，找出在中国怎样建设社会主义的道路"③。然而，在中共八大之后，党在经济建设的指导方针上出现了"左"的错误，并且在对国内阶级形势估量不当的情况下产生了对国内主要矛盾的误判，随着"左"倾错误的不断升级，爆发了十年"文化大革命"，给党和国家带来了空前劫难。十一届三中全会后，中国共产党吸取历史教训，明确了社会主义初级阶段的基本国情，果断停止使用"以阶级斗争为纲"的口号，将党和国家的工作重心转移到经济建设上来，建立和完善了社会主义市场经济体制，将公有制与市场机制有机结合，极大地优化了资源配置，有力地推动了我国经济持续高速发展，释放出社会主义发展的蓬勃生机。因此，中国特色社会主义建立在中国共产党对马克思主义中国化道路探索的基础之上，是中国化的马克思主义，它既坚持和发展了马克思主义的基本原理，又体现了丰富的中国历史文化要素和东方文明智慧，具有鲜明的民族性。

时代是思想之母。在中国进行改革开放的四十多年历程中，党所面临的时代背景和社会环境不断变化，形成了包括邓小平理论、"三个代表"重要思想、科学发展观在内的中国特色社会主义理论体系以及习近平新时代中国特色社会主义思想。党的十一届三中全会后，在党和国家面临向何处去的重要关头，以邓小平同志为主要代表的中国共产党人，围绕"什么是社会主义、怎样建设社会主义"这一根本问题对社会主义的本质和社会

---

① 《习近平谈治国理政》第2卷，外文出版社2017年版，第36页。
② 《毛泽东选集》第1卷，人民出版社1991年版，第111—112页。
③ 中共中央文献研究室编：《毛泽东年谱（1949—1976）》第2卷，中央文献出版社2013年版，第557页。

第二章 中国特色社会主义理论体系继承的逻辑分析

主义初级阶段的基本路线等一系列基本问题进行了回应，成功开创了中国特色社会主义。党的十三届四中全会后，以江泽民同志为主要代表的中国共产党人，在国内外形势十分复杂、世界社会主义出现严重曲折的考验下，捍卫了中国特色社会主义，确立了社会主义市场经济体制的改革目标和基本框架，确立了社会主义初级阶段的基本经济制度和分配制度，开创了改革开放的新局面，并从推进党的建设的伟大工程出发创立了"三个代表"重要思想，成功将中国特色社会主义推向21世纪。党的十六大后，以胡锦涛同志为主要代表的中国共产党人抓住重要的战略机遇期，在全面建设小康社会的进程中深刻认识和回答了新形势下"实现什么样的发展、怎样发展"等重大问题，进一步坚持和发展了中国特色社会主义。党的十八大以来，以习近平同志为核心的党中央统筹把握中华民族伟大复兴战略全局和世界百年未有之大变局，提出了一系列原创性的治国理政新理念新思想新战略，对重大时代课题进行了回应。由此可见，中国特色社会主义的发展具有鲜明的时代性和开放性，它是在继承国内外一切有益经验的基础上不断回应现实问题的、与时俱进的动态发展过程。

正如习近平总书记所指出的那样，中国特色社会主义是党在推进革命、建设和改革的实践中不断探索和总结出的符合中国实际的现代化道路，它不是延续我国历史文化的母版，也不是简单套用马克思主义经典作家设想的模板，更不是其他国家社会主义实践的再版和国外现代化发展的翻版。①中国特色社会主义具有深厚的理论渊源、历史底蕴。因此，我们在直面并及时回答客观实际发展所提出的新课题的同时，应当始终坚持中国特色社会主义的正确方向，在继承的基础上，不断丰富与拓展中国特色社会主义理论体系。

二、远大理想需接力奋斗才能实现

实现共产主义是中国共产党的最高纲领，也是共产党人的最高理

---

① 《习近平谈治国理政》第2卷，外文出版社2017年版，第344页。

想。在科学社会主义理论中，共产主义是马克思对未来社会发展必然趋势的科学预测和设想，列宁等无产阶级政党领导人在此基础上进一步深化了共产主义社会发展阶段的理论，这些构想对于我们深刻认识人类走向共产主义的必然性和艰巨性具有十分重要的意义。改革开放后，中国共产党在总结世界社会主义尤其是中国自身社会主义建设的经验与教训的基础上，逐步提出了社会主义初级阶段理论，充分认识到共产主义的伟大事业不可一蹴而就，必须由一代一代的共产党人在继承的基础上前赴后继、接力奋斗才能实现。

（一）共产主义建设事业的艰巨性决定了中国共产党理论继承的必然性

"共产主义"一词并非马克思的首创，现代意义上的共产主义概念产生于18世纪法国空想社会主义者的用语中。马克思批判地汲取空想社会主义的积极思想，在对资本主义进行揭露和批判的同时，将社会现实同政治变革运动及探寻未来理想社会的实践结合起来，形成了共产主义的系统理论。在马克思共产主义思想的内在逻辑中，共产主义代替资本主义是人类历史发展的必然规律，但共产主义社会的实现建立在一定的前提和基础之上，绝非一朝一夕可以完成。

第一，共产主义发展的历史必然性。在共产主义理论的历史生成中，马克思对共产主义的逻辑推演经历了依据人道主义进行价值批判到依据唯物史观进行科学推论的转换，在此过程中共产主义从哲学中的理想状态逐渐明确为社会历史进程中的必然。从马克思科学社会主义思想的早期发展线索来看，马克思更多的是从人道主义的价值批判角度对共产主义社会进行理论推演。在《论犹太人问题》一文中，马克思从政治解放和人类解放的关系视角，指出未来社会"任何解放都是使人的世界即各种关系回归于人自身"[①]，其共产主义思想初见端倪。马克思在《〈黑格尔法哲学批判〉导言》中通过对宗教神学的批判，揭示了资

---

① 《马克思恩格斯文集》第1卷，人民出版社2009年版，第46页。

第二章 中国特色社会主义理论体系继承的逻辑分析

本主义社会生活中隐藏在宗教神学外衣下人的自我异化,将对宗教的批判转向对现存制度的批判,在费尔巴哈人道主义异化史观的基础上提出了无产阶级追求自我解放的历史使命。马克思在《1844年经济学哲学手稿》中第一次较为系统地阐述了共产主义理论,在《手稿》中马克思从异化劳动的角度全面批判了资本主义社会的物质生活关系,揭露了被国民经济学所掩盖的资本主义私有制的罪恶,在此基础上推论出共产主义社会的应然状态。由于这一时期马克思对共产主义学说的阐释带有浓厚的人本主义或人道主义的色彩,因而《手稿》中的"共产主义是私有财产即人的自我异化的积极的扬弃","是通过人并且为了人而对人的本质的真正占有",实现了人向其本质的复归。①

随着马克思唯物史观的不断成熟,马克思关于共产主义人类解放的理论更臻于完善。在《德意志意识形态》中马克思明确将物质资料生产看作人类历史的前提,他不再单从人道主义或伦理价值的角度出发谈论共产主义,而是从人的物质生产实践出发去分析社会发展形态的更迭与演变、探寻社会历史发展的内在规律。建立在历史唯物主义的基础上,马克思在对共产主义社会的展望中,虽仍主张消除异己力量的支配,实现"个人的独创的和自由的发展"②,但更关心的是实现人的解放的现实道路。在马克思看来,共产主义是生产力发展到一定程度的产物;随着生产力的发展,当生产资料的私有制成为束缚生产力发展的桎梏时,无产阶级革命就成为打破桎梏和改造社会的重要手段。因而,这里的共产主义是社会历史发展达到一定质点后社会变革的必然要求,是代表新的生产力全面发展要求的客观趋势。1848年《共产党宣言》中,马克思恩格斯正是从历史必然性的角度看待资本主义的灭亡和共产主义的胜利,系统阐明了共产主义基本原理。因此,共产主义并非人头脑中的纯粹假想,而是建立在唯物史观基础上对社会历史发展必然趋势的科学预判,是指导我们进行社会主义建设的科学的历史观。正因如此,共产主义以

---

① 《马克思恩格斯全集》第42卷,人民出版社1979年版,第120页。
② 《马克思恩格斯全集》第3卷,人民出版社1960年版,第516页。

其科学性和作为历史发展的必然趋势,成为后人坚持为共产主义持续奋斗的动力和信仰之源。而这一点在共产党人的思想理论中,自然表现为继承性。

第二,共产主义社会建设的阶段性与长期性。马克思恩格斯对于共产主义社会发展的客观规律性认识建立在不断总结无产阶级革命的历史经验和深入研究的基础之上。自1846年起,马克思恩格斯在参与共产主义者同盟的工作后,关于怎样从资本主义过渡到共产主义有了更多的思考和阐述。在《共产主义信条草案》《共产主义原理》《共产党宣言》等文献中,马克思逐渐认识到在实现科学的共产主义前必须经历一定的准备阶段,由此论证了"过渡时期"的必要性,提出了无产阶级专政的理论。在《资本论》中,马克思深入到未来共产主义社会的经济结构内部,论证了在未来共产主义社会的一定发展阶段中,个人消费品的分配将以劳动时间为尺度,且"分配的方式会随着社会生产机体本身的特殊方式和随着生产者的相应的历史发展程度而改变"[①],也即是说共产主义必然要经历一个按劳分配的阶段,且共产主义社会中的分配方式会随着生产方式的发展而变化。这就在事实上以按劳分配为划分标准间接论证了共产主义社会也存在不同的发展阶段,但在这里马克思并没有明确提出和论述这一问题。

19世纪70年代以后,受到巴黎公社革命直接经验的启示,马克思和恩格斯在《哥达纲领批判》中进一步对资本主义社会转向共产主义社会之间的"过渡时期"的基本概念作出了经典表述。此外,按照未来共产主义社会的发展成熟度,马克思恩格斯明确将共产主义社会划分为"第一阶段"和"高级阶段"。在共产主义社会的第一阶段,由于共产主义社会刚刚从旧社会的母体中脱胎而来,"因此它在各方面,在经济、道德和精神方面都还带着它脱胎出来的那个旧社会的痕迹"[②],而这些问题

---

① 《马克思恩格斯全集》第23卷,人民出版社1972年版,第95页。
② 《马克思恩格斯全集》第19卷,人民出版社1963年版,第21页。

只有到了共产主义社会的高级阶段才能解决。由此，便构成了马克思恩格斯共产主义社会发展阶段理论的基本脉络。但需要指出的是，马克思恩格斯关于共产主义社会发展规律的客观认识，不仅包括其发展的阶段性，更包含其发展的长期性。换言之，共产主义社会发展的阶段性和长期性两者是紧密相连的。究其原因，共产主义和人类解放的实现，更主要地表现为物质生产力高度发展的客观条件，正如马克思在《德意志意识形态》中指出的，共产主义制度的实现"是以生产力的巨大增长和高度发展"为其"绝对必需的实际前提"的。[①]因此，无产阶级在夺取政权后，建立共产主义物质基础的任务是十分艰巨的，需要很长的历史时期和经过若干历史阶段才能完成向成熟的共产主义社会的过渡。

邓小平在谈到马克思主义的根本特征时指出："马克思主义的另一个名词就是共产主义。我们多年奋斗就是为了共产主义，我们的信念理想就是要搞共产主义。"[②]马克思恩格斯关于共产主义社会发展规律的科学论述指明了社会发展的客观进程，为中国特色社会主义理论体系提供了方向导引和理论指南。深刻理解共产主义发展的历史必然性，充分认识共产主义建设事业的艰巨性，是我们客观地把握当代中国特色社会主义的建设、科学发展中国特色社会主义理论体系的思想之本和逻辑之源。恰是这种逻辑表明：共产主义是历史发展的必然，但它作为人类最理想的目标，共产主义事业绝非是一蹴而就的。

（二）社会主义发展阶段的长期性决定了共产党人继承性思维的必要性

"社会主义"和"共产主义"是科学社会主义理论中的重要概念，二者作为反对资本主义的思潮几乎同时出现。在马克思恩格斯的早期著作中，"社会主义"与"共产主义"的概念指涉有所区别，通常后者有更为强烈的革命意味。在马克思恩格斯领导和创立第一国际后，为团结

[①]《马克思恩格斯全集》第3卷，人民出版社1960年版，第39页。
[②]《邓小平文选》第3卷，人民出版社1993年版，第137页。

工人运动中的大多数,他们把包括共产主义在内的一切愿意同国际资产阶级展开斗争的各派统称为"社会主义",但并未明确二者的区别和联系。对"社会主义"与"共产主义"二者的明确界定,萌生于列宁领导苏俄进行社会主义建设的实践中。在《国家与革命》中列宁指出:"通常所说的社会主义,马克思把它称做共产主义社会的'第一'阶段或低级阶段",社会主义"还不是完全的共产主义"。①这些论述进一步深化了对"社会主义"和"共产主义"二者关系的认识和理解。在马克思、恩格斯和列宁相关论述的基础上,在中国社会主义革命和建设的曲折探索中,中国共产党逐渐形成了社会主义初级阶段理论,深刻认识到了社会主义发展阶段的长期性。

首先,社会主义阶段承担的使命和任务决定了这一历史阶段的长期性。作为科学社会主义理论的创始人,马克思、恩格斯虽没有对社会主义和共产主义二者的关系进行明确的界定,但他们围绕如何向共产主义社会过渡的问题作过诸多阐述。马克思在《〈法兰西内战〉初稿》中曾明确指出无产阶级夺取国家政权并不意味着共产主义社会的到来,"工人阶级知道,他们必须经历阶级斗争的几个不同阶段。他们知道,以自由的联合的劳动条件去代替劳动受奴役的经济条件,只能随着时间的推进而逐步完成",因此,在资本关系所能容纳的全部生产力发挥出来以前,必须充分尊重"资本和地产的自然规律的自发作用"。②此时的马克思对无产阶级专政阶段所应担负的历史任务已经形成了比较具体的认识,充分认识到了这一过渡阶段生产力发展所应遵从的自然历史过程和客观经济规律,明确提出了无产阶级夺取国家政权后所应采取的经济发展策略。结合马克思的"三大社会形态"理论,我们不难得出如下结论,即在马克思的设想中,无产阶级在夺取国家政权后,需要通过不断发展生产力来最终完成"资本的历史使命",利用市场经济体系使"以

---

① 《列宁选集》第3卷,人民出版社2012年版,第199—200页。
② 《马克思恩格斯选集》第3卷,人民出版社2012年版,第143—144页。

物的依赖性为基础的人的独立性"得以充分发展,从而形成"普遍的社会物质变换,全面的关系,多方面的需求以及全面的能力的体系",进而"为第三个阶段创造条件"。①因此,作为向"共产主义"社会发展的过渡阶段,既需要为共产主义社会的发展建立相应的物质生产力基础,又需要以生产力的普遍发展为依托,在人学向度摆脱异化,实现"个人的全面发展"和"世界交往的普遍发展"。也正是如此,马克思、恩格斯对向共产主义过渡阶段的长期性有着充分认识,明确表示向共产主义过渡的"那个正在进行自我扬弃的运动,实际上将经历一个极其艰难而漫长的过程"②。在马克思恩格斯理论的基础之上,列宁在十月革命后对"社会主义"和"共产主义"概念进行补充和修正,明确论述了"社会主义"和"共产主义"二者的关系。在《伟大的创举》中列宁指出"社会主义和共产主义之间的科学区别,只在于第一个词是指从资本主义生长起来的新社会的第一阶段,第二个词是指它的下一个阶段,更高的阶段";并且前者向后者的过渡,"是很长时期才能实现的事业","要完成这一事业,必须大大发展生产力","必须克服与这些残余相联系的巨大的习惯势力和保守势力"。③综上,社会主义阶段所承担的历史使命决定了这一阶段发展的长期性,这也体现了马克思列宁主义既坚持彻底的唯物史观,又坚持历史发展的辩证法的本真意义。

其次,中国社会主义建设的自身逻辑决定了社会主义初级阶段的必要性。根据马克思恩格斯的原初设想,社会主义革命应当首先在发达资本主义国家同时取得胜利,但在世界社会主义运动的现实实践中,所有历经革命而建立社会主义制度的国家都是经济文化较为落后的国家。对此,马克思、恩格斯也关注到了俄国、中国等东方落后国家的社会主义革命问题,提出了在特定的历史条件下可以不通过资本主义制度"卡夫丁峡谷"的设想。但需要注意的是马克思恩格斯对于东方落后国家跨越

---

① 《马克思恩格斯全集》第46卷(上),人民出版社1979年版,第104页。
② 《马克思恩格斯全集》第42卷,人民出版社1979年版,第140页。
③ 《列宁选集》第4卷,人民出版社2012年版,第10—11页。

资本主义卡夫丁峡谷的设想十分审慎。这一设想关注到了不同国家革命发展道路的特殊性，但并非否定了世界历史发展的一般规律、否认了实现社会主义所需的客观经济前提。事实上恩格斯也充分认识到了俄国发展共产主义制度的现实基础，他非常重视俄国"公社如何能够把资本主义社会的巨大生产力作为社会财产和社会工具而掌握起来"的问题。①对此，列宁也强调，"俄国生产力还没有发展到可以实行社会主义的高度"，"还没有实行社会主义的客观经济前提"，但俄国可以"首先用革命手段取得达到这个一定水平的前提，然后在工农政权和苏维埃制度的基础上赶上别国人民"。②与俄国社会主义革命相似，中国革命也建立在落后的生产力基础之上，从半殖民地半封建社会经由新民主主义性质的过渡时期进入到了社会主义社会，并没有经历资本主义充分发展的历史阶段，因而也远远不具备马克思设想中社会主义社会发展的物质前提。新中国成立后，由于对"什么是社会主义"的理论问题认识不清，对社会主义发展阶段的历史方位定位偏差，导致出现了盲目消灭市场关系、采取群众式运动的方式向共产主义过渡等"左"倾错误。十一届三中全会后，在社会主义道路探索实践的基础上，中国共产党作出了中国正处于社会主义初级阶段的科学论断，逐渐明确了社会主义初级阶段是"特指我国在生产力落后、商品经济不发达条件下建设社会主义必然要经历的特定阶段"③。社会主义初级阶段理论的提出，表达了落后国家建立社会主义国家政权后普遍的现实基础，正是由于这种历史与现实的特殊性，决定了我们的社会主义是不完全、不充分的社会主义。对于中国而言，社会主义初级阶段所要解决的便是我国社会主义建设低起点的历史问题，我们正是基于社会主义初级阶段"不发达"的根本特征，提出基本路线要管一百年。

---

① 《马克思恩格斯全集》第22卷，人民出版社1965年版，第501页。
② 《列宁选集》第4卷，人民出版社2012年版，第777页。
③ 《十三大以来重要文献选编》（上），人民出版社1991年版，第12页。

再次，新时代社会主要矛盾的变化并未改变社会主义初级阶段这一基本国情。党的十九大对我国社会发展新的历史方位作出了重要论断，提出了中国特色社会主义进入新时代，并明确指出我国社会的主要矛盾已经转化为人民日益增长的美好生活需要和不平衡不充分的发展之间的矛盾。对此我们应当清醒认识到，对我国社会主要矛盾变化的判定是立足于当前新的时代特点所作出的，新矛盾是原有矛盾的阶段性变化；但新矛盾仍处于社会主义初级阶段的论域中，新时代中国特色社会主义仍处于社会主义初级阶段。对此，我们可以从理论与现实的双重维度进行论证。就理论维度而言，唯物史观视角下社会基本矛盾贯穿人类社会发展的始终，是决定社会形态性质及发展方向的根本矛盾；而社会主要矛盾是社会基本矛盾在特定阶段的具象形式，社会主要矛盾的转化是社会基本矛盾的阶段性量变，在社会主义中国主要表现为人的需要与社会生产力发展状况间的矛盾；因此，社会基本矛盾对社会主要矛盾的生成起决定性的影响，且生产力的发展是构成两大矛盾演变的根本动因。在改革开放至今的发展历程中，我国社会主要矛盾的依存条件发生了极大的变化，就物质资料生产领域来看，我国已成为世界第二大经济体，原有的"落后的社会生产"被"不平衡不充分发展"的新问题所替代；从生产主体的需要来看，人民的需要的范围和结构逐渐多样化、全面化、个性化，从原有的"物质文化需要"逐渐拓展为对"美好生活的需要"。因此，判定我国此前社会主要矛盾的存在条件已不复存在，人的需要同生产力发展的矛盾呈现出的阶段性新特点，使得初级阶段社会的主要矛盾发生演变，这反映了我国社会发展的巨大成就和进步。然而我们也应清醒地认识到，虽然中国经过改革开放40多年的社会主义建设与改革已彻底摆脱贫穷落后的局面，在与他国经济增速的横向对比中成绩斐然，但我国当前的人均国内生产总值尚未达到世界中等发达国家水平，我们在发展中所面临的平衡性、充分性、可持续性问题依然严峻。因此，我们仍未摆脱社会主义初级阶段"不发达"的核心特征，我国仍处于并将长期处于社会主义初级阶段，这仍是当前中国的"基本国情"和

"最大实际"。

方向决定道路，道路决定命运。中国共产党在百年奋斗的历程中始终坚持将马克思主义基本原理同中国革命和建设的具体实际相结合，使中华民族实现了从站起来、富起来到强起来的伟大飞跃，实践证明了科学社会主义的真理性和中国特色社会主义道路的正确性，这是规定中国特色社会主义理论体系继承性的内在逻辑依据。与此同时，我们也应清醒地认识到，我国当前所处的社会主义发展阶段距离马克思笔下的共产主义社会还很遥远。换言之，社会主义发展阶段的长期性和共产主义建设事业的艰巨性要求党的理论与实践必须具备战略定力，正确把握继承与创新的关系，在继承的基础上不断深化对中国特色社会主义建设规律的认识。

第二节　继承的内在逻辑

习近平总书记在总结中国特色社会主义道路、理论与制度的内在逻辑时曾指出："我们党以马克思主义为立党之本，以实现共产主义为最高理想，以全心全意为人民服务为根本宗旨。这就是共产党人的本。没有了这些，就是无本之木。"[1]作为以马克思主义科学理论为指导的无产阶级政党，中国共产党在百年奋进的历史征程中，始终把为中国人民谋幸福、为中华民族谋复兴、作为自身的初心与使命，先后形成了毛泽东思想、邓小平理论、"三个代表"重要思想、科学发展观和习近平新时代中国特色社会主义思想等马克思主义中国化时代化的理论成果。这些重大的理论创新拥有共同的理论起点、价值立场与目标旨归，这规定了中国共产党的理论，包括中国特色社会主义理论体系继承性的内在逻辑机理。

---

[1] 中共中央纪律检查委员会、中共中央文献研究室编：《习近平关于党风廉政建设和反腐败斗争论述摘编》，中国方正出版社、中央文献出版社2015年版，第146页。

一、一脉相承的思想旗帜：马克思主义

指导思想是一个政党的精神旗帜。中国共产党是在马克思列宁主义的指导下成立的，自诞生之日起，就将马克思主义写在了自己的旗帜上。回顾百年奋斗历史，中国共产党更是始终坚持以马克思主义的立场、观点和方法来分析和解决中国的革命与建设问题，在理论传承与理论创新的过程中坚持和发展马克思主义，形成了一系列马克思主义中国化时代化的理论成果。作为马克思主义政党，中国共产党对马克思主义基本原理的坚守和运用主要体现在如下方面。

（一）坚持辩证唯物主义和历史唯物主义的科学世界观和方法论

辩证唯物主义和历史唯物主义是马克思主义基本原理的核心内容，是贯穿于马克思主义理论始终的"灵魂"与"精髓"。作为一种科学的、革命性的世界观和方法论，马克思主义哲学在科学实践观的基础上实现了唯物主义和辩证法、唯物主义自然观和唯物主义历史观的统一，实现了哲学由传统形态向现代形态的转换，为我们认识世界和改造世界提供了强大的思想武器。

中国共产党自成立起就灵活地运用马克思主义的世界观和方法论去认识问题、分析和解决问题。作为马克思主义中国化第一次历史性飞跃的理论成果，毛泽东思想闪耀着辩证唯物主义和历史唯物主义的哲学智慧。在中国共产党领导人民进行革命和建设的历程中，毛泽东同志最早提出了马克思主义中国化的思想，坚持从中国的社会状况和革命实际出发去研究马克思主义，反对党内存在的本本主义和主观主义的错误，写下了《反对本本主义》《实践论》《〈农村调查〉的序言和跋》等重要著作，全面系统地论述和丰富了马克思主义的认识论和辩证法，形成了一切从实际出发，实事求是的思想路线。面对艰险的革命形势，毛泽东坚持群众史观，坚持依靠人民、信任人民、和人民打成一片，从而在敌我力量悬殊的艰难环境中保存和发展了革命的势力。中华人民共和国成立

后，毛泽东灵活运用辩证唯物主义和历史唯物主义的世界观和方法论，写下《论十大关系》《关于正确处理人民内部矛盾的问题》等著作，体现了统筹兼顾、对立统一的哲学智慧，为我们党掌握和运用马克思主义树立了光辉典范。

改革开放后，邓小平同志坚持以实践作为检验路线、方针、政策是否正确的唯一标准，在思想、政治、组织等领域拨乱反正，恢复并制定了一系列正确的方针政策。面对改革开放过程中出现的问题，党始终以辩证唯物主义和历史唯物主义的根本方法应对风险、驾驭复杂局面，不断丰富了对共产党执政规律和社会主义建设规律的认识。十八大以来，以习近平同志为核心的党中央通过统揽国内与国外两个大局把握大势、驾驭全局，体现了唯物辩证法的卓越智慧；在关于我国进入新发展阶段的重大研判上，充分运用历史唯物主义的基本原理，确定了我国发展新的历史坐标。综观中国共产党治国理政的战略全局，可以发现中国特色社会主义理论体系充分运用了马克思主义的辩证思维、战略思维、历史思维和创新思维，直面问题，紧跟时代，主动作为，充分坚持和贯彻了马克思主义哲学的方法、智慧，充分体现了中国共产党人对马克思主义科学世界观与方法论的一贯坚守和代代相承的特点。

（二）坚持马克思主义政治经济学的基本原理和方法论

马克思主义政治经济学的理论体系建立在以"客观经济规律"为依据的坚实基础上，马克思通过深入分析资本主义社会的经济结构及运动过程，揭露了资本主义现代化生产方式发展和趋于瓦解的过程中必然产生的各种矛盾和弊病，并对未来的新社会作出了科学预测与论述。尽管马克思主义政治经济学产生的社会土壤与中国国情具有一定差距，但其所揭示的一般原理仍然具有普遍指导意义。

作为马克思主义政党，中国共产党自创立起就将变革全部生产方式作为本党在经济领域的革命目标。在局部执政时期，中国共产党人借鉴马克思主义政治经济学的分析方法，在分析中国半殖民地半封建社会经济结构和阶级关系的基础上，否定剥削和封建土地私有制，提出了没收官僚资本、进行土地革命和发展公有制经济等新民主主义经济理论。在中华人民共和国成立后，中国共产党将变革生产关系和发展生产力结合起来，实行"一化三改"，顺利完成了新民主主义社会向社会主义阶段的过渡。但在中共八大后，由于国内外多种因素的影响，加上自身认识的局限，党在领导社会主义建设事业的过程中出现了严重失误，一度出现"共产风""割尾巴"等超出生产力发展阶段的"左"的错误。从教条化地搬用马克思主义的原典概念、盲目地套用苏联模式，再到结合中国实际探索中国式现代化道路，可以说中国共产党对马克思主义政治经济学的认识和运用经历了一段较为曲折历程。

马克思主义是科学的理论，也是与时俱进的开放性理论。正如恩格斯所说，我们的理论"是一种历史的产物，它在不同的时代具有完全不同的形式，同时具有完全不同的内容"[①]。改革开放后，中国共产党在系统总结社会主义建设正反两方面经验教训的基础上，创造性地提出了社会主义初级阶段的理论，以此为立论依据，中国共产党积极探索和调整中国特色的社会主义经济体制，改革了严重束缚生产力发展的僵化的计划经济体制，在所有制结构和分配制度方面不断释放出社会主义经济的生机与活力，极大地推动了社会生产力的发展。党的十八大后，在风云变幻的时代浪潮下，中国共产党坚持稳中求进的工作总基调，作出了经济发展进入新常态、由高速增长阶段转向高质量发展阶段的战略判断；针对经济运行中面临的突出矛盾，实行供给侧结构性改革的战略决策，创造性地提出了新发展理念，部署构建新发展格局，形成了一套中国特色社会主义政治经济学。综上可见，学习和掌握马克思主义政治经济学的立场、观点和方法仍然是中国共产党人的看家本领，马克思主义政治经济学中国化和时代化的历史进程仍在持续行进。

---

① 《马克思恩格斯选集》第3卷，人民出版社2012年版，第873页。

（三）坚持科学社会主义基本原则，开创中国特色的社会主义道路

马克思主义的科学社会主义思想建立在马克思主义哲学和马克思主义政治经济学的基础之上。马克思通过对资本主义生产方式的深入分析，揭示了古典国民经济学掩盖下资本主义剥削的罪恶，指明了无产阶级的历史使命，形成了关于无产阶级解放斗争及发展规律的科学。就理论与现实的结合度来看，马克思的科学社会主义理论实则更为直接和全面地指导了世界各国无产阶级的解放运动。

作为无产阶级的先锋队，中国共产党在成立之初就选择了马克思主义的科学社会主义的方案，提出了彻底的反帝反封建的民主革命纲领，并坚定地将社会主义和共产主义作为自己的崇高理想。以毛泽东同志为主要代表的中国共产党人在民主革命的实践和探索中，创造性地运用马克思列宁主义基本原理，将其与中国革命的具体实践结合起来，提出了工农武装割据思想和新民主主义理论，探索出了符合中国实际的无产阶级革命道路，廓清了中国民主革命的性质、动力和前途等问题。新民主主义革命时期，无论革命处于低潮还是高潮，中国共产党人都矢志不渝坚守理想追求，用行动、鲜血乃至生命捍卫了无产阶级的革命事业。中华人民共和国成立后，中国共产党带领全国人民建立了以工农联盟为基础的人民民主专政的国家政权，实现和巩固了全国范围的国家统一，在短短几年内完成了对生产资料私有制的社会主义改造，建立起社会主义制度。

将马克思主义的普遍真理同我国具体实际结合起来，走中国特色的社会主义道路是中国共产党在总结长期历史经验的基础上得出的正确结论。改革开放后，中国共产党在探索回答"什么是社会主义""怎样建设社会主义"的问题过程中逐步形成了社会主义本质理论，指明了社会主义社会既要着力于生产力的发展，又应着力于保障和改善民生，以实现共同富裕。从全面建设小康社会到全面建成小康社会，中国共产党将脱贫攻坚摆在治国理政的突出位置，组织实施了人类历史上规模最大、力度最强、惠及人口最多的脱贫攻坚战。从毛泽东思想到中国特色社

主义理论体系,再到习近平新时代中国特色社会主义思想,中国共产党始终在科学社会主义的伟大旗帜下探索建设社会主义的正确道路,不断地将中国特色社会主义的事业推向前进。

马克思主义是中国共产党的灵魂和旗帜,是立党立国的根本指导思想。在党的百年实践探索中,中国共产党始终坚持把马克思主义这一科学理论作为自己的行动指南,在实践中不断推进马克思主义的中国化时代化,不断开辟马克思主义新境界。因此,马克思主义是贯穿于党的理论创新和理论创造的根本遵循,是马克思主义中国化理论成果共同的理论原点。

二、一以贯之的根本立场:人民立场

早在1848年《共产党宣言》中,马克思恩格斯即明确指出:"过去的一切运动都是少数人的,或者为少数人谋利益的运动。无产阶级的运动是绝大多数人的,为绝大多数人谋利益的独立的运动。"[①]因此,坚持人民立场是马克思主义政党的本质要求,也是马克思主义政党区别于其他政党的显著标志。回溯中国共产党的历史,站稳人民立场、坚持为民宗旨是中国共产党治国理政的根本原则,贯穿于毛泽东思想和中国特色社会主义理论体系的始终,体现了中国共产党人一以贯之的政治本色和价值追求。

(一)中国共产党始终坚持以人民为中心的价值取向

"以人民为中心的价值取向"明确了"为了谁发展"的方向性问题,体现了中国共产党的崇高理想和价值旨归。

第一,中国共产党"以人民为中心"的价值取向是对中国传统民本思想的传承与超越。在传统中国社会,民本思想源远流长,自先秦始就存于中国传统的政治社会中。从周公的"敬德保民"、孔子的"天下为公"到孟子的"民贵君轻"、荀子的"君舟民水"再到汉唐以来的各类民

---

① 《马克思恩格斯选集》第1卷,人民出版社2012年版,第411页。

本论,民本思想不断得到阐发,成为中国传统政治文明的主流意识形态,更在潜移默化中融于中华民族的政治文化与社会心理中。传统民本思想虽然尚不能从唯物史观的高度剖析社会发展规律,但却从兴衰治乱和成败得失中揭示了"国依于民""民安则国安"的朴素真理,认识到了"政之所兴在顺民心,政之所废在逆民心"[①]的普遍规律,充分肯定了民众和民心在治国安邦中的重要作用,塑造了传统中国"大道之行,天下为公"的政治理想。因此,中国共产党"以人民为中心"的话语叙事离不开对传统民本思想人文气质、政治观念和道德理念的批判性汲取。但与此同时,中国共产党的民本思想又区别于、超脱于传统民本思想的价值内核。传统的民本思想是在封建君主专制制度下思考治政之要和安民之道,其出发点是处理好"治人者"与"治于人者"的关系问题,"民本"之下实为"君本"。而中国共产党所坚持的民本思想则赋予人民当家作主的权力,强调发展为了人民、发展依靠人民、发展成果由人民共享。因而,"以人民为中心"的思想既传承了传统民本思想中重民、养民、富民的文化基因,又克服了传统民本思想的历史局限性,实现了"为民做主"到"由民做主"的转变,体现了以民为本思想的现代性飞跃。

第二,"以人民为中心"的价值取向是马克思主义政党一贯的价值追求。回溯马克思主义政党的理论根基,可以发现马克思恩格斯在进行革命实践和理论研究中,始终坚持为无产阶级谋福祉的鲜明立场。在马克思主义哲学中,他们从实践的观点出发反思人的问题,以人的社会实践为核心探讨人与自然、人与人的关系。这种实践唯物主义的人学理论关注现实的人的境遇,在马克思恩格斯所处的时代,他们深刻认识到了资本逻辑的驱使下,资本主体对劳动者惨无人道的剥削和压榨,因此,他们将广大劳动人民的生存与解放问题纳入研究视野之内,深刻批判了资本制度下人的"异化",并将关注的焦点聚集于如何实现人的解放与自由全面发展,由此回答了无产阶级革命和解放过程中的种种现实问

---

① 《管子》,上海古籍出版社1989年版,第10页。

题。《共产党宣言》在对未来共产主义社会的设想中明确提出:"代替那存在着阶级和阶级对立的资产阶级旧社会的,将是这样一个联合体,在那里,每个人的自由发展是一切人的自由发展的条件。"①这些论述无不证明,关注人的价值、关注人的自由和人的解放,是马克思主义理论的根本价值取向,故而也应当是马克思主义政党为之奋斗的崇高理想。

第三,"以人民为中心"的价值取向规定了中国特色社会主义实践探索与理论创新出发点和落脚点。结合中国共产党的历史实践来看,"以人民为中心"是中国共产党人一贯的价值追求。正是基于人民立场,毛泽东提出了"全心全意地为人民服务"的重要思想。在改革开放后,邓小平对社会主义的本质作出了科学论断,提出了达到全体人民共同富裕的奋斗目标。"三个代表"重要思想同样以人民立场为基本的逻辑起点,明确提出了中国共产党始终代表中国最广大人民的根本利益。进入21世纪以来,中国共产党进一步提出了"科学发展观"的重大战略思想,而这一思想的核心即是以人为本,以满足人民的多方面需求和实现人的全面发展作为基本目标。因此,"以人民为中心"的思想贯穿于党成立与发展的始终,是中国共产党根本宗旨和执政理念的集中体现。党的十八大以来,习近平总书记将"以人民为中心"的价值取向融入治国理政的具体工作中,明确提出"人民对美好生活的向往,就是我们的奋斗目标"②。在庆祝中国共产党成立95周年大会上,习近平总书记重申"人民立场是中国共产党的根本政治立场,是马克思主义政党区别于其他政党的显著标志","带领人民创造幸福生活,是我们党始终不渝的奋斗目标"③。这些重要论述为习近平新时代中国特色社会主义思想提供了目标指向和价值遵循,但从这些论述的历史逻辑来看,"以人民为中心"的价值取向并非新时代的首创,而是对中国共产党人一以贯之的人民观的继承与发展。

---

① 《马克思恩格斯选集》第1卷,人民出版社2012年版,第422页。
② 《习近平谈治国理政》第1卷,外文出版社2018年版,第3页。
③ 《习近平谈治国理政》第2卷,外文出版社2017年版,第40页。

(二)中国共产党始终坚持以人民为主体的发展立场

坚持以人民为主体的发展立场是中国共产党对"依靠谁来发展"这一理论问题的回应。

首先,尊重人民的主体地位是历史唯物主义在实践层面的基本要求。马克思恩格斯历史唯物主义的观点是在批判以往哲学,尤其是审视黑格尔和费尔巴哈对人的本质的规定的基础上形成的。马克思摒弃了将人抽象化的做法,提出了"现实的人"的理论,并将"现实的人"置于社会实践与社会关系中加以考察,人的主体性和主体地位在生产力与生产关系、上层建筑与经济基础的矛盾运动中得以确证。马克思、恩格斯在《神圣家族》中明确提出:"历史的活动和思想就是'群众'的思想和活动。"①因而,不是神创造了历史,也不是英雄创造了历史,更不是观念创造了历史,而是人民群众创造了历史。在坚持人民立场与尊重社会客观规律的基础上,马克思的历史唯物主义科学阐释了人民群众在历史发展中的主体地位,论证了人民群众是社会变革的决定性力量和推动社会历史发展的真正动力,为无产阶级革命运动提供了有力的理论武器和指导思想。列宁在领导社会主义革命与建设的过程中也深刻吸取了马克思的人民主体思想,在俄共(布)第七次(紧急)代表大会中列宁曾指出:"社会主义不是少数人,不是一个党所能实施的。只有千百万人学会亲自做这件事的时候,他们才能实施社会主义。"②因此,在马克思主义发展史上,人民主体论是贯穿始终的发展取向。

其次,尊重人民的主体地位是马克思主义中国化过程中一以贯之的核心理念。我们党来自人民、根基在于人民,因而人民主体思想是中国共产党一以贯之的重要思想。回溯党的百年历程,毛泽东是我们党在人民主体思想理论与实践方面的早期探索者。毛泽东充分肯定人民群众才是社会历史活动的主体,他曾反复强调"人民,只有人民,才是创造世

---

① 《马克思恩格斯文集》第1卷,人民出版社2009年版,第286页。
② 《列宁全集》第34卷,人民出版社1985年版,第49页。

界历史的动力"①。当然,毛泽东对人民主体思想的阐发绝非停留于抽象层面的理论论证,而多是结合中国革命与建设的实际作出的实践经验总结,例如毛泽东十分重视人民在革命战争中的主体地位,他曾指出"革命战争是群众的战争,只有动员群众才能进行战争,只有依靠群众才能进行战争"②。在党群关系上,毛泽东也十分尊重人民群众权力监督的主体地位,他说:"如果把自己看作群众的主人,看作高踞于'下等人'头上的贵族,那末,不管他们有多大的才能,也是群众所不需要的。"③除此之外,毛泽东还深刻认识到了人民群众在认识实践中的主体地位,因而毛泽东十分强调群众工作的重要性,指出"我们应该走到群众中间去,向群众学习"④。这一思想即是我们所熟知的党的群众路线理论。改革开放和社会主义现代化建设新时期,在总结既往经验教训的基础上,邓小平进一步发展了人民主体的思想,在政治生活、经济生活等多个方面十分重视发挥人民群众的首创精神,提出了"群众是我们力量的源泉"⑤。在改革的实践过程中,邓小平曾反复强调民主的制度化、法制化,以发扬民主作风来汇集民智,凝聚民力。在经济生活中,他主张充分调动人民的生产积极性,并大力提倡探索创新的精神。江泽民、胡锦涛在持续推进建设中国特色社会主义的伟大历程中,也进一步传承毛泽东、邓小平的人民主体思想,明确回答了"发展为了谁、发展依靠谁"的问题。十八大以来,习近平总书记通过系列讲话,鲜明地表达了"以人民为主体"的发展思想,坚定指出"人民是历史的创造者,群众是真正的英雄"⑥。总之,纵观中国共产党的理论变迁,我们可以发现,"以人民为主体"的发展思想贯穿于党领导革命、建设与改革的始终,在马克思主义中国化的过程中已熔炼为中国共产党的优良传统。

---

① 《毛泽东选集》第3卷,人民出版社1991年版,第1031页。
② 《毛泽东选集》第1卷,人民出版社1991年版,第136页。
③ 《毛泽东选集》第3卷,人民出版社1991年版,第864页。
④ 同上书,第933页。
⑤ 《邓小平文选》第2卷,人民出版社1994年版,第368页。
⑥ 《习近平谈治国理政》第1卷,外文出版社2018年版,第5页。

（三）中国共产党始终坚持以人民为本位的价值标尺

坚持以人民为本位的价值标尺是中国共产党的一贯原则，中国共产党在领导人民进行社会主义革命和建设的过程中，始终坚持人民利益至上的原则，始终把"人民拥护不拥护、人民赞成不赞成、人民高兴不高兴、人民答应不答应"作为评价党执政措施正确与否的标准。这一原则贯穿于中国特色社会主义建设与发展的始终，在党的理论与实践中主要体现为如下两个方面。

首先，"人民根本利益"始终是衡量党一切工作得失的最高标准。中国共产党作为领导中国人民进行革命、建设与改革的主心骨，自成立以来就始终把实现好、维护好、发展好最广大人民的根本利益作为一切工作的出发点和落脚点。早在新民主主义革命时期，毛泽东在《论联合政府》中就提出了把"人民根本利益"作为实践评价最高标准的思想，指出每个共产党人的"一切言论行动，必须以合乎最广大人民群众的最大利益，为最广大人民群众所拥护为最高标准"[1]。邓小平继承和发展了毛泽东以人民根本利益为最高标准的思想，在对社会主义初级阶段的本质有了更为深入的认识后，1992年邓小平在南方谈话中提出了衡量一切工作是非得失的"三个有利于"的根本标准，即是否有利于发展社会主义社会的生产力；是否有利于增强社会主义国家的综合国力；是否有利于提高人民的生活水平。在"三个有利于"标准中"人民利益标准"与"生产力标准"并存，且生产力的发展归根到底还是为了不断改善人民的物质文化生活，其根本目的在于全体人民共同富裕。十八大以来，习近平总书记进一步提出了深化改革的三条标准，即"对党和人民事业有利的，对最广大人民有利的，对实现党和国家兴旺发达、长治久安有利的，该改的就要坚定不移改"[2]。因此，无论是毛泽东思想、中国特色社会主义理论体系，还是习近平新时代中国特色社会主义思想，这些理论

---

[1]《毛泽东选集》第3卷，人民出版社1991年版，第1096页。
[2] 中共中央文献研究室编：《习近平关于全面深化改革论述摘编》，中央文献出版社2014年版，第153页。

成果都以最广大人民群众的根本利益作为检验党和国家各项事业的最高标准，这正是党一以贯之的执政理念的体现。

其次，人民始终是党的工作的"最高裁决者"和"最终评判者"。"知屋漏者在宇下，知政失者在草野。"坚持以人民作为评价主体既符合唯物史观的基本原理，也是由党的性质与宗旨所决定的，与此同时也是顺应时代潮流、更好地满足人民需要的执政理念的体现。因此，习近平总书记提出了"时代是出卷人，我们是答卷人，人民是阅卷人"①的精辟论断。十八大以来，习近平总书记在多次讲话中均强调了人民作为价值评判的主体地位。他在纪念毛泽东同志诞辰120周年座谈会上的讲话中明确指出，党的执政水平和执政绩效只能由人民来评判，"人民是我们党的工作的最高裁决者和最终评判者"②。在2014年党的群众路线教育实践活动总结大会上，他再次阐释了人民作为评判主体的重要性，他指出："让群众满意是我们党做好一切工作的价值取向和根本标准，群众意见是一把最好的尺子"，"让群众来监督和评判，才能做到不虚不空不偏"。③在新的历史发展阶段，坚持以人民为价值评价的主体，也是党更加自觉地接受人民监督、不断提升自身执政能力的体现，只有如此，才能真正将以人民为中心的发展思想落到实处，从根本上实现好、维护好最广大人民的根本利益。

相信谁、依靠谁、为了谁，是否站在最广大人民群众的立场上，是判断马克思主义政党的试金石。中国共产党作为马克思主义政党，在领导人民进行革命、建设和改革的过程中，始终将全心全意为人民服务作为党的根本宗旨。虽然党的人民话语随着时代的变化有所创新，但其共同的价值旨归、价值主体与价值标尺决定了这些理论体系拥有共同的政治立场，决定了其精神本质是一致的。

---

① 《习近平谈治国理政》第3卷，外文出版社2020年版，第70页。
② 《十八大以来重要文献选编》（上），中央文献出版社2014年版，第698页。
③ 习近平：《在党的群众路线教育实践活动总结大会上的讲话》，《人民日报》2014年10月9日。

三、矢志不渝的奋斗目标：中华民族的伟大复兴

清末以降，曾创造了灿烂文明的中华民族遭受了前所未有的劫难，从那时起，挽救民族危亡，实现民族复兴就成为全民族的共同梦想和奋斗目标。作为使命型政党，中国共产党自踏上革命征程起，就自觉将中华民族的伟大复兴作为自己的历史使命。为了实现中华民族的伟大复兴，中国共产党团结带领中国人民进行了新民主主义革命、社会主义革命和社会主义建设的伟大实践，实现了中华民族有史以来最为广泛而深刻的变革，迎来了从站起来、富起来到强起来的伟大飞跃。可以说，实现中华民族的伟大复兴是中国共产党百年奋斗的历史主题，也是党在第二个百年新征程的奋斗目标。这一目标指向既符合世界现代化的发展潮流，又体现出社会主义的发展趋势，显示出鲜明的中国特色与价值指向。正因如此，围绕实现共同的目标指向，党的重大的理论创新得以在承继的基础上世代累积，不断推进。

（一）中华民族的伟大复兴是历史进程与现实运动的有机统一

实现中华民族的伟大复兴不仅是抽象层面的目标指向，更是近代以来中华儿女为之奋斗的历史过程和现实运动。

首先，实现中华民族的伟大复兴是一个需要一代又一代人不懈奋斗的历史进程。在近代中国，为了实现国家独立和富强，封建士大夫阶层、资产阶级立宪派、资产阶级革命派、无产阶级等纷纷登上历史舞台，提出并实践了自己的救国方案与主张。中国共产党正是在此背景下应运而生，并且自成立起就自觉将阶级利益的实现融注于民族利益，自觉肩负起民族复兴的历史使命，因而在建党之初就制定了民主革命的纲领，以团结一切革命的民主党派建立起广泛的联合战线，共同实现反帝反封建的民主革命的目标。抗日战争时期，中国共产党率先倡导全民族团结抗日，制定和实施抗日民族统一战线政策，为取得新民主主义革命的胜利建立了历史功勋。中华人民共和国成立后，面对错综复杂的国际形势，中国共产党成功应对了政治、经济、军事等方面的一系列严峻挑战，建

立和巩固了社会主义的制度,为确立中国的大国地位、维护中华民族的尊严奠定了根本政治前提和制度基础。改革开放和社会主义现代化建设时期,中国共产党持续探索中国特色的社会主义建设道路,将党和国家的工作中心转移到经济建设上来、实行改革开放,由此实现了人民生活从温饱不足到总体小康再到全面小康的历史性跨越,为中华民族伟大复兴提供了充满活力的体制保证和快速发展的物质条件。正是在百年奋斗征程的基础之上,中华民族的伟大复兴进入了不可逆转的历史进程。

其次,实现中华民族的伟大复兴是新时代接续奋进的现实运动。正如习近平总书记在庆祝改革开放四十周年大会上所指出的,实现中华民族的伟大复兴是一场"接力跑",要一棒接着一棒地跑下去。在第一个百年的历史基础上,我们全面建成了小康社会,历史性地解决了绝对贫困问题,实现了第一个百年奋斗目标。在处于开启第二个百年的历史交汇点上,我们也应清醒地认识到,我国仍处于社会主义初级阶段,仍是当前世界上最大的发展中国家,并且就国内与国外的两个大局来看,我国的改革发展稳定仍面临不少长期尚未解决的或新出现的深层次的矛盾和问题,外部环境的变化也给我们的现代化事业发展带来诸多新的风险挑战,中华民族的伟大复兴绝非是轻轻松松、敲锣打鼓就可以实现的。如同马克思、恩格斯在《德意志意识形态》中所指出的那样:"共产主义对我们来说不是应当确立的状况,不是现实应当与之相适应的理想。我们所称为共产主义的是那种消灭现存状况的现实的运动。"[①]实现中华民族的伟大复兴也是建立在"现有的前提"下不断改革"现存状况"的运动,是在不断实现阶段性目标的基础上朝着最终目标奋进的过程。因此,在新的历史起点上,中华民族的伟大复兴仍是需要长期执着奋进才能实现的奋斗目标。

总之,中华民族的伟大复兴是历史进程与现实运动的有机统一,这要求我们在长期的实践探索中不断积累经验与理论资源,与此同时,这也使得我们得以在新的历史起点上实现思想理论的接续与传承。

---

① 《马克思恩格斯选集》第1卷,人民出版社2012年版,第166页。

（二）中华民族伟大复兴是符合世界文明发展进程与社会主义发展前途的统一

除历史与现实的逻辑维度外，中华民族的伟大复兴也应置于世界文明的进程中加以思考和把握。近代以来，伴随着资本主义全球化和现代世界体系的形成，中国在落后的制度掣肘下逐渐成为资本主义霸权体系任意宰割的对象，陷于文明发展的困境之中。基于这一历史逻辑链条，如何在全球化进程中追赶并超越资本主义文明是实现民族复兴必须回答的重大课题。在探寻中国的现代化发展道路中，无论是康梁变法，还是孙中山的资产阶级民主革命，都证明了近代中国若以资本主义的方式发展现代化，最终几乎会无一例外地陷于"依附"的困境。因此历史将中华民族的伟大复兴与社会主义道路紧紧联系在一起，在传承与创新中形成了独一无二的中国特色社会主义现代化发展道路。

首先，中华民族的伟大复兴符合世界现代化的发展大势。现代化作为人类社会的进步性变革，肇始于西方，自工业革命以来旋即引起了世界经济的加速发展和各个领域的深刻变革。马克思恩格斯在《共产党宣言》中明确指出，资产阶级的发展"使未开化和半开化的国家从属于文明的国家，使农民的民族从属于资产阶级的民族，使东方从属于西方"①。这一论断深刻揭示了资本主义世界体系的霸权性与落后国家融入世界现代化历史进程必然性。换言之，全球化的发展趋势使得任何民族只有进入世界现代化行列并达到较高水平，才能真正自立于世界民族之林。因此，现代化就成为实现中华民族伟大复兴的根本目标，中华民族伟大复兴的进程正是通过中国特色社会主义现代化而得以推进的。然而在新中国成立初期，由于受"苏联模式"和"左"倾思想的影响，现代化被等同于资本主义遭到批驳。应当说我们对社会主义现代化道路的规律性认识经历了艰辛的探索历程。改革开放后，为恢复和发展经济，党在深入研究我国基本国情的基础上，提出并实施了对外开放的发展战

---

① 《马克思恩格斯选集》第1卷，人民出版社2012年版，第405页。

略,在坚持自身制度优势的同时大胆吸收和借鉴人类文明的优秀成果,将现代化与资本主义区分开来、将资本主义制度与资本主义经济形态区分开来,由此开创了与经济全球化既相适应又独具特色的中国特色社会主义现代化发展道路,极大地提高了我国的综合国力与国际地位。纵观民族复兴的伟大历史进程,围绕探索现代化发展的基本规律,我们在继承的基础上总结、发展与创新,一方面批判性吸取自身实践探索的正反两方面的经验,另一方面则是以开放的精神广泛引进和利用世界现代化文明成果,由此找到了中华民族的复兴之路。

其次,中华民族的伟大复兴与世界社会主义发展前途具有一致性。中华民族的伟大复兴需要积极融入全球化当中,进入世界现代化行列,但同时必须明确:中华民族伟大复兴不是靠资本主义的现代化来实现,而是靠社会主义的现代化来实现。究其本质而言,中国特色社会主义现代化发展之路超越了以往各种现代化发展模式,其关键是在现代化前面有社会主义。正如邓小平所说:"我们要实现工业、农业、国防和科技现代化,但在四个现代化前面有'社会主义'四个字,叫'社会主义四个现代化'。"[1]因此,中国共产党人所开辟的社会主义现代化道路具备科学社会主义的真理性。具体来看,这一发展道路主要体现出如下基本特征:其一,在价值底色上,中华民族的伟大复兴区别于西方以资本逻辑为中心的现代化发展模式。中国的民族复兴之路是以人为中心的、全面的现代化,是以马克思恩格斯所构建的新现代性为支撑的现代化发展模式。这也说明中华民族伟大复兴其最终的目标追求并非仅仅是世界体系中的有利地位,还包括在现代化发展的更高阶段,构建超越资本主义现代性的宏大叙事。其二,在发展理念上,中华民族的复兴之路是和平的现代化发展道路,它打破了西方"国强必霸"的结论。"中国坚定不移走和平发展道路,既通过维护世界和平发展自己,又通过自身发展维护世界和平。"[2]坚持和平发展、互利共赢是中华民族复兴之路的一贯理

---

[1] 《邓小平文选》第3卷,人民出版社1993年版,第138页。
[2] 《习近平谈治国理政》第1卷,外文出版社2018年版,第265页。

念,为此,我们积极开展"一带一路"建设,积极与沿线国家深度友好合作;提出建设人类命运共同体,为推动世界各国超越国家制度与意识形态的隔阂、推动完善全球治理注入了新的动力。这样的一条民族复兴之路不仅彰显了中华民族百年奋斗所达到的时代高度、思想深度,也集中彰显了中国特色社会主义的制度优势和中国共产党人的智慧。

综上所述,共同的指导思想、根本的政治立场和一贯的目标指向,保证了党在百年的奋斗征程中旗帜不变、初心不变、使命不变,这既使得中国特色社会主义在实践探索中积聚了独特而丰厚的理论智慧,也保证了中国特色社会主义的理论创造可以在共同的逻辑起点上发展、创新。这些正是中国特色社会主义理论体系得以继承的原因所在。

第三节 继承的动力机制

坚持继承的原则和方法是中国共产党理论建构的特色和智慧。一百年来,党的历代领导集体大力吸收民族传统文化精华、继承先进思想家的思想遗产并及时总结实践经验,形成了毛泽东思想、邓小平理论、"三个代表"重要思想、科学发展观和习近平新时代中国特色社会主义思想。将这些思想理论贯穿起来可见,对"什么是社会主义、怎样建设社会主义"、"建设什么样的党、怎样建设党"、"实现什么样的发展、怎样发展"、"世界怎么了,我们怎么办"的时代课题的持续探索和回答,已经成为中国共产党理论继承的动力机制。

一、对"什么是社会主义,怎样建设社会主义"根本问题的探索

"什么是社会主义,怎样建设社会主义"的问题是任何一个社会主义国家都要首先探讨和解决的根本问题。根据马克思科学社会主义的基本原理,社会主义取代资本主义是社会发展规律使然,也是历史发展

的必然趋势，但如何定位一国所处的社会发展阶段，如何把握落后国家建设社会主义的步骤和方法，则需要根据具体的国情和历史条件进行谋定。对于中国共产党而言，对社会主义理论与实践的探索贯穿于党成立以来全部的历史进程，在理论与实践的接续探索中，中国共产党形成了对社会主义本质的深刻认识，形成了中国特色的社会主义发展道路，中国特色社会主义理论体系就是在继承的基础上丰富和发展了马克思主义的科学社会主义理论的产物。

第一，以毛泽东同志为主要代表的中国共产党人，在带领人民进行新民主主义革命、社会主义革命和建设的过程中探索和回答了"什么是社会主义，怎样建设社会主义"的问题，取得了有益的理论成果。但因受历史条件等因素的制约，其思想存在某些局限。首先，毛泽东在社会主义革命完成后率先提出要实现马克思主义基本原理同中国实际的"第二次结合"，突出强调"以苏为鉴，走自己的路"，提出了一系列有别于苏联社会主义建设的主张。走自己的路，探索适合中国国情、具有中国特点的社会主义建设道路，可视为邓小平"建设有中国特色的社会主义"的思想源头。其次，毛泽东在探索中国社会主义建设道路的过程中，充分运用辩证唯物主义和历史唯物主义的观点，深刻分析了社会主义社会的矛盾问题，毛泽东认为"在社会主义社会中，基本的矛盾仍然是生产关系和生产力之间的矛盾，上层建筑和经济基础之间的矛盾"，但社会主义社会的矛盾同旧社会的矛盾根本不同，社会主义社会的矛盾"不是对抗性的矛盾，它可以经过社会主义制度本身，不断地得到解决"。[①]在明晰了社会主义社会的基本矛盾，肯定了社会主义社会存在矛盾的前提下，毛泽东还提出了社会主义社会两类不同性质矛盾的学说，提出了关于正确处理人民内部矛盾的基本原则和方针政策，为正确把握社会主义社会的各类矛盾问题提供了哲学根据和方法论基础。再次，毛泽东对于社会主义的阶段问题也进行了一定探索，他认为社

---

① 《毛泽东文集》第7卷，人民出版社1999年版，第213—214页。

主义的"第一个阶段是不发达的社会主义，第二个阶段是比较发达的社会主义"，并且"在我们这样的国家，完成社会主义建设是一个艰巨任务，建成社会主义不要讲得过早了。"①这些思想都是毛泽东在新的社会发展条件下所作出的科学预见，为后续研究和探索社会主义初级阶段的理论奠定了重要的思想基础。除上述阐发外，毛泽东还提出了社会主义现代化的发展战略，领导制定了社会主义经济、政治、文化和外交工作等各方面的方针政策。当然，囿于多重因素的影响，毛泽东关于社会主义建设的思考也存在求快求纯的偏向，并且后续在"左"倾思想的发展下，其前期的诸多重要思想成果并未得到持续贯彻和坚持。但必须指出的是，我们不能因为毛泽东的某些失误而否定其探索中形成的正确思想理论，更不能将改革前后的历史割裂开来。事实上，毛泽东对"什么是社会主义、怎样建设社会主义"的问题探索中形成的正确认识，为邓小平理论的形成提供了准备和经验借鉴。

第二，以邓小平同志为主要代表的中国共产党人，在总结社会主义建设实践正反两方面经验的基础上，第一次系统回答了"什么是社会主义"的问题，以及在经济文化相对落后的中国"如何建设社会主义"的问题，明确了中国特色社会主义的方位、任务、动力、本质等，为中国特色社会主义的建设开辟了道路。在"什么是社会主义"的问题上，邓小平明确地说："讲社会主义，首先就要使生产力发展，这是主要的。只有这样，才能表明社会主义的优越性。"②然而，现实的中国生产力发展水平较之于社会主义阶段仍有较大差距。因此，邓小平基于对中国基本国情的正确认识，廓清了我国所处的发展阶段，指导党的十三大明确指出中国还处于"社会主义初级阶段"。以此为依据，在"怎样建设社会主义"的问题上，邓小平指出"社会主义要赢得与资本主义相比较的优势，就必须大胆吸收和借鉴人类社会创造的一切文明成果，吸收和借

---

① 《毛泽东文集》第8卷，人民出版社1999年版，第116页。
② 《邓小平文选》第2卷，人民出版社1994年版，第314页。

鉴当今世界各国包括资本主义发达国家的一切反映现代社会化生产规律的先进经营方式、管理方法"①。因此,邓小平通过解放思想,在继承马克思列宁主义关于落后国家发展社会主义理论的基础上,坚持以经济建设为中心,既坚守社会主义的基本制度不动摇,又敢于通过改革开放推动中国现代化的发展,由此形成了社会主义初级阶段的基本路线。在20世纪80年代末期,面对国际形势的风云变幻,国内产生了一系列关于"社会主义还灵不灵""中国的社会主义向何处去"的困惑,邓小平通过南方谈话对此作出了关键性回答,创造性地提出了社会主义的本质论,这个论断揭示了社会主义区别和超越于资本主义的现代性,进一步丰富了"什么是社会主义"的理论。在如何推动生产力发展的问题上,邓小平将计划经济和市场经济视为经济运行的手段,而非社会基本制度的范畴,提出计划经济与市场经济无关乎姓"资"姓"社",从而打破了社会主义经济制度层面教条主义的理论桎梏,进一步发展了"怎样建设社会主义"的理论。邓小平对中国特色社会主义一系列基本问题的回答,为后续中国特色社会主义理论体系的丰富发展奠定了框架基础。

第三,以习近平同志为核心的党中央在新的历史起点上,明确了中国特色社会主义新的历史方位,在坚持毛泽东思想和中国特色社会主义理论体系的基础上接续回答了新时代坚持和发展什么样的中国特色社会主义,怎样坚持和发展中国特色社会主义的问题。党的十八大以来,习近平同志牢牢把握指导思想的传承与创新,洞悉当代世界格局的新变化,以发展着的中国特色社会主义为实践基础,在新的历史条件下发展了中国特色社会主义理论体系。在"坚持和发展什么样的社会主义"问题上,习近平明确指出,应毫不动摇地坚持和发展中国特色社会主义,并阐明了中国特色社会主义的内涵,明确了"中国特色社会主义,是科学社会主义理论逻辑和中国社会发展历史逻辑的辩证统一,是根植于中国大地、反映中国人民意愿、适应中国和时代发展进步要求的科学社

---

① 《邓小平文选》第3卷,人民出版社1993年版,第373页。

主义"①。其相关论述揭示了中国特色社会主义的历史来源、科学内涵与演进规律,深化了党对中国特色社会主义的理论认识。在"怎样坚持和发展中国特色社会主义"的问题上,习近平同志提出了一系列治国理政的新理念新思想新战略,对坚持和发展中国特色社会主义的根本要求、奋斗目标、总体布局、战略格局、基本方略等进行了全面论述,形成了马克思主义中国化时代化的最新成果。

正如习近平总书记所言:"社会主义从来都是在开拓中前进的。坚持和发展中国特色社会主义是一篇大文章","现在,我们这一代共产党人的任务,就是继续把这篇大文章写下去"。②从毛泽东思想到中国特色社会主义理论体系以及习近平新时代中国特色社会主义思想,中国共产党始终围绕着"什么是社会主义,怎样建设社会主义"这一根本问题进行了接续探索与创新,在继承的基础上不断深化对社会主义建设规律的认识,形成了中国特色社会主义的道路、理论、制度与文化。

二、对"建设什么样的党,怎样建设党"问题的回答

政党是民主政治发展到一定阶段的产物,是现代政治区别于传统政治的一个重要标志。但对于中国而言,现代政党的出现并非国家制度发展的产物;相反,正是伴随着传统帝国体系的危机、动摇和崩溃,具有现代意义的政党才得以产生。正因于此,中国近代资产阶级政党肩负着确立和建设现代国家制度的历史使命,但遗憾的是,资产阶级政党未能肩负整合国家和引领现代化发展的作用。而这一历史重任自然地落在了无产阶级政党——中国共产党的肩上。换言之,正是中国现代化发展的独特机理决定了中国共产党在国家中的核心领导地位。从中国共产党的历史发展和社会主义事业发展的角度来看,"建设什么样的党,怎样建设党"的问题是关涉中国社会主义现代化事业全局的核心议题。对此,

---

① 《习近平谈治国理政》第1卷,外文出版社2018年版,第21页。
② 同上书,第23页。

中国共产党的历代领导集团高度重视党的建设问题,积累了丰富的马克思主义中国化的政党理论。中国特色社会主义政党理论正是在继承前人思想基础上形成的理论成果。

首先,坚持马克思主义政党建设的根本方向和目标不动摇。在百年历史发展中,中国共产党历经革命、建设和改革,在探索中国特色社会主义建设道路的过程中逐渐明确和解决了"建设一个什么样的党"的问题。在中国共产党局部执政时期,毛泽东将马克思列宁主义关于党的学说的基本原理,创造性地运用于党的建设的实践之中,在《〈共产党人〉发刊词》中提出要"建设一个全国范围的、广大群众性的、思想上政治上组织上完全巩固的布尔什维克化的中国共产党"的目标。[①]随着新民主主义革命的胜利,中国共产党结束了长期被围剿和屠杀的历史,成为新中国的执政党。面对历史方位的转换,在党的八大上,毛泽东进一步提出应将党建设成为"团结全国人民进行社会主义建设的核心力量"[②]。这一论断明确了党的建设必须适应社会主义建设的新的要求,为执政条件下党的建设指明了方向。改革开放后,党的十一届三中全会重新确立了正确的思想路线、政治路线和组织路线。在党的十二届二中全会上,邓小平提出了新时期党的建设目标,即"把我们党建设成为有战斗力的马克思主义政党,成为领导全国人民进行社会主义物质文明和精神文明建设的坚强核心"[③]。这一目标明确了党的性质、宗旨,也阐明了党所应承担的历史任务。在此基础上,以江泽民同志为主要代表的中国共产党人,站在世纪之交的时代高度,提出了"三个代表"重要思想,明确了新时期党的建设的总目标。与此一脉相承,习近平在坚持马克思主义政党建设根本方向和目标的主线之上,顺应新的时代要求,提出了"把党建设成为始终走在时代前列、人民衷心拥护、勇于自我革命、经得起各种风浪

---

① 《毛泽东选集》第2卷,人民出版社1991年版,第602页。
② 《毛泽东文集》第7卷,人民出版社1999年版,第115页。
③ 《邓小平文选》第3卷,人民出版社1993年版,第39页。

考验、朝气蓬勃的马克思主义执政党"①。应当说，这是中国共产党主动应对世情、国情和党情的新变化，从执政兴国的战略高度对党的建设提出的新思路、新部署和新要求。就其本质而言，中国共产党的执政目标理论体现出马克思主义政党的鲜明品格，体现了党坚守马克思主义政党建设目标的自觉性，是党指导思想一贯性和时代问题导向性的辩证统一。

其次，以党的政治建设为统领全面加强党的建设。在"怎样建设党"的问题上，中国共产党以马克思主义党建理论为指导，立足中国实际，积累了一套党的建设的有效做法和宝贵经验。而党的建设作为一个系统、全面的"伟大工程"，包含着相互联系的各个方面，对于中国共产党而言，党的政治建设始终处于关键地位。中国共产党全面执政后，毛泽东曾明确指出"政治工作是一切经济工作的生命线"②。邓小平也曾多次强调政治建设在党的建设和社会主义现代化建设中的重要性，指出"改革，现代化科学技术，加上我们讲政治，威力就大多了。到什么时候都得讲政治"③。与此相衔接，党的十八大以来，以习近平同志为核心的党中央旗帜鲜明地提出加强党的政治建设，坚定不移正风肃纪反腐，并将全面从严治党纳入"四个全面"的战略布局高度，先后提出了"八项规定""五个必须""四个意识"等要求，探索形成了新形势下加强和改进党的建设的有效路径。在党的十九大报告中，习近平提出并深刻阐释了"党的政治建设"这一重要命题，明确提出"以党的政治建设为统领"，突出强调"党的政治建设是党的根本性建设"，为推进新时代党的建设向纵深发展提供了根本遵循。纵观党的政治建设的理论发展史，中国共产党政治建设统领地位的生成是党自身建设的理论逻辑、历史逻辑与实践逻辑的必然结果。应当说，以党的政治建设为统领，全面推进党的思想建设、组织建设、作风建设、纪律建设及制度建设的党建思

---

① 习近平:《决胜全面建成小康社会　夺取新时代中国特色社会主义伟大胜利——在中国共产党第十九次全国代表大会上的报告》，人民出版社2017年版，第62页。
② 《毛泽东文集》第6卷，人民出版社1999年版，第449页。
③ 《邓小平文选》第3卷，人民出版社1993年版，第166页。

路，既符合马克思主义政党建设的内在要求，又体现出对党的建设历史经验的高度总结、继承与创新。

再次，始终以党的自我调适防范与化解风险，不断提升执政能力。中国共产党诞生于落后的半殖民地半封建社会，自诞生起就处于封建军阀和反动势力的压迫与围剿之中，这一客观历史环境决定了党自身既存在一定的先天不足又面临着极其严峻的生存考验，必须通过不断地调适来提升自己应对各种风险的能力。事实上，自我革命在党生存、发展与壮大的历史进程中发挥了十分重要的作用。具体来看，党通过自我革命进行纠偏，及时化解了自身错误所造成的危险，如大革命失败后的历史转折，第五次反"围剿"失败后的转危为安，又或是走出十年"文化大革命"的历史浩劫，党的自我革命都起到了纠正错误、转危为安、迈向新征程的重要作用。与此同时，党在探索中国特色社会主义道路的过程中不断克服教条主义、主观主义、经验主义等错误倾向，在实践探索中形成了马克思主义中国化与时俱进的理论成果，在自我革新中走向成熟并成为中国特色社会主义事业的坚强领导核心。因此，自我革命在漫长的历史实践中已逐渐内化为中国共产党的内在优势和有效武器。在现代风险社会的环境中，中国共产党依然以自我革命提升执政能力、化解执政危险。党的十八大以来，中国共产党以一贯的忧患意识对当前的执政风险保持极度清醒的认知。在中国共产党成立95周年大会上，习近平总书记强调："全党要以自我革命的政治勇气，着力解决党自身存在的突出问题，不断增强党自我净化、自我完善、自我革新、自我提高能力，经受'四大考验'、克服'四种危险'，确保党始终成为中国特色社会主义事业的坚强领导核心。"[①]显然，面对国内与国际环境复杂变动的挑战，中国共产党始终秉持强烈的忧患意识，党的自我调适和自我革新意识也日益自觉和深化。

从"建设什么样的党，怎样建设党"到"建设什么样的长期执政的

---

① 《习近平谈治国理政》第2卷，外文出版社2017年版，第43页。

马克思主义政党,怎样建设长期执政的马克思主义政党",中国共产党对马克思主义政党建设规律的认识逐步加深,并且在实践中积累与形成了具有鲜明中国特色的执政党建设理论。中国特色社会主义理论体系的鲜明特点就是在继承的基础上不断发展。

三、对"实现什么样的发展,怎样发展"问题交出时代答卷

发展问题是人类长久以来不断关注与探索的重要主题。就国际社会而言,人们对发展问题的认识经历了一个逐步深化的过程,在西方现代化发展初期,人们认为发展就是工业增长或经济增长,但正如马克思所言,伴随着资本主义现代化的发展进程,"物的世界的增值同人的世界的贬值成正比"[①]。基于对资本主义现代性的批判,马克思恩格斯在对人类社会发展规律进行科学把握的基础上建构了系统的社会发展观。中国共产党人正是循着马克思的社会发展思路,紧密结合中国革命、建设与改革的具体客观实际,提出了一系列有价值的社会发展思想。这些思想围绕着"实现什么样的发展,怎样发展"对不同阶段的发展问题进行了时代性回应,体现出既一脉相承又与时俱进的理论特质。

首先,科学把握社会主义发展观的本质要求。发展是一个包括社会各个方面的,多要素的、综合的进步过程,其概念本身具有共识性。但为了谁而发展,实现什么样的发展,则是因制度或道路而异的发展观范畴。在马克思主义的逻辑进路中,人是社会实践的主体,也是推动社会发展的目标指向;因而,对于中国共产党而言,以人民为中心是现代化建设的本质要求。回溯党的发展历程,中国共产党自成立以来就将争取民族独立、人民解放和实现国家富强、人民幸福作为自己的历史使命,党的成长史,就是以人民为中心的发展史。十一届三中全会后,党和国家在发展问题上解放思想,对中国特色社会主义发展问题的认识也不断深化。邓小平曾多次强调,发展才是硬道理,而社会主义发展的根本原

---

① 《马克思恩格斯选集》第1卷,人民出版社2012年版,第51页。

则和最终目的则是实现共同富裕。整体来看，邓小平主要是从满足人民日益增长的物质文化需要及兼顾公平的角度对社会主义的本质规定进行了阐述。随着社会主义现代化发展的进程，江泽民同志在党的十六大报告中，进一步从人的全面发展的角度阐述了社会主义现代化建设的本质，从而丰富了中国特色社会主义发展观中的人学向度。立足于党对经济社会发展规律的深入探索，胡锦涛同志提出并系统阐述了"全面发展、协调发展、可持续发展的发展观"①，进一步明确了新世纪新阶段我国现代化建设以人为本的科学发展战略。应当说发展是解决中国一切问题的金钥匙，但明确发展的立场、方向和目标，也是确保党不走弯路的关键所在。习近平总书记在党的十九届六中全会上全面总结了党的百年奋斗的历史经验，突出强调：全党应继续保持同人民群众的血肉联系，践行以人民为中心的发展思想，团结带领全国各族人民不断为美好生活而奋斗。这些阐述再一次明确了中国特色社会主义发展的本质要求和价值意蕴。总之，纵观党的发展历程，坚持"发展为了人民，发展依靠人民，发展成果由人民共享"是中国共产党长久以来谋划发展布局的核心主线，这正是党一以贯之的根本立场和社会主义发展观的独特价值内涵。

其次，与时俱进完善、发展的战略目标与理念。战略目标和发展理念是纲领性、引领性的东西，是发展思路、发展方向及发展着力点的集中体现。以毛泽东同志为主要代表的中国共产党人对发展战略目标及其理念的认识，主要体现在党对其所肩负的历史使命的理解。面对外部侵略和经济落后的社会现实，早期共产党人的社会发展目标就是实现现代化。新中国成立后，毛泽东、周恩来等中央领导同志高瞻远瞩地在全国人大一次会议上第一次提出了我国发展的战略目标，即"建设起强大的现代化的工业、现代化的农业、现代化的交通运输业和现代化的国防"②。此后，"四个现代化"的内涵不断调整和得到充实。在第三届

---

① 《胡锦涛文选》第2卷，人民出版社2016年版，第67页。
② 《建国以来重要文献选编》第5册，中央文献出版社1993年版，第584页。

全国人大第一次会议上周恩来对此进行了新的表述,将其概括为"现代农业、现代工业、现代国防和现代科学技术的社会主义强国"的战略目标,为此还提出了发展国民经济的两步走设想。①改革开放后,以邓小平同志为主要代表的中国共产党人对中国现代化建设的目标和步骤进行了深入思考,提出了由温饱、小康到基本现代化的"三步走"发展战略,形成了社会主义现代化建设新的历史进程表,使党对发展问题的认识更为清晰。为进一步回答好"实现什么样的发展"和"怎么发展"的问题,以胡锦涛同志为主要代表的中国共产党人进一步提出了科学发展观的重大战略思想。应当说这些发展战略及其理念的积淀为新时代党对发展问题认识的不断推进提供了重要的理论来源。立足于21世纪中国发展与变革的新要求,在党的十八大提出"新四化"后,习近平总书记在党的十八届三中全会上进一步提出了"推进国家治理体系和治理能力现代化"的战略要求,由此在"新四化"的基础上进一步扩展了"第五个现代化"的发展目标。面对我国经济发展由高速增长转向高质增长的阶段转型,习近平新时代中国特色社会主义思想在科学发展观的基础上进一步提出了新发展理念,以探索更加高质、高效、可持续的发展道路。立足于新时代中国特色社会主义的发展道路,在实现党的第一个百年奋斗目标的基础上,进一步提出了新时代"两步走"的发展战略,为第二个百年奋斗目标描绘出宏伟蓝图。从"四个现代化"到"第五个现代化",从科学发展观到新发展理念,党在发展的战略及理念上顺应时代潮流,反映发展规律,体现出鲜明的时代性与延续性。

再次,探索形成了中国式现代化道路。习近平总书记在庆祝中国共产党成立100周年大会上指出,"走自己的路,是党的全部理论和实践立足点,更是党百年奋斗得出的历史结论"②。这一论断深刻阐明了中国现代化进程的发展逻辑与本质特征。就其特质来看,首先,中国式现代

---

① 《建国以来重要文献选编》第19册,中央文献出版社1998年版,第483页。
② 习近平:《在庆祝中国共产党成立100周年大会上的讲话》,人民出版社2021年版,第13页。

化道路是具有中国特色、符合中国实际的现代化发展之路。邓小平同志对此也曾明确提出:"我们搞的现代化,是中国式的现代化。"[1]而"中国式的现代化,必须从中国的特点出发。"[2]可以说,当社会主义在中国从理论形态转向实践样态后,中国共产党就开始了创建一套全新的社会主义基本制度的实践。在社会主义发展问题上,党从社会主义初级阶段的客观实际出发,根据中国的既有国情进行了独立自主的探索,形成了社会主义发展的中国模式。其次,中国式现代化道路是一条和平发展的道路,它摆脱了资本主义殖民扩张的历史逻辑,摆脱了依附发展的历史宿命,通过独立自主的和平发展道路,在吸收借鉴人类文明优秀成果的基础上开启了现代化建设的新篇章。因此,中国式现代化道路不仅拓展了发展中国家走向现代化道路的途径,为西方发达国家克服现代化发展困境提供了参考,与此同时也为人类现代化事业的发展注入中国动力。总的来说,中国式现代化道路是在党的艰辛探索和不断创新中开拓的,这一道路既遵循了现代化建设的一般规律,又具有鲜明的中国特色,是我们实现社会主义现代化建设目标和中华民族伟大复兴的必由之路,集中体现了党对发展问题的探索成就。

"实现什么样的发展,怎样发展"的问题是党百年探索的理论与实践主题。从总体性思维来看,党在发展方向、发展战略、发展道路三个主要维度对这一问题进行了持续探索和回答,在理论积累和实践积淀的基础上开创了改革开放和社会主义现代化建设的伟大事业。党在发展问题上的承续性既为党在理论层面积聚了经验,也在实践层面保证了发展的稳定性与持续性。

四、对"世界怎么了,我们怎么办"问题不断作出回应

从世界历史视角综合透视百年党史,可以清晰地看到,随着中国现

---

[1] 《邓小平文选》第3卷,人民出版社1993年版,第29页。
[2] 《邓小平文选》第2卷,人民出版社1994年版,第164页。

代化实践的蓬勃发展，中国已逐渐从近代世界体系中的边缘主体转变为新型世界秩序的重要参与者与建构者，并以更加独立自主的姿态参与到世界历史的多元书写中。在中国特色大国外交的理论构建中，中国共产党继承马克思主义的世界历史理论，深刻总结近代中国历史探索的经验教训，通过对世界局势和时代主题的敏锐把握，持续倡导和建构了一系列国际秩序新原则与新愿景，对于建设一个什么样的美好世界、如何建设一个美好世界作出了创造性回答，继承与拓展了中国化马克思主义的时代观与责任观。

首先，坚持世界历史的宏大视野，准确把握世界局势和时代主题。随着新一轮科技革命和产业革命的孕育成长，中国的发展与世界的发展愈加休戚相关。因此，把握世界发展的大势，是我们掌握历史机遇，作出正确选择的前提。在党的发展历史中，中国共产党牢牢把握国际形势的主要矛盾，在不同的历史时期抓住了世界发展的主流，尽管其中也存在一些挫折，但仍基本保持了中国外交的正确方向，形成了具有中国特色的时代观。中华人民共和国成立初期，由于国际形势较为险恶，因而党在对国际形势的评估上存在惯性的革命思维的局限性。改革开放后，以邓小平同志为主要代表的中国共产党人适时调整了对时代主题的判断，从和平与发展的世界主题思考中国的发展与建设战略，形成了全方位、多层次、宽领域的对外开放格局，加速了中国融入国际体系的进程。进入新世纪以来，随着世界多极化、经济全球化深入发展，人类进入大发展、大变革、大调整的时期。一方面，世界发展局势中和平力量的上升远远超过战争因素的增长；另一方面，世界经济增长乏力，发展鸿沟日益突出；局部地区冲突不断加剧，冷战思维和强权政治阴魂不散；恐怖主义、重大传染性疾病、气候变化等非传统安全威胁持续蔓延，世界发展局势亦面临诸多挑战。立足于新时代国际国内发展大势，习近平总书记作出了"世界百年未有之大变局"的战略判断，明确要从民族复兴的关键期与世界百年未有之变局的历史交汇中，正确认识与有效应对各种重大风险挑战。准确识变、科学应变、主动求变是中国共产党消解风险和把握主动的历史密钥,更是党常怀忧患意识,秉持国际视野,自觉把握世界大势的理论智慧的高度体现。

其次,积极促进全球治理体系变革,倡导构建人类命运共同体。新中国成立七十余年的历史发展,见证了中国与世界关系的不同历程,从站起来、富起来到强起来,中国人民在实现中华民族伟大复兴的不懈奋斗中,也积极融入国际社会,日益成为推动全球治理体系变革的有生力量。事实上,新中国自成立以来就始终扮演着维护世界和平的重要角色。1953年,在接见印度政府代表团时,周恩来总理就提出了和平共处五项原则,开启了中国走和平发展道路的先声。江泽民同志对此曾概述道:"中国始终不渝地奉行独立自主的和平外交政策。维护我国的独立和主权,促进世界的和平与发展,是中国外交政策的基本目标。"[①]进入新世纪后,以胡锦涛同志为主要代表的中国共产党人顺应世界多极化、经济全球化的新形势,提出了建立国际新秩序的系统主张,使得中国的对外关系不断发展,为建设中国特色社会主义赢得了更大的空间。在此基础上,十八大以来,习近平总书记进一步开拓发展了当代中国国际外交的新格局,提出了构建"人类命运共同体意识"的发展理念,对"世界怎么了,我们怎么办"的问题作出了最新最伟大的回答。"人类命运共同体"理念的提出反映了人类社会共同的价值追求,为汇聚最大公约数,实现人类社会的共同发展、持续繁荣和长治久安绘制了发展蓝图。从跟随者、参与者再到引领者,中国共产党贡献于世界、参与世界治理的思想理论接续发展,为完善全球治理体系提供了中国智慧与方案。

再次,立足中国优秀思想文化传统,积极推进世界文明的交流互鉴。人类文明自诞生起就具有多元并存的特性,因而人类发展史是一部文明交流互鉴史。古老的中华文明拥有同异质文明交流互鉴的基因。梁启超曾在《中国史叙论》中将中华文明的发展历程概述为"三个中国",即"中国之中国""亚洲之中国""世界之中国"。其中"中国之

---

① 《江泽民文选》第1卷,人民出版社2006年版,第242页。

中国"是中华文化的生成阶段，农耕文化与游牧文化之间相互影响，创生出了中华文化多元一体的基因。"亚洲之中国"是"中国民族与亚洲各民族交涉繁赜，竞争最烈之时代也"。① 这一时期中华民族与四周族群，及印度和日本等周边国家深入交流，形成了中华文明包容多元的文化特质。"世界之中国"阶段则是"中国民族合同全亚洲民族，与西人交涉竞争之时代"。② 由此可见，中华文化始终处于"东学西送"或"西学东输"的交流状态。任何国家和文明都不可能以封闭的状态获得长足发展。对此，邓小平同志指出："现在的世界是开放的世界"，"关起门来搞建设是不行的，发展不起来"。③ 习近平总书记也曾在多种场合强调推动文明交流互鉴的重要作用，不断向世界宣示了中国人民开放包容的世界文明观。在亚洲文明对话大会上，习近平总书记曾提出四点主张，即相互尊重、平等对待；美人之美，美美与共；开放包容，互学互鉴；与时俱进，创新发展。④ 这些主张深刻体现了中华民族愿同世界各国人民和谐相处、共谋和平、共享发展的理念，打破了"国强必霸"的发展逻辑和"文明冲突"西方固有思维。面对百年不遇的历史大变局，中国始终以和合共济的东方智慧做世界和平的建设者、全球发展的贡献者和国际秩序的维护者，这既是优秀传统文化赋予我们的文明基因，更是顺应历史大势，主动作为的时代要求的体现。

一个不懂得总结历史的民族，是没有前途的民族。一个不善于吸取经验和教训的政党，不能是一个成熟的政党。在思想的传承与理论的提升中，中国共产党不断深化对落后国家社会主义建设规律的认识，推进了对马克思主义执政党建设规律的系统认知，探索形成了更为科学完善的发展理念和中国式现代化发展道路，并日益在国际秩序的变革和世界文明的发展层面担当更加重要的角色。继承的逻辑使中国特色社会主义

---

① 《梁启超全集》第1卷，北京出版社1999年版，第453页。
② 同上书，第453—454页。
③ 《邓小平文选》第3卷，人民出版社1993年版，第64页。
④ 《习近平谈治国理政》第3卷，外文出版社2020年版，第468—470页。

理论体系积聚了几代共产党人探索的思想及智慧，使之展现出马克思主义强大的真理力量，体现出中国共产党理论发展的蓬勃生机。

第四节 继承实现的条件

斯大林在谈及列宁主义的理论问题时曾说："理论是概括起来的各国工人运动的经验。当然，离开革命实践的理论是空洞的理论，而不以革命理论为指南的实践是盲目的实践。"[①]根据辩证唯物主义认识论的基本原理，理论源于实践，是对实践经验的概括和总结，与此同时，理论也需付诸于实践，接受实践的检验，从而在自我批判与自我扬弃的基础上实现批判性的继承和发展。就中国共产党思想理论生成的逻辑而言，毛泽东思想、中国特色社会主义理论体系和习近平新时代中国特色社会主义思想正是在一代又一代共产党人为共产主义理想不懈奋斗的实践中形成和得以承接的。因此，实践是中国化马克思主义理论得以承接的前提和载体，是继承得以实现的客观条件。

一、在实践中形成与承接理论

实践是马克思主义科学世界观和方法论的本质特征。在马克思主义哲学的理论范畴中，实践的观点是理解人、人与客观世界及人的社会生活一般规律的基础。马克思恩格斯从历史唯物主义的立场出发，分析了人是实践主体与认识主体的统一，揭示出认识活动是人们通过自己的实践能动地反映客观世界的过程，创造性地提出了实践是理论认识的基础的观点。从马克思主义中国化的历史进程来看，党的理论成果不仅来自对马克思主义理论的汲取和继承，更形成于中国共产党探索中国式现代化道路的实践中；与此同时，社会主义革命、建设和改革的接续实践亦

---

① 《斯大林选集》上卷，人民出版社1979年版，第199—200页。

将几代共产党人的理论连接起来,实现了党在不同阶段对马克思主义的继承和发展。因而,实践是理论认识的源泉,为理论继承提供了基本前提;同时,理论只有付诸实践才能真正保持生命力,故而实践亦是理论继承的载体。

首先,实践是党的思想理论成果的源泉。从毛泽东思想到中国特色社会主义理论体系,再到习近平新时代中国特色社会主义思想,无一不是共产党人运用马克思主义基本原理来认识和解决中国问题的实践经验总结。从马克思主义中国化的内在逻辑来看,马克思主义理论固然是中国共产党理论的渊源,但"正确的理论必须结合具体情况并根据现存条件加以阐明和发挥"①。马克思主义理论产生于西欧资本主义已有相当发展的土壤之上。中国共产党成立之时,中国虽已卷入现代资本主义世界体系中,但当时的中国还处于半殖民地半封建社会状态,因此,盲目地照抄照搬马克思主义并不能有效地指导中国的革命实践,这也决定了中国化的马克思主义只能在不断总结经验、探索规律的过程中开辟和前进。建党之初,尤其党在政治和理论上尚不成熟,党内盛行将马克思主义教条化、将苏联经验和共产国际决议神圣化的错误倾向,致使中国革命遭受了严重挫折。因而,在领导中国革命和建设的具体实践中,毛泽东反复强调调查研究的重要性,为此他曾深入农村进行调研,写成了《湖南农民运动考察报告》《寻乌调查》《兴国调查》《才溪乡调查》等调查报告,为深化对中国社会各阶级的分析、寻找中国革命的道路奠定了坚实的基础。正是在艰苦卓绝的斗争实践中,毛泽东提出了工农武装割据思想,为中国革命探索出了"农村包围城市、武装夺取政权"的革命道路,构筑了新民主主义革命理论等重要思想,在实践中形成了马克思主义中国化的第一次历史性飞跃的理论成果——毛泽东思想。在改革开放的历程中,党采取"摸着石头过河"的探索式改革模式,在不断摸索和试验的过程中逐步形成和完善了马克思主义中国化的理论体系,在实

---

① 《马克思恩格斯全集》第27卷,人民出版社1972年版,第433页。

践的基础上科学回答了建设中国特色社会主义的一系列基本问题,形成了包括邓小平理论、"三个代表"重要思想以及科学发展观。这些重大成就与重要理论的提出也为习近平新时代中国特色社会主义思想奠定了扎实的理论基础。伟大时代呼唤伟大理论。伟大时代孕育伟大理论。习近平新时代中国特色社会主义思想正是在中国特色社会主义进入新时代的历史条件下形成的,这一思想理论代表了马克思主义中国化时代化的最新成果,更是党和人民实践经验和集体智慧的结晶。因此,实践是理论认识的基础和源泉,也为理论继承提供了基本前提,正是在实践的不断探索中、在理论资源的不断积累中,中国特色社会主义理论体系才有了得以继承和发展的资源。

其次,中国特色社会主义的实践使几代共产党人的思想理论有机贯连。列宁曾在《黑格尔〈逻辑学〉一书摘要》中指出"实践高于(理论的)认识,因为它不仅具有普遍性的品格,而且还具有直接现实性的品格"[1]。也就是说,在马克思的辩证唯物论中,理论依赖于实践,也只有付诸实践才能对实际发生作用,从而得以真正地继承和发展。回顾马克思主义中国化的历史进程,可以看到,在马克思主义理论传入中国之初,以陈独秀、李大钊为代表的一批具有共产主义觉悟的先进分子通过组建团体、创办刊物、集会演讲等形式积极地从事马克思主义思想的传播工作,在实践中揭开了马克思主义中国化的序幕。因此,将马克思主义作为行动的指南而非教条的思想自觉创立之时就已经孕育并付诸斗争实践中。1927年,瞿秋白曾明确阐述了这样的思想:"革命的理论永不能和革命的实践相离","应用马克思主义于中国国情的工作,断不可一日或缓"。[2]中共中央在长征到达陕北后,面对党内存在的教条主义倾向,毛泽东在中共扩大的六届六中全会上明确指出,对待马恩列斯的理论,"不是把他们的理论当作教条看,而是当作行动的指南。不是学习

---

[1] 《列宁全集》第55卷,人民出版社1990年版,第183页。
[2] 《瞿秋白选集》,人民出版社1985年版,第310、311页。

马克思列宁主义的字母,而是学习他们观察问题与解决问题的立场与方法"①。正是在解决中国革命和建设问题的实践指向下,中国共产党在长期的经验积累中形成和创立了毛泽东思想,实现了马克思主义中国化的第一次历史性飞跃。马克思主义中国化新的飞跃的理论成果产生于中国特色社会主义的实践中。"文化大革命"结束后,邓小平等老一辈革命家支持和推动了关于真理标准问题的讨论,使得马克思主义中国化的进程重新回到了实践本位。江泽民、胡锦涛同志也持续从中国特色社会主义发展的国内外形势出发,在开创中国特色社会主义新发展阶段的实践中实现了对马克思主义本质、毛泽东思想精髓的坚持和继承。党的十八大后,习近平新时代中国特色社会主义思想在总结改革开放以来的实践经验、推动中国特色社会主义进入新时代的征程中应运而生。系统总结马克思主义中国化的发展历程,可以清晰地看到,马克思主义理论只有与中国革命的实践相结合,才能够形成中国化的马克思主义理论;正是中国共产党在领导人民进行革命、建设和改革的接续实践中,才实现了中国化马克思主义理论的一脉相通和创新发展。正是在这一意义上,我们说实践充当了理论继承的载体,是理论继承得以实现的关键。

综上所述,实践是理论认识的基础和源泉。"世界上没有纯而又纯的哲学社会科学。世界上伟大的哲学社会科学成果都是在回答和解决人与社会面临的重大问题中创造出来的。"②中国化的马克思主义理论成果亦是以中国革命、建设和改革的实践为根基,在运用马克思主义发现问题、解决问题的过程中得以丰富和完善。从这一角度而言,实践为理论继承提供了源源不断的资源和积淀。与此同时,实践具有直接现实性,理论只有付诸实践才能真正地继承和发展。因此,实践不仅为理论继承提供了前提,亦是理论继承的载体,中国化马克思主义的理论正是在实践中得以形成和承接的。

---

① 《中共中央文件选集》第11册,中共中央党校出版社1991年版,第657页。
② 习近平:《在哲学社会科学工作座谈会上的讲话》,人民出版社2016年版,第12页。

二、在实践中检验与发展理论

实践是连接理论认识与客观实际的桥梁,因此,只有实践才能够完成检验理论认识是否符合客观实际的任务。马克思对此曾明确指出:"人的思维是否具有客观的真理性,这不是一个理论的问题,而是一个实践的问题。人应该在实践中证明自己思维的真理性,即自己思维的现实性和力量,自己思维的此岸性。"[①]因此,马克思主义的真理观具有实践本体论的特征,人的理论认识是否正确反映了客观世界的本质,正确的理论能否转化为改造现实的力量,必须在实践中才能得到验证。在马克思主义科学实践观的导向下,实践的逻辑贯穿于中国化马克思主义理论的始终,这决定了中国共产党的理论继承绝非僵化、教条的照抄照搬,而是在实践中不断扬弃与创新的批判性的继承,而党的批判的理论继承又依赖于实践。

(一)理论认识有待于深化,并需要在实践中得以完善,从而更好地继承和发展

在中国这样一个人口众多、历史悠久、经济基础较为落后的大国进行社会主义的建设与改革,是一项全新的事业,既没有书本可以照抄,也没有现成的经验可以照搬,只能在艰辛的探索中开拓前进。围绕中国革命道路的基本问题,以毛泽东同志为主要代表的中国共产党人进行了艰辛探索,在充分分析中国社会和阶级状况的基础上明确了中国革命的性质、对象、任务等一系列重大问题。新中国成立后,如何建设社会主义成为新的课题,由于当时党对落后国家社会主义建设的理论认识不够成熟,我国的社会主义建设一度遭受了严重挫折。"文化大革命"结束后,基于当时历史发展的客观需要,在邓小平和老一辈革命家的支持和领导下,中国共产党率先在思想层面上重新确立了

---

① 《马克思恩格斯选集》第1卷,人民出版社2012年版,第134页。

实事求是的思想路线,实现了全党工作中心向经济建设的转移。可以说,改革开放是中国共产党带领人民进行的又一场伟大革命,面对社会主义现代化和改革开放新阶段的历史实践,邓小平明确指出:"我们现在所干的事业是一项新事业,马克思没有讲过,我们的前人没有做过,其他社会主义国家也没有干过,所以,没有现成的经验可学。我们只能在干中学,在实践中摸索。"①体现在具体的实践层面,邓小平进一步发扬与践行了党大胆探索、稳妥前进的战略智慧,在政策的推进过程中,充分运用实践作为检验标准的哲学智慧,采用"试点"的模式有序铺开重大改革举措,由点及面,在实践与探索中逐步总结经验,从而使得改革在较为稳定的局面中一步步推进。在改革开放的实践探索和经验积累中,邓小平在南方谈话中及时回答了长期困扰和束缚人们思想的许多重大问题,对建设中国特色社会主义的诸多理论问题作出了全面论述,开启了马克思主义在中国发展的新阶段。从毛泽东思想、邓小平理论到"三个代表"重要思想和科学发展观,中国共产党对中国革命规律、社会主义建设规律的认识不断深化,在对不断发展的实践经验的总结中取得了理论认识的创新和提升。正如胡锦涛同志所说:"发展中国特色社会主义是一项长期历史任务,必须坚持不懈为之奋斗。发展中国特色社会主义理论体系也是一项长期历史任务,必须随着中国特色社会主义实践发展而发展。"②伴随着中国特色社会主义进入新的历史阶段,社会主义现代化建设也面临着新任务,以习近平同志为核心的党中央就新时代关系党和国家事业发展的一系列重大理论和实践问题进行了深邃思考,进一步提出了一系列原创性的治国理政的战略思想和创新理念,实现了马克思主义中国化新的飞跃,这一理论体系也必将在第二个百年的实践征程中以开放包容的理论品格不断开辟21世纪马克思主义中国化新境界。

---

① 《邓小平文选》第3卷,人民出版社1993年版,第258—259页。
② 《胡锦涛文选》第3卷,人民出版社2016年版,第173页。

第二章 中国特色社会主义理论体系继承的逻辑分析

（二）实践发展永无止境，理论认识也需要在批判继承的基础上不断向前

首先，任何实践活动都不是一蹴而就的，毛泽东对此曾明确指出"任何过程，不论是属于自然界的和属于社会的，由于内部的矛盾和斗争，都是向前推移向前发展的"①。这就使得在实践发展的过程中，客观情况并非固定不变，因此，理论认识需要不断地回应实践中产生的新情况和新问题，在新的历史起点上推动理论认识的深化与发展。其次，因为实践永无止境，就使一定实践基础上的理论认识都具有相对性，都是建立在一定发展阶段上的具体过程的认识，都受到它所处的历史条件的限制，正如恩格斯所言："我们只能在我们时代的条件下去认识，而且这些条件达到什么程度，我们就认识到什么程度。"②因而，具体的理论认识的局限性与相对性就要求人们的认识必须在实践中自我完善与纠偏。再次，在理论发展史上，尽管有些理论在实践中证明了其真理性，但随着实践的不断发展与变化，这些理论也需要接受新的实践的检验。对此，列宁曾在《唯物主义和经验批判主义》一书中指出："实践标准实质上决不能完全地证实或驳倒人类的任何表象。这个标准也是这样的'不确定'，以便不让人的知识变成'绝对'，同时它又是这样的确定，以便同唯心主义和不可知论的一切变种进行无情的斗争。"③列宁的这一论述进一步深化了实践标准的辩证内涵：一方面，只有实践才能够检验理论认识的正确与否；另一方面，就人类社会实践的总体历程来看，一定历史条件下的具体的实践是相对的，不能验证理论认识的绝对真理性，相对真理只有在不断的实践检验中才能够纠正其不完全性。由此可以看出，实践永无止境，人在实践中对真理的认识就没有完结。就中国共产党革命和建设的百年发展历程来看，中国共产党高度重视理论与实

---

① 《毛泽东选集》第1卷，人民出版社1991年版，第294页。
② 《马克思恩格斯文集》第9卷，人民出版社2009年版，第494页。
③ 《列宁选集》第2卷，人民出版社2012年版，第103页。

践的统一，既始终坚持马克思主义的科学理论指导，又坚持在实践中不断丰富和发展马克思主义，在接力探索、不断开拓的历程中取得了中国特色社会主义理论的发展和创新。归结起来，中国特色社会主义理论体系是党立足时代之基、回答时代之问的科学理论，这一理论体系在党领导人民推进"四个伟大"的历史进程中，展现出强大的真理力量、独特的思想魅力和巨大的实践伟力，也必将随着第二个百年的实践发展更加丰富、更加完善。

中国特色社会主义是党和人民长期奋斗、创造与积累的根本成就，是改革开放以来党的全部理论与实践的主题，更是当代中国发展进步的根本方向。从毛泽东思想到中国特色社会主义理论体系，中国特色社会主义的实践起到了创造理论、检验理论，进而在丰厚的理论资源的基础上继承与发展理论的重要作用。历史和现实都告诉我们，"马克思主义必定随着时代、实践和科学的发展而不断发展，不可能一成不变"，"静止地孤立地研究马克思主义，把马克思主义同它在现实生活中的生动发展割裂开来、对立起来，没有出路"。①一个党，一个国家，一个民族，如果脱离实践、思想僵化，那么它就不能前进。如今，站在实现中华民族伟大复兴的新的历史起点上，我们决不能因已有的成就而怠惰，因遇到困难而退缩，而是要在实践的基础上，埋头苦干，勇毅前行，以中国特色社会主义为引领，把中国特色社会主义的伟大事业一以贯之进行下去。

---

① 《江泽民文选》第2卷，人民出版社2006年版，第12页。

第三章　中国特色社会主义理论继承的优势

分析探讨中国特色社会主义理论继承的优势是本书的重要任务之一。这一内容的研究，是我们把握中国共产党理论发展的内在逻辑，认识中国共产党强大生命力以及中国特色社会主义现代化事业持续推进的关键所在。

第一节　理论与实践持续发展的不可逆转性

纵观中国共产党百年历史，其中虽有曲折，但中间并未出现断裂，历史发展是连续的，总趋势是朝着社会主义方向发展，朝着实现中华民族伟大复兴的奋斗目标持续前进。而且随着中国共产党的日益成熟，当今，这种历史发展的连续性已成不可逆转之势。而这种不可逆转之势与中国共产党理论的继承性密不可分，可谓是中国共产党理论继承的优势使然。

一、连续积累形成强大势能

所谓政治势能，"既是中国共产党治国理政核心理念的学术表达，也是对公共政策执行的本土化经验总结，它的重要核心特征就是'党的领导在场'"①。对于中国特色社会主义理论体系而言，政治势能主要是指这个理论体系在创立过程中，历经一代又一代共产党人遵循继承与创新相统一的原则，持续不断探索与实践检验，逐步积累而形成的强大能量，这种能量表现为在指导实践中产生的高度的权威力量，以及凝聚力、影响力。

（一）中国特色社会主义理论政治势能的形成

"一百年来，党领导人民进行伟大奋斗，在进取中突破，于挫折中奋起，从总结中提高，积累了宝贵的历史经验。"②这些历史经验上升为理论并凝结于中国特色社会主义理论中，就使其具备了势能。借用"势能"这个概念，我们可以从马克思主义与中国实际相结合的历史进程，或者从中国共产党理论体系的整体性，以及从中国社会变革的角度，认识中国特色社会主义理论势能的形成。

首先，从马克思主义中国化理论飞跃的角度看，中国特色社会主义理论体系作为马克思主义中国化的重大理论成果，是马克思主义基本原理同中国具体实际相结合、同中华优秀传统文化相结合的结果，贯穿其中的动力是共产党人始终不变的初心和使命；都是以实事求是、解放思想为重要条件的，都是以解决中国革命与建设的特殊问题为出发点的。因此，属于同一理论系统的不同部分或同一理论系统发展进程的不同阶段，共同构筑了马克思主义中国化的历史。不论是对于中国共产党自身成长而言，还是对于中国百年历史的变革而言，缺少任何一次理论飞跃都是不成立的。

马克思主义中国化的第一次历史性飞跃对于中国社会历史的影响是

---

① 贺东航、孔繁斌：《重大公共政策"政治势能"优劣利弊分析——兼论"政治势能"研究的拓展》，《公共管理与政策评论》2020年第4期。
② 《中共中央关于党的百年奋斗重大成就和历史经验的决议》，人民出版社2021年版，第65页。

使中华民族站起来了。"在革命斗争中,以毛泽东同志为主要代表的中国共产党人,把马克思列宁主义基本原理同中国具体实际相结合,对经过艰苦探索、付出巨大牺牲积累的一系列独创性经验作了理论概括,开辟了农村包围城市、武装夺取政权的正确革命道路,创立了毛泽东思想,为夺取新民主主义革命胜利指明了正确方向。"①

中国革命的胜利离不开正确道路的指引。以毛泽东同志为主要代表的中国共产党人从中国国情出发,开辟了独具特色的中国新民主主义革命道路。中国新民主主义革命道路理论回答的是中国共产党如何领导人民推翻帝国主义、封建主义、官僚资本主义的统治,实现民族独立和人民解放,从而使中华民族站起来的问题。其内容包括对革命领导权、革命动力、革命对象、革命途径、革命前途、革命战略等一系列问题的科学回答。其中,以农村包围城市的革命道路为案例,这条新道路是中国共产党人在突破苏联模式和突破马克思主义经典著作中关于无产阶级革命一般原理的基础上开创的。20年代后期和30年代前期,"在国际共产主义运动中和我们党内盛行的把马克思主义教条化、把共产国际决议和苏联经验神圣化的错误倾向"②对党的事业造成极大危害的背景下,以毛泽东同志为主要代表的中国共产党人在革命实践中坚持实事求是的原则,与教条主义作坚决的斗争。毛泽东先后发表了《中国的红色政权为什么能够存在?》《星星之火,可以燎原》《反对本本主义》等著作,体现了当时的中国共产党人从中国实际出发运用马克思主义的特点,展现了中国共产党人解放思想、突破教条的理论品格。很显然,农村包围城市武装夺取政权这条革命道路是创造性地运用马克思主义的结果,它带有鲜明的中国特色,应当说这条道路是马克思主义与中国实际相结合的典范。中国共产党人带领人民沿着这条革命道路,经过28年的奋斗,取得了新

---

① 《中共中央关于党的百年奋斗重大成就和历史经验的决议》,人民出版社2021年版,第7页。
② 《中国共产党中央委员会关于建国以来党的若干历史问题的决议》,人民出版社1981年版,第40页。

民主主义革命的胜利,建立了新中国,从而使中华民族从此站起来了。

马克思主义中国化新的飞跃对于中国社会历史的影响是使中华民族富起来了。改革开放以来,以邓小平同志为主要代表的中国共产党人,总结过去探索社会主义道路中积累的正反两个方面的经验,"第一次比较系统地初步回答了在中国这样经济文化比较落后的国家如何建设社会主义、如何巩固和发展社会主义的一系列基本问题,用新的思想观点,继承和发展了马克思主义,开拓了马克思主义新境界,把对社会主义的认识提高到新的科学水平。"①由此开创了中国特色社会主义。中国特色社会主义道路的开辟,首先就在于解放思想、打破教条,即突破了苏联模式的束缚。邓小平说:"把马克思主义的普遍真理同我国的具体实践相结合起来,走自己的道路,建设有中国特色的社会主义,这是我们总结长期历史经验得出的基本结论。"②走自己的路就必须解放思想,所以,改革开放之初,邓小平就号召全党要"解放思想,实事求是,团结一致向前看"③。中国特色社会主义建设道路从形式到内容及其开辟过程,处处体现了解放思想、突破教条的特征。事实上,中国特色社会主义这个命题本身,既没有离开马克思主义的原典,又是突破马克思主义本本和已有社会主义建设模式的产物;而其中"特色"二字的内涵自然是中国的元素:中国特色社会主义理论体系中的"我国处于社会主义初级阶段"的判断、"一个中心、两个基本点"的基本路线、社会主义市场经济理论等,都是在坚持马克思主义基本原理基础上,根据中国人口多、底子薄、生产力落后的现实提出的。这些理论既包含了社会主义的本质内容,又内涵中国社会主义建设的独特性。例如在社会主义市场经济问题上,充分体现了共产党人突破教条和大胆创新的特点。邓小平说:"计划多一点还是市场多一点,不是社会主义与资本主义的本质区别。计划经济不等于社会主义,资本主义也有计划;市场经济不等于资

---

① 《习近平谈治国理政》第1卷,外文出版社2018年版,第22页。
② 《邓小平文选》第3卷,人民出版社1993年版,第3页。
③ 《邓小平文选》第2卷,人民出版社1994年版,第140页。

本主义，社会主义也有市场。计划和市场都是经济手段。"①随着这一思想的解放，不仅形成了社会主义市场经济理论，而且使中国的社会主义从困境中摆脱出来，中国逐步富起来了。

马克思主义中国化新的飞跃对于中国社会历史的影响是推动中华民族走向强起来。十八大以来，以习近平同志为核心的党中央在思想理论上，始终坚持马克思主义的辩证思维，牢记"马克思的整个世界观不是教义，而是方法。它提供的不是现成的教条，而是进一步研究的出发点和供这种研究使用的方法"②。新一届领导集体从中国实际出发，着眼于对实际问题的理论思考，着眼于新的实践和新的发展，在推进中国特色社会主义建设中，与前人一样，解放思想，实事求是，大胆创新，形成了一系列突破性的理论观点。如新时代坐标的确立；对新时代中国社会矛盾变化的把握；根据新时代的历史方位，深入研究"新时代坚持和发展什么样的中国特色社会主义、怎样坚持和发展中国特色社会主义，建设什么样的社会主义现代化强国、怎样建设社会主义现代化强国，建设什么样的长期执政的马克思主义政党、怎样建设长期执政的马克思主义政党"③的问题；以治国理政的新理念、新思想、新战略丰富和发展了中国特色社会主义理论，形成了习近平新时代中国特色社会主义思想。

中国特色社会主义理论体系，对于前人的思想既有继承，更有突破，体现了继承与创新有机结合的特征。伴随习近平新时代中国特色社会主义思想的形成，中国特色社会主义理论体系在继承中创新，形成了习近平新时代中国特色社会主义思想这一新的理论成果。

综上所述，马克思主义中国化三次理论飞跃，一脉相承。这三次理论飞跃对应的历史实践，就是中国共产党从夺取政权到执掌政权、再

---

① 《邓小平文选》第3卷，人民出版社1993年版，第373页。
② 《马克思恩格斯选集》第4卷，人民出版社2012年版，第664页。
③ 《中共中央关于党的百年奋斗重大成就和历史经验的决议》，人民出版社2021年版，第25—26页。

到全面治理社会主义国家的历史进程,对应中国社会历史变革就是中华民族迎来从"站起来""富起来"到"强起来"的过程。显然,没有取得政权,就没有治国理政的历史,没有站起来,就谈不上富起来,更谈不上强起来。因此,理论上的三次飞跃是一个无法分割的、层层递进的关系。而三者有机衔接的机制就是继承与创新的有机统一。马克思主义中国化的三次理论飞跃都是在遵循了马克思主义基本原理的基础上,与中国实际相结合,借鉴和发展了马克思主义中国化的历史经验。概括起来说,中华民族迎来从站起来、富起来到强起来的伟大飞跃,这一历史过程既是中国共产党积累理论势能的过程,也是积累中华民族伟大复兴不可逆转趋势的过程,而造就这个过程恰恰得益于中国共产党人继承的智慧。

其次,中国特色社会主义理论体系孕育于几代共产党人探索什么是社会主义、怎样建设社会主义这一重大课题的历史全过程,获得了经过反复验证的经验,因而自然积累了势能。

中国特色社会主义理论体系的构建,是一项持续的工程。在其构建过程中,中国共产党人既运用了科学的思维,展现高深的智慧,以及共产党人博大的胸襟,同时,也提升了自身的马克思主义理论修养。"改革开放和社会主义现代化建设新时期,党面临的主要任务是,继续探索中国建设社会主义的正确道路,解放和发展社会生产力,使人民摆脱贫困、尽快富裕起来,为实现中华民族伟大复兴提供充满新的活力的体制保证和快速发展的物质条件。"[①]完成这样的历史课题首先必须解决什么是社会主义和怎样建设社会主义这一在党的历史上以及在国际共产主义运动中长期以来没有得到很好解决的难题,这对中国共产党人提出了严峻的挑战。

理论构建的内涵是一个包括价值诉求(政治理想)、方式方法(创

[①] 《中共中央关于党的百年奋斗重大成就和历史经验的决议》,人民出版社2021年版,第15—16页。

造性思维和智慧)到实践目标(解决实际问题)的逻辑层次。正如本杰明·史华慈所言,"无论任务完成与否,其中的方法和取决于任何其他因素一样,也取决于最终承担完成任务责任的那些人的思想、意图和抱负。中国的共产主义者以他们特有的各种预设,已实现了应负这些艰难险阻的责任"①。中国共产党的理论创建是有条件的,既离不开中国具体的历史条件、时代变迁的背景,也离不开具有历史担当的理论家,离不开理论家的创造思维、政治智慧和理论勇气。20世纪70年代以来至今,几代中国共产党人不懈奋斗、上下求索,科学地回答了什么是社会主义和怎样建设社会主义的历史之问、时代之问、人民之问。

从中国特色社会主义开辟的历程看,中国共产党对于什么是社会主义和怎样建设社会主义这一重大课题的回答是几代人的接续探索。1978年党的十一届三中全会以后,以邓小平同志为主要代表的中国共产党人,针对过去社会主义建设所走的弯路,总结历史上正反两个方面的经验,围绕什么是社会主义、怎样建设社会主义这一根本问题,进行理论探索,创立了邓小平理论。以此为指导,把党和国家工作的重心转移到经济建设上来、实行改革开放的历史性决策,实现了党的一次伟大觉醒。伴随这一伟大觉醒,中国共产党人认清了社会主义本质,回答了如何建设中国特色社会主义一系列基本问题,成功开创了中国特色社会主义。在中国特色社会主义理论体系指引下,中国社会各个领域发生了巨大变化,人民生活开始走向富裕,但中国特色社会主义能否彻底改变中国命运,中国能否以此建成社会主义现代化强国,还有待于历史进一步证明。

党的十三届四中全会以后,以江泽民同志为主要代表的中国共产党人高举邓小平理论的伟大旗帜,依然围绕什么是社会主义和怎样建设社会主义这一时代命题进行理论与实践探索,并在世界社会主义出

---

① [美]本杰明·I·史华慈:《中国的共产主义与毛泽东的崛起》,陈玮译,中国人民大学出版社2006年版,第62—63页。

现严重曲折的严峻考验面前捍卫了中国特色社会主义。在社会主义市场经济体制的改革、推进党的建设新的伟大工程等方面丰富发展了中国特色社会主义理论，加深了对什么是社会主义、怎样建设社会主义和建设什么样的党、怎样建设党的认识，成功把中国特色社会主义推向二十一世纪。

进入二十一世纪，中国现代化事业得到全面发展，其中，经济的快速发展对于资源、环境、发展方式等提出了新课题。如何实现可持续发展成为什么是社会主义、如何建设社会主义这个重大课题中需要回答的新问题。在此背景下，"党的十六大以后，以胡锦涛同志为主要代表的中国共产党人，在全面建设小康社会进程中推进实践创新、理论创新、制度创新，深刻认识和回答了新形势下实现什么样的发展、怎样发展等重大问题，形成了科学发展观"[①]。科学发展观为中国现代化全面协调可持续发展提供了理论武器，由此也在新形势下坚持和发展了中国特色社会主义。

由此可见，中国特色社会主义理论体系是一个完整的理论探索链条，其中汇聚了几代中国共产党理论家的智慧；展现的是几代共产党人对什么是社会主义、如何建设社会主义、建设什么样的党、如何建设党等重大课题的不懈探索和回答，在理论上与时俱进、逐步积累，逐步达到新境界的特点。

（二）中国特色社会主义理论势能的转化

在几代中国共产党人探索中国特色社会主义道路的历史过程中，伴随对社会主义正确认识的思想积累，不仅表现为对解放思想、实事求是等马克思主义哲学方法论运用的娴熟，还体现为对坚持中国特色社会主义的政治定力；同时，还体现为对中华民族伟大复兴和实现现代化的信心和动力上。进一步地说，这种理论势能表现在中国共产党人的实践

---

① 《中共中央关于党的百年奋斗重大成就和历史经验的决议》，人民出版社2021年版，第16页。

中,"是增强政治意识、大局意识、核心意识、看齐意识,坚定道路自信、理论自信、制度自信、文化自信;从而更加坚定、更加自觉地践行初心使命,在新时代更好坚持和发展中国特色社会主义"①。这恰恰是中国特色社会主义理论势能的转化。

首先,中国共产党创立理论的目的在于指导实践。毛泽东曾指出:"我们学马克思列宁主义不是为着好看,也不是因为它有什么神秘,只是因为它是领导无产阶级革命事业走向胜利的科学。"②正是因为有了马克思主义这一先进理论的指导,通过中国共产党人不断将其运用到革命与建设的实践中,才有了中国革命和中国社会主义建设的伟大事业。邓小平说,"学马列要精,要管用的"③,点明了理论的实质在于指导实践;习近平说,"我们要赢得优势、赢得主动、赢得未来,战胜前进道路上各种各样的拦路虎、绊脚石,必须把马克思主义作为看家本领……不断提高全党运用马克思主义分析和解决实际问题的能力……把科学思想理论转换为认识世界、改造世界的强大物质力量"④。在中国共产党人看来,理论的意义就在于其能指导实践,引发社会的变革,所以才十分重视理论,帮助人民大众掌握理论,领导人民运用理论改造世界。

其次,总结中国共产党百年的历史可以归结为一点,那就是做到了以理论兴党、兴国、兴世。而这又在于理论用于了实践,在指导实践中发挥了巨大作用。也就是说,中国共产党在改造世界的过程中实现了马克思主义中国化,而马克思主义中国化的理论成果——毛泽东思想、邓小平理论、"三个代表"重要思想、科学发展观、习近平新时代中国特色社会主义思想变成了群众手中的武器,在群众的实践中变成了巨大的力量,带来了中国社会一次又一次的历史巨变。今天,这个理论推动中

---

① 《中共中央关于党的百年奋斗重大成就和历史经验的决议》,人民出版社2021年版,第2页。
② 《毛泽东选集》第3卷,人民出版社1991年版,第820页。
③ 《邓小平文选》第3卷,人民出版社1993年版,第382页。
④ 《习近平谈治国理政》第2卷,外文出版社2017年版,第67—68页。

国走进了新时代。习近平新时代中国特色社会主义思想所蕴含的势能，不仅将指引中华民族实现伟大复兴，建立起富强民主文明和谐美丽的社会主义现代化强国，而且还将对世界社会主义产生深刻影响，为构建人类命运共同体发挥其应有的作用。

（三）中国特色社会主义理论势能转化的主要标志

中国特色社会主义理论体系势能的转化表现在国家治理的方方面面，对此，本章从宏观层面进行以下几个方面的概括。

首先，百年大党，如今依然风华正茂，这是中国特色社会主义理论势能转化的第一特征。过去一百年，中国共产党在探索中国道路的历程中，虽历经坎坷，但因其始终坚持真理、坚守理想，以伟大的自我革命精神从错误和挫折中走出来；以不怕牺牲、英勇斗争的气概战胜一切敌人，不仅在组织上不断壮大，保持了旺盛的生命力，而且勇于担当使命，党向人民、向历史交出了一份优异的答卷。现在，中国共产党又团结带领中国人民踏上了实现第二个百年奋斗目标新的赶考之路，展现了一个百年大党的勃勃生机和在新时代新征程上的新气象新作为。

其次，今天，我们比历史上任何时期都更接近、更有信心和能力实现中华民族伟大复兴的目标。这个"接近"是百年连续积累，由量变到质变的成果；这种能力和信心是中国特色社会主义理论势能转化的又一个突出特征。进入新时代，以习近平同志为核心的党中央，要求全党要牢记中国共产党是什么、要干什么这个根本问题，把握历史发展大势，牢记初心使命，谦虚谨慎、不骄不躁，努力从伟大胜利中激发奋进力量，从弯路挫折中吸取历史教训，号召全党不为任何风险所惧，不为任何干扰所惑，以咬定青山不放松的执着奋力实现既定目标，以行百里者半九十的清醒不懈推进中华民族伟大复兴。在这些思想的表达中蕴含着共产党人思想理论的巨大势能。

再次，"两个一百年"奋斗目标也是中国特色社会主义理论势能转化的重要标志。"两个一百年"的奋斗目标，是共产主义理想与近代以来中华民族梦想的有机结合。中国特色社会主义理论体系以"两个一百年"的奋斗目标来凝聚全党、全国人民的力量，从而推动了理论势能的转化。没有中国特色社会主义理论体系，就不会有第一个百年奋斗目标的实现，更不会有对实现第二个百年奋斗目标的战略安排。从二〇二〇年到二〇三五年基本实现社会主义现代化，从二〇三五年到本世纪中叶把我国建成社会主义现代化强国，这个伟大的奋斗目标的提出，不仅体现了中国共产党运用马克思主义的立场、观点、方法观察时代、把握时代、引领时代的风采，也体现了中国共产党对共产党执政规律、社会主义建设规律、人类社会发展规律的深刻认识；更体现了对中国特色社会主义道路、理论、制度、文化的自信，以及把我国建设成为富强民主文明和谐美丽的社会主义现代化强国的决心和信心。

总之，中国特色社会主义理论体系势能的转化，突出表现为中国共产党人的强大政治定力、驾驭时局的能力和从未有过的自信心。当然，这种转化在根本上还要从中国社会的变革和中华民族伟大复兴的角度来观察。

二、继承为创新奠定强大根基

纵观中国共产党百年发展历史，中国共产党的理论虽然不断与时俱进，但始终保持与马克思主义、与中华优秀传统文化、与前人思想的紧密联系，即继承的特点贯穿理论发展全过程。可以说，中国共产党人正确处理了理论继承和理论创新的关系，形成了自身理论继承的独特发展优势，彰显了共产党人守正创新的政治品格。具体而言，继承是创新的前提，继承为创新奠定强大根基。继承性成为中国特色社会主义理论发展的最大优势。

（一）坚持马克思主义的基本原理，从不割断与马克思主义的联系

中国共产党百年间在理论和实践上一切成就的本源正是马克思主

义。正如习近平在纪念马克思诞辰200周年大会上的重要讲话中所指出:"历史和人民选择马克思主义是完全正确的,中国共产党把马克思主义写在自己的旗帜上是完全正确的,坚持马克思主义基本原理同中国具体实际相结合、不断推进马克思主义中国化时代化是完全正确的!"[1]马克思主义不仅规定了中国共产党理论继承和实践发展的逻辑起点,同时是中国共产党理论继承科学性的根本保证。马克思主义是中国特色社会主义理论体系发展的原动力。

首先,马克思主义是中国共产党理论继承的指导原则。马克思主义学说一经问世,就牢牢地"占据着真理和道义的制高点"[2],以科学的思想体系和革命的话语体系阐释了社会发展规律,是全世界无产阶级和全人类彻底解放的学说,为人类的解放提供了强大思想。但直到五四时期,中国人才开始较为系统化地认识了马克思主义。五四时期各种社会思潮纷至沓来,中国最早觉悟的先进分子在比较中选择了马克思主义。特别是十月革命的胜利,更让中国先进分子开始关注到除了资本主义之外的另一种救国方案,他们将目光投向马克思主义,李大钊、陈独秀、陈望道等具有共产主义觉悟的知识分子对马克思主义经典作家的著作开始"狂学狂译",马克思的学说在与中国工人运动结合中越发展现出其作为先进无产阶级革命理论的思想伟力。在此基础上,中国共产党应运而生,这既是马克思主义在中国传播的必然结果,也是中国革命发展的客观需要。

中国共产党一经诞生就表明了与马克思主义的不可分割的和天然的联系。中国共产党自诞生之日就将马克思主义和共产主义写在了自己的旗帜上。"马克思主义是我们立党立国的根本指导思想,是我们党的灵魂和旗帜。"[3]《中国共产党第一个纲领》奠定了中国共产党的前进方

---

[1] 习近平:《在纪念马克思诞辰200周年大会上的讲话》,人民出版社2018年版,第14—15页。
[2] 习近平:《在哲学社会科学工作座谈会上的讲话》,人民出版社2016年版,第10页。
[3] 习近平:《在庆祝中国共产党成立100周年大会上的讲话》,人民出版社2021年版,第12页。

向和发展基石,其中开宗明义第一条就写道:"本党定名为'中国共产党'。"其中对于党的纲领的规定,更是以简单明确的语言点明了中国共产党的理论起点和初心使命:"(1)革命军队必须与无产阶级一起推翻资本家阶级的政权,必须支援工人阶级,直到社会的阶级区分消除为止;(2)承认无产阶级专政,直到阶级斗争结束,即直到消灭社会的阶级区分;(3)消灭资本家私有制,没收机器、土地、厂房和半成品等生产资料,归社会公有;(4)联合第三国际。"①尽管这个纲领还未能与中国具体国情相契合,但表明了中国共产党从哪里来到哪里去,这也决定了中国共产党与马克思主义的天然的不可分割的联系,从而也决定了中国共产党理论继承的根本原则所在。

不仅如此,中国共产党人一开始就注意与非马克思主义,如社会民主主义、修正主义划清界限。陈独秀明确表示了对修正派社会主义的态度:"他们不取革命的手段改造这工具,仍旧利用旧的工具来建设新的事业,这是我大不赞成的。"②对此,毛泽东也明确指出,其本质就是披着外衣的"议会主义":"社会民主主义,借议会为改造工具,但事实上议会的立法总是保护有产阶级的。"③因此,共产党人对其保持高度警惕:"像这样与虎谋皮为虎所噬还要来替虎噬人的方法,我们应该当做前车之鉴。"④早期共产党人对马克思主义的正确认识对于后来中国共产党理论的发展也产生了深刻影响。

其次,马克思主义是共产党人初心使命的理论源头,也是共产党确立其宗旨、奋斗目标的科学依据。由此决定马克思主义既是中国特色社会主义理论体系继承的对象,也是其继承的根本原则。在庆祝中国共产党成立100周年的大会上,习近平总书记向世界宣告:"中国共产党始终

---

① 中央档案馆编:《中国共产党第一次代表大会档案资料(增订本)》,人民出版社1984年版,第6页。
② 《陈独秀文集》第2卷,人民出版社2013年版,第37页。
③ 《毛泽东文集》第1卷,人民出版社1993年版,第2页。
④ 《陈独秀文集》第2卷,人民出版社2013年版,第37页。

代表最广大人民根本利益，与人民休戚与共、生死相依，没有任何自己特殊的利益，从来不代表任何利益集团、任何权势团体、任何特权阶层的利益。"①与"三个代表"相对的"三个不代表"，点明了中国共产党与以往一切政党的根本区别，揭示了中国共产党的根本宗旨。

中国共产党与致力于满足部分人利益诉求的资产阶级政党不同，它是以增进人民群众整体利益和根本利益为目标的整体利益政党。中国共产党担当的是推动中华民族伟大复兴和建设人类命运共同体的历史使命。它始终坚持实现好、维护好、发展好最广大人民根本利益，坚持党性和人民性的统一，用自己的实际行动证明了："共产党是为民族、为人民谋利益的政党，它本身决无私利可图。"②这种对大道的坚守、对正道的坚持、对人道的坚定的本源就是马克思主义，只有马克思主义才能使一个政党有如此胸襟、如此境界。

一百年来，马克思主义始终是中国共产党思想理论的主题词，马克思主义是初心使命的理论源头，也是共产党确立其宗旨、奋斗目标的科学依据。中国共产党人坚持用马克思主义指导自己的行动，与此同时，不断推进马克思主义中国化，创立了一个又一个重大理论成果。毛泽东思想、邓小平理论、"三个代表"重要思想、科学发展观都是马克思主义中国化的成果。而习近平新时代中国特色社会主义思想就是在毛泽东思想、邓小平理论、"三个代表"重要思想、科学发展观基础上形成的，同样也是马克思主义基本原理同中国具体实际相结合、同中华优秀传统文化相结合的产物。由此可见，中国共产党理论发展的过程就是继承、运用和发展马克思主义的过程。对于中国特色社会主义理论体系而言，马克思主义既是其继承的对象，也是继承的根本原则。

再次，对马克思主义的继承保证了中国特色社会主义理论体系的

---

① 习近平:《在庆祝中国共产党成立100周年大会上的讲话》，人民出版社2021年版，第11—12页。
② 《毛泽东选集》第3卷，人民出版社1991年版，第809页。

科学性、先进性,进而也使其具备了发展的强大根基。"马克思的思想理论源于那个时代又超越了那个时代,既是那个时代精神的精华又是整个人类精神的精华。"①作为一种科学的理论、人民的理论、实践的理论和不断发展的开放的理论,马克思主义日益展现出一种跨越时空的真理性力量,为人类探索历史规律和寻求自身解放指明了道路。坚持和继承马克思主义的基本原理,保证了中国特色社会主义理论的科学性、先进性,为中国特色社会主义理论的发展奠定了强大根基。

马克思主义自身的先进性和科学性,为中国共产党的理论继承和发展提供了原动力,从根本上保证了理论继承和发展的科学性和先进性。马克思从唯物史观出发,彻底摆脱了唯心主义和机械唯物主义的束缚,创立了马克思主义哲学,为无产阶级树立科学的世界观、人生观和价值观奠定了哲学基础。在此基础上,马克思通过对生产力与生产关系、经济基础与上层建筑的矛盾剖析,把握了人类社会的发展进程和发展规律,并对资本主义社会内在冲突性进行了深刻反思,创立了马克思主义政治经济学;最为可贵的是马克思对于"人自由而全面发展"的未来社会的构想,"第一次使现代无产阶级意识到自身的地位和需要,意识到自身解放的条件"②;马克思还提出了组建无产阶级政党、领导社会主义革命并争取无产阶级解放的具体方法论,为人类社会的进步发展指明了方向。马克思主义自身的先进性和科学性,为中国共产党的理论继承和发展提供了原动力,从根本上保证了理论继承和发展的科学性和先进性。

马克思主义自身的人民性,保证了中国共产党理论具备党性和人民性的内在统一,从而使其能扎根于人民的沃土之中。在马克思主义政党诞生之前,党性和人民性原本是互不相关的两个概念。党性,是政党阶级性最高和最集中的表现;而人民性反映的是人民大众的思想、感情、

---

① 习近平:《在纪念马克思诞辰200周年大会上的讲话》,人民出版社2018年版,第7页。
② 《马克思恩格斯全集》第25卷,人民出版社2001年版,第597页。

愿望和利益,包括人民的集体意志表达、整体利益实现以及公共权利诉求。正是马克思主义将人民性作为无产阶级政党理论和实践的出发点和落脚点,从而实现了对于以往一切政党的根本性超越:"共产党员的党性,就是无产者阶级性最高而集中的表现"[1],"人民立场是中国共产党的根本政治立场,是马克思主义政党区别于其他政党的显著标志"[2]。中国共产党人始终将党性和人民性紧紧结合,人民性成为中国共产党理论发展的根本价值依归和鲜明品格。在中国革命、建设和改革的各个时期,坚定不移地贯彻"为中国人民谋幸福,为中华民族谋复兴"的初心使命,密切联系群众成为共产党最大的政治优势。同样,也正是因为对人民性的坚守,才使得中国共产党能够从50多个人的小党,发展为如今有着9600多万党员的世界第一大执政党。

  对马克思主义的继承是中国特色社会主义理论与时俱进的重要前提。马克思主义既赋予了中国共产党理论创造的高起点,也规定了中国共产党理论发展的正确方向。尽管马克思主义作为一个博大精深的理论体系,准确把握其精髓,并在中国特殊国情条件下正确运用其指导实践并非易事,但中国共产党人从接受马克思主义起,在任何情况下,都没有放弃马克思主义,并不断探索马克思主义中国化道路,做到了既不忘老祖宗、又讲出新话。所以,"党的百年奋斗展示了马克思主义的强大生命力"[3]。

  克服本本主义和教条主义的禁锢是马克思主义生命力所在,也是中国共产党理论继承的应有之义,更是理论创新的必要条件。近代中国半殖民地半封建社会的国情远比马克思恩格斯的理论预想复杂得多,中国共产党人在推动革命和建设的过程中遇到了许多马克思主义经典作家没有遇到和论述的具体问题,如何将马克思主义基本原理同中国具体实际

---

[1] 中共中央文献研究室、中共中央党校编:《刘少奇论党的建设》,中央文献出版社1991年版,第225页。
[2] 《习近平谈治国理政》第2卷,外文出版社2017年版,第40页。
[3] 《中共中央关于党的百年奋斗重大成就和历史经验的决议》,人民出版社2021年版,第69页。

相结合,成为共产党人面临的重大课题。以毛泽东同志为主要代表的中国共产党人领导中国人民自主探索出一条适合中国国情的革命道路,破除了对"城市中心论"的迷信,领导中国人民"站起来"。以邓小平同志为主要代表的中国共产党人带领人民自主探索出一条适合中国国情的社会主义现代化道路,正确地区分了马克思主义中关于社会主义建设理论的基本原理、苏联模式的社会主义建设道路与中国现实国情之间的区别,破除了对"社会主义就是搞计划经济"的迷信,作出改革开放的伟大决策,使中国"富起来"。

正如恩格斯所说:"马克思的整个世界观不是教义,而是方法。它提供的不是现成的教条,而是进一步研究的出发点和供这种研究使用的方法。"①中国共产党在探索马克思主义中国化的过程中丰富和发展了马克思主义,经过长时间的理论准备和实践探索,中国共产党人在充分认识中国国情的基础上,开始全面地理解和运用马克思主义,而非盲目地将马克思主义作为一成不变的教义加以认识和运用。正是在不断地与教条主义和本本主义作斗争、推动马克思主义中国化的历史进程中,中国共产党建立了理论自信,也以正确的继承思维为理论创新提供了条件、扫清了障碍,为中国共产党理论上的日趋成熟夯实了发展基础。

(二)不割断与中华优秀传统文化的联系

中华传统文化的精华是中国共产党的理论来源之一。中国共产党人在继承中华优秀传统文化的基础上,将其中一些理念赋予全新的时代内涵。源远流长的中华优秀传统文化为中国共产党的思想理论注入了深厚底蕴和民族基因,成为其理论发展的独特优势。正如马克思所说:"人们自己创造自己的历史,但是他们并不是随心所欲地创造,并不是在他们自己选定的条件下创造,而是在直接碰到的、既定的、从过去承继下

---

① 《马克思恩格斯选集》第4卷,人民出版社2012年版,第664页。

来的条件下创造。"① 同样的，中国共产党的理论与实践也离不开中国语境下的再阐释、中华文明体系下的再发展。从中国共产党创建之初，中国共产党人就非常重视对优秀传统文化的发掘工作，并在实践的不断发展中不断注入新的时代内涵。从毛泽东到习近平，中国共产党人对待传统文化的思维方法一脉相承，始终坚持尊重历史、总结历史、继承传统、推陈出新。正是得益于对于中华优秀传统文化的敬畏和继承，中国共产党才成为真正生长在中国大地上的马克思主义政党。

1. 毛泽东："我们是马克思主义的历史主义者，我们不应当割断历史"

以毛泽东同志为主要代表的中国共产党人对中国传统文化的准确定位、科学评价和正确运用，为中国共产党人理性地认识和对待中华传统文化奠定了重要基础。如何用马克思主义的眼光看待中国历史、对待传统文化无疑是摆在中国共产党人面前的一个很现实的课题，也是事关自身民族性的重要问题。

对中华传统文化的准确定位和科学评价是对传统文化加以改造和运用的重要前提。对此，毛泽东在新中国成立前后曾多次进行过阐释。他指出："我们这个民族有数千年的历史，有它的特点，有它的许多珍贵品。对于这些，我们还是小学生。"② 毛泽东对于中华传统文化的"珍贵品"的定位，实际也为中华优秀传统文化在新形态中的价值定位指明了方向。更为可贵的是，毛泽东将中国共产党和中华优秀传统文化紧紧地联系在一起，强调中国共产党人必须以一种谦虚和崇敬的态度对待中国的历史以及所创造的灿烂文明成果，这对于指导中国革命和中国共产党的成长都具有重大意义。"今天的中国是历史的中国的一个发展；我们是马克思主义的历史主义者，我们不应当割断历史。"③ 毛泽东多次强调

---

① 《马克思恩格斯选集》第1卷，人民出版社2012年版，第669页。
② 《毛泽东选集》第2卷，人民出版社1991年版，第533—534页。
③ 同上书，第534页。

中华优秀传统文化与中国共产党之间的密切联系。他指出："中国共产党人是我们民族一切文化、思想、道德的最优秀传统的继承者,把这一切优秀传统看成和自己血肉相联的东西,而且将继续加以发扬光大。"①

毛泽东还为中国共产党人巧妙运用和正确改造传统文化提供了正确的方法论指导和实际经验。首先,毛泽东提醒全党,必须结合中国特点来学习和应用马克思主义,他说:"成为伟大中华民族的一部分而和这个民族血肉相联的共产党员,离开中国特点来谈马克思主义,只是抽象的空洞的马克思主义。因此,使马克思主义在中国具体化,使之在其每一表现中带着必须有的中国的特性,即是说,按照中国的特点去应用它,成为全党亟待了解并亟须解决的问题。"②毛泽东认识到,马克思主义中国化离不开对"中国特点"的把握,这既是中国共产党要谋取发展的必然要求,同时也是马克思主义中国化的题中之义。同时,毛泽东也为如何学习和继承历史遗产提供了科学的方法论,即要辩证地、全面地看待中华传统文化,将中国历史和文化置于整个人类发展的历史中加以把握,将马克思主义基本原理与中国的历史和具体特点相结合,这就是著名的"古今中外法",即"全面的历史的方法"③。这一方法的运用也使中国共产党将中华优秀传统文化科学地承继下来。

2. 邓小平:"划清文化遗产中民主性精华同封建性糟粕的界限"

改革开放以来,西方社会各种思潮的涌入,对中国人的文化心态产生了复杂的影响,如何正确地认识中华传统文化、如何在传统中重新解读中华文明体的行为规范和道德理想,就成为以邓小平同志为主要代表的中国共产党人所要解决的重要课题,也是中国特色社会主义理论发展的前提与基础。

邓小平一方面肯定了毛泽东关于政治、经济、文化三者的辩证关系

---

① 中央档案馆编:《中共中央文件选集》第14册,中共中央党校出版社1992年版,第41页。
② 《毛泽东选集》第2卷,人民出版社1991年版,第534页。
③ 《毛泽东文集》第2卷,人民出版社1993年版,第400页。

的基本观点,同时也看到了文化发展的相对独立性,创造性地将传统文化纳入社会主义精神文明的范畴,讲求传统文化与经济社会进步、政治发展的相互配合和促进,让传统文化作为精神文明的要素继续发挥其价值作用,提出了精神文明和物质文明"两手抓、两手都要硬"的主张。邓小平高度重视传统文化对凝聚中华民族、提高文化软实力的重要价值,要求我们的党和人民"要懂得些中国历史,这是中国发展的一个精神动力"①。特别是伴随开放政策实施,一些在西方国家也认为是低级庸俗或有害的书籍、电影、音乐等文化产品不断涌入,面对西方文化对意识形态安全的侵蚀,邓小平高度警觉,要求"必须发扬爱国主义精神,提高民族自尊心和民族自信心。否则我们就不可能建设社会主义,就会被种种资本主义势力所侵蚀腐化"②。如何提高民族自尊心、自信心?邓小平继承了毛泽东的中西文化观,他反思了"文化大革命"对传统文化不加以鉴别、完全否定的思维方式,明确提出要"划清文化遗产中民主性精华同封建性糟粕的界限"③,既要对传统文化中的封建性糟粕有着清楚的认识,同时对传统文化中的精华要加以继承和发扬。在理论建构上,邓小平也将中国传统文化中的一些经典观念与时俱进地进行了全新阐释,既恰当地表达了中国共产党人的思想主张,又使其思想具备了通俗易懂、喜闻乐见的特点。如邓小平运用古代中国儒家思想中的"小康"来规划中国现代化建设的目标,将"小康"赋予社会主义现代化建设的全新内涵,"小康"是"中国式的现代化"的最初设想,是"四个现代化的最低目标"④,并针对社会主义现代化建设进行长远布局和规划,提出了"三步走"的发展战略,这是中国共产党人立足于社会主义初级阶段的基本国情、向现代化建设进军的历史里程碑,也是古代中国人"小康之家"梦想的延伸。

---

① 《邓小平文选》第3卷,人民出版社1993年版,第358页。
② 《邓小平文选》第2卷,人民出版社1994年版,第369页。
③ 同上书,第335页。
④ 《邓小平文选》第3卷,人民出版社1993年版,第64页。

3. 江泽民：对民族传统文化"结合时代精神加以继承和发展，做到古为今用"

随着改革开放的不断深化，世情、党情、国情都经历着深刻变化，以江泽民同志为主要代表的中国共产党人充分认识到，全球化浪潮既为中国的发展带来前所未有的崭新机遇，同时现代科学技术推动之下的信息化和知识经济化也极大地改变了文化传播和文化生产的方式；文化软实力日益成为一个国家综合国力的重要组成部分。因此，江泽民明确指出："世界多极化和经济全球化的趋势深入发展，引起世界各种思想文化，历史的和现实的、外来的和本土的、进步的和落后的、积极的和颓废的，展开了相互激荡，有吸纳又有排斥，有融合又有斗争，有渗透又有抵御。"① 因此，明确提出要在全球化趋势下正确处理好中国传统文化与外来文化、传统文化与当代文化的关系，强调要"保持和发展本民族文化的优秀传统，大力弘扬民族精神，积极吸取世界其他民族的优秀文化成果，实现文化的与时俱进，是关系广大发展中国家前途命运的重大问题。"②

江泽民继承了毛泽东、邓小平关于中华传统文化的思想理论，同时开始注重中华优秀传统文化与中国共产党其他文化资源之间的相互融合和促进，以共同服务于中国特色社会主义事业的建设。江泽民说："我们讲继承、讲借鉴，目的是通过继承和借鉴，使民族传统文化、外来文化的精华，同我们党领导人民在长期革命和建设中形成的优良传统和革命精神有机地结合在一起，并在新的实践基础上不断创新，建设和发展有中国特色的社会主义文化。"③ 其中最为典型的就是"三个代表"重要思想的提出。面对"建设一个什么样的党、怎样建设党"的时代之问，江泽民同志提出"只要我们党始终成为中国先进社会生产力的发展要求、中国先进文化的前进方向、中国最广大人民的根本利益的忠实代

---

① 《江泽民文选》第3卷，人民出版社2006年版，第399页。
② 同上书，第400页。
③ 江泽民：《论党的建设》，中央文献出版社2001年版，第136页。

表,我们党就能永远立于不败之地,永远得到全国各族人民的衷心拥护并带领人民不断前进"①。这是在改革开放不断深化的背景下,面对中国经济社会结构的急剧变化,中国共产党人对马克思主义唯物史观的继承与发展,也是对中国传统民本思想的继承与超越,是将中华优秀传统文化与时代精神相结合、"古为今用"的重要体现之一。

  这一时期的中国共产党人开始以积极主动的态度向世界展示中国,其中最具特色的就是中华优秀传统文化。中华文明源远流长,是世界唯一没有中断的文明,一直以来都以独特的东方神韵在世界享有盛誉,自然也就成为世界认识中国、了解中国的最好载体。1997年11月,江泽民在美国哈佛大学的演讲集中地展示了中国共产党人是如何理解自己的传统文化、如何不割断自身与传统文化之间的联系的。江泽民首先肯定了现实中国与历史中国的联系,从而为世界了解中国提供了一个重要窗口,他说:"要了解中国,可以有很多视角。现实中国是历史中国的发展。中国是一个有五千年文明历史的国家,从历史文化来了解和认识中国,是一个重要的视角。"②江泽民对中华优秀传统文化如数家珍,借用《庄子》中"一尺之棰,日取其半,万世不竭"的例子来介绍古代中国人对于极限和事物发展变化的认识,揭示"人与自然协调发展、科学精神与道德理想相结合的理性光辉"③。同时,江泽民阐明了中国共产党人尊重本民族传统文化的态度:"中国在自己发展的长河中,形成了优良的历史文化传统。这些传统,随着时代变迁和社会进步获得扬弃和发展,对今天中国人的价值观念、生活方式和中国的发展道路具有深刻影响。"④江泽民在演讲中还以"团结统一的传统""独立自主的传统""爱好和平的传统"和"自强不息的传统"为例介绍了中国传统理念对中国现实政治体制、经济模式、社会文化心理的重要影响。可以说,这次演

---

① 《全面加强党的建设的伟大纲领》,人民出版社2000年版,第1页。
② 《江泽民文选》第2卷,人民出版社2006年版,第58页。
③ 同上书,第59页。
④ 同上书,第60页。

讲不仅向世界弘扬了中国传统文化，同时也清楚地阐明了中国共产党人对本民族传统文化的继承的逻辑所在。

4. 胡锦涛：传统文化要"与当代社会相适应、与现代文明相协调，保持民族性，体现时代性"

以胡锦涛同志为主要代表的中国共产党人在接力推进中国特色社会主义建设的征途中，与前人一样，敏锐地察觉到，必须在全球化所带来的激烈的国际竞争之下保持民族性，提升文化软实力。并认识到"在世界范围内各种思想文化交流交融交锋更加频繁的背景下，谁占据了文化发展制高点，谁拥有了强大文化软实力，谁就能够在激烈的国际竞争中赢得主动"[①]。在文化建设上，胡锦涛也十分重视对传统文化的继承、改造、利用。在继承毛泽东、邓小平和江泽民对于中华传统文化的基本认识的基础上，进一步提升到文化自信和文化自觉。十七大报告中明确指出"中华文化是中华民族生生不息、团结奋进的不竭动力"[②]。这一重要论断实际上意味着中国共产党不仅从民族特性的角度开始看待中华文化，同时也开始注重将其作为促进民族团结、共建中华民族共同体的重要抓手；强调要全面地认识和改造传统文化，提出"要全面认识祖国传统文化，取其精华，去其糟粕，使之与当代社会相适应、与现代文明相协调，保持民族性、体现时代性"[③]。在推动理论创新过程中，胡锦涛吸收中国传统文化中"天人合一"思想、和合理念的精神内核，将人与人、人与自然和人与社会的关系纳入到发展的多重向度中思考，提出了以人为本、全面、协调、可持续的"科学发展观"，体现了对中华文化追求和谐的价值的继承，推动着中国共产党对于发展观和现代化认识的不断深化，也为人类文明增添了独特的智慧。特别是中国共产党第十七届中央委员会第六次全体会议专门研究了文化发展问题，明确将继承和

---

① 《十七大以来重要文献选编》（下），中央文献出版社2013年版，第585页。
② 《中国共产党第十七次全国代表大会文件汇编》，人民出版社2007年版，第34页。
③ 《胡锦涛文选》第2卷，人民出版社2016年版，第640—641页。

发扬中华优秀传统文化作为文化发展道路的"四个坚持"之一："坚持中国特色社会主义文化发展道路，必须继承和发扬中华优秀文化传统，大力弘扬中华文化，建设中华民族共有精神家园。"①这是中国共产党历史上第一次从文化纲领、文化目标、文化政策上全面阐述文化强国的"中国道路"②。

在社会主义文化建设的思路上，胡锦涛还强调不仅要练好"内功"，也要修好"外功"：不仅要做好本民族文化的教育、开发和利用，重视文物保护、典籍整理和非物质文化遗产保护工作，同时强调传统文化也要"走出去"，在对外文化交流中，增强中华文化的感召力和国际影响力，在世界文明的大视野下定位中华文化的时代价值，并适时地提出："要精心打造中华民族文化品牌，提高我国文化产业国际竞争力，推动中华文化走向世界。"③在实践上，充分继承和发扬了中国传统文化，发挥了传统文化在文化发展中的重要作用。

5. 习近平："要处理好继承和创造性发展的关系，重点做好创造性转化和创新性发展"

进入新时代以来，习近平同志深刻剖析"百年未有之大变局"下的机遇和挑战，重视增强文化自觉，坚定文化自信，以中华优秀传统文化来推动人类文明新形态建设，以中华传统智慧来为中国共产党治国理政提供宝贵的思想资源。习近平明确指出："中华优秀传统文化是中华民族的突出优势，是我们在世界文化激荡中站稳脚跟的根基，必须结合新的时代条件传承和弘扬好。"④他反复要求大力挖掘和继承优秀传统文化，在各地考察中多次对文物保护、非物质文化遗产传承等工

---

① 《十七大以来重要文献选编》（下），中央文献出版社2013年版，第588页。
② 同上书，第587页。
③ 中共中央宣传部、中共中央文献研究室编：《论文化建设——重要论述摘编》，学习出版社、中央文献出版社2012年版，第90页。
④ 《中共中央关于党的百年奋斗重大成就和历史经验的决议》，人民出版社2021年版，第46页。

作作出重要指示,特别强调中华优秀传统文化对于青年人的教育作用:"中国传统文化博大精深,学习和掌握其中的各种思想精华,对树立正确的世界观、人生观、价值观很有益处。"①对此,教育部专门印发了《完善中华优秀传统文化教育指导纲要》,着手将中华优秀传统文化教育系统融入高校课程和教材体系,进一步加强有关学科教材传统文化内容,从而帮助下一代树立正确的历史观、民族观和文化观,助力社会主义文化强国建设、深化文化认同、铸牢中华民族共同体意识、树立文化自觉以引领人类文明新形态建设。

不仅如此,习近平还高度重视优秀传统文化对深化文化认同、铸牢中华民族共同体意识的重要作用。特别是近些年来,西方反华势力时常对中国进行抹黑和污蔑,企图插手中国内部事务,阻碍中国发展进步,中华民族共同体建设便成为中国共产党治国理政的重要内容。对此,习近平明确指出,"实现中华民族伟大复兴的中国梦,就要以铸牢中华民族共同体意识为主线"②,要不断"增进各族群众对伟大祖国、中华民族、中华文化、中国共产党、中国特色社会主义的认同"③。而中华优秀传统文化是中华民族文化认同和文化自信的根本源泉,文化认同是价值认同的前提,中华优秀传统文化是56个民族"拧成一股绳"的精神纽带,也只有基于传统文化的文化认同才能激发各族人民对于中华文明的自信心和自豪感,才能真正成为"民族团结之根、民族和睦之魂"。

纵观习近平的论著不难发现,他从中华优秀传统文化的思想精华中汲取营养,结合时代发展对中华优秀传统文化中讲仁爱、重民本、守诚信、崇正义、尚和合、求大同等思想传统加以新的阐发,提出了一系列治国理政的新理念新思想新战略。例如,"人类命运共同体"理念就是

---

① 习近平:《在中央党校建校80周年庆祝大会暨2013年春季学期开学典礼上的讲话》,人民出版社2013年版,第9页。
② 习近平:《在全国民族团结进步表彰大会上的讲话》,人民出版社2019年版,第7页。
③ 中共中央宣传部编:《习近平新时代中国特色社会主义思想学习纲要》,学习出版社、人民出版社2019年版,第133页。

其中的典型代表。他认为和平、发展、合作、共赢的时代潮流没有变,全球性危机的衍生和新冠肺炎疫情全球蔓延的叠加将人类的命运更紧密地联系在一起,提出人类社会应共同致力于打造"人类命运共同体",并依托"一带一路"倡议得以由理念转化为实践。这既是对古代中国人"大同社会"理想的继承发展,也是对马克思主义"共同体"思想的继承发展。可以说,习近平新时代中国特色社会主义思想作为"两个结合"的产物,充分展现了中国共产党人对中华优秀传统文化的传承和创造性运用。

不割断与传统文化的联系,是中国特色社会主义理论体系的智慧所在。正是中国共产党人对中华优秀传统文化实现了创造性转化和创新性发展,使其能够有机地融合到中国特色社会主义理论之中,才使中国特色社会主义理论不断丰富和发展。

(三)不割断与前人的联系

中国共产党的一百年是从幼稚到成熟的一百年。在几代人的接续奋斗中,形成了以伟大建党精神为源头的精神谱系,锤炼出中国共产党人鲜明的政治品格,并以理论的继承和发展推动马克思主义中国化,在"守正创新"中回应时代之问,带领中国人民迎来了从站起来、富起来到强起来的伟大飞跃。在这一百年间,中国共产党始终高度重视学习和总结自身的历史,从自身历史中汲取继续前进的力量,正确对待自身历史和前人经验教训,做到以史为鉴、与时俱进。这充分展现了一代又一代共产党人不断推动历史进步,但从不割断与前人的思想的联系,在理论继承中创新的突出特征。

第一,中国共产党人始终重视学习自身历史和总结经验教训。中国共产党人历来始终重视学习历史,特别是通过对自身历史经验的总结来把握中国革命和建设的基本规律,促进党的团结统一。中国共产党始终将历史视为最生动、最有说服力的教科书,特别注重用党自身的奋斗历程和伟大成就鼓舞斗志、明确方向,用党的光荣传统和优良作风坚定信念、凝聚力量，用党的实践创造和历史经验启迪智慧、砥砺品格。善于总结经验和教训，是一个政党走向成熟的必要条件，不割断与前人的联系让中国共产党始终能找得到自己的根与源。

早在延安时期，毛泽东同志反复强调中共党史研究对于中国共产党发展的重要性。他指出："如果不把党的历史搞清楚，不把党在历史上所走的路搞清楚，便不能把事情办得更好。"[1]作为生长在中国大地上的马克思主义政党，"不但要懂得中国的今天，还要懂得中国的昨天和前天。"[2]毛泽东还告诫全党，"错误常常是正确的先导"，总结成功经验与失败教训同等重要。他说："我们要研究哪些是过去的成功和胜利，哪些是失败，前车之覆，后车之鉴。"[3]一直到新中国成立后毛泽东依然强调："不要把错误认为单纯是一种耻辱，要看作同时是一种财产，不能说错误路线没有用处，它是有很大的教育意义的。"[4]正是因为以这种思维对待历史，中国共产党以决议的方式对历史经验加以总结。例如，1945年，党的六届七中全会通过的《关于若干历史问题的决议》，对建党以后特别是党的六届四中全会至遵义会议前这一段历史及其经验教训进行了系统总结，对若干重大历史问题作出了结论，成功解决了党的历史问题，使全党特别是党的高级干部对中国革命基本问题的认识达到了一致。这个《决议》为党的七大胜利召开创造了充分条件，有力促进了中国革命事业发展。

《决议》的形成过程及其内容本身发挥了分清是非，统一党内认识、承接与推进的作用。因此，以历史决议的方式总结党的历史与经验也成为中国共产党不割断与前人联系的一个重要表现。

第二，中国共产党树立了正确对待自身历史和前人经验的科学态度，不割断与前人的联系，推动着自身继承性的历史思维不断趋于成熟。"对

---

[1] 《毛泽东文集》第2卷，人民出版社1993年版，第399页。
[2] 《毛泽东选集》第3卷，人民出版社1991年版，第801页。
[3] 《毛泽东文集》第2卷，人民出版社1993年版，第399页。
[4] 中共中央文献研究室编:《毛泽东年谱（1949—1976）》第4卷，中央文献出版社2013年版，第607页。

于中国共产党而言,继承不是固守前人的思想或者完全重复前人的思想,继承的目的是创新,是为了推动历史进步。"①因此,辩证地对待前人的思想是中国共产党理论创造的一大特色。进入改革开放新时期,邓小平同志继承了前人正确对待党的历史这一基本经验,正确对待毛泽东的功过是非,把握历史的主流和本质,提出:"历史上成功的经验是宝贵财富,错误的经验、失败的经验也是宝贵财富。这样来制定方针政策,就能统一全党思想,达到新的团结。这样的基础是最可靠的。"②例如,他在1978年12月中央工作会议闭幕会上专门作了题为《解放思想,实事求是,团结一致向前看》的讲话,讲话共强调了四个问题,其中第三个问题专门强调了"处理历史遗留问题为的是向前看":"这次会议,解决了一些过去遗留下来的问题,这是解放思想的需要,也是安定团结的需要。目的正是为了向前看,正是为了顺利实现全党工作重心的转变。我们的原则'有错必纠'。凡是过去搞错了的东西,统统应该改正。"③其后邓小平在多个场合反复强调,要讲清历史问题,要弄清是非功过,讲清楚来龙去脉,但是要在总结过去中把握未来发展和时代大势:"解决历史遗留问题,如三中全会所说,是为了团结一致向前看。不能在旧账上纠缠,要把大家的思想和目光引到搞四个现代化上面来。"④邓小平继承性的历史思维实际上为中国共产党人正确、客观地看待自身的历史奠定了重要基础。

1981年,党的十一届六中全会通过的《关于建国以来党的若干历史问题的决议》回顾了新中国成立以前党的历史,并对社会主义革命和建设的历史经验进行了总结,对一些重大事件和重要人物作出了评价,特别是正确评价了毛泽东和毛泽东思想,分清了是非,纠正了"左"的和右的错误观点,统一了全党思想。在此过程中,邓小平以伟大的马克思

---

① 杜艳华:《论中国共产党理论继承的优势》,《社会主义研究》2018年第6期。
② 《邓小平文选》第3卷,人民出版社1993年版,第234—235页。
③ 《邓小平文选》第2卷,人民出版社1994年版,第147页。
④ 同上书,第277页。

主义者的胸襟和伟大的政治家的智慧,既正本清源,纠正了过去的错误,又充分肯定了毛泽东的历史地位,高举毛泽东思想的旗帜,实现了党的历史的衔接,与前人思想的衔接,在扬弃中继承,在继承的基础上进行重大突破,并实现了历史的重大转折。

第三,"守正创新"是中国特色社会主义理论体系的总体特征。几代共产党人的接续奋斗创造了中国共产党的百年辉煌,也锻造了中国共产党的行动自觉和理论自觉,更推动了中国特色社会主义理论的与时俱进。中国共产党的理论发展是随着中国革命和社会主义建设的推进而不断深化的,百年探索中的发展经验是中国特色社会主义理论继承和发展的重要来源。

不割断与前人的联系是中国共产党人重要的历史智慧,也是中国共产党理论继承和创新的重要优势。正如习近平总书记所说:"我们党的历史,就是一部不断推进马克思主义中国化的历史,就是一部不断推进理论创新、进行理论创造的历史。一百年来,我们党坚持解放思想和实事求是相统一、培元固本和守正创新相统一,不断开辟马克思主义新境界,产生了毛泽东思想、邓小平理论、'三个代表'重要思想、科学发展观,产生了新时代中国特色社会主义思想,为党和人民事业发展提供了科学理论指导。"[①]中国特色社会主义理论体系是几代人在理论与实践相结合、解放思想与实事求是相结合的基础上形成的,是改革开放以来的中国共产党人"守正创新"的理论成果。

时代问题是中国共产党理论继承和发展的最强的推动力量,中国共产党人始终坚持在继承前人的经验和智慧的基础上,推动理论和实践的与时俱进,回应时代问题。正如马克思所说,"问题却是公开的、无所顾忌的、支配一切个人的时代之声。问题是时代的格言,是表现时代自己内心状态的最实际的呼声"[②]。每一个时代都有每一个时代的问

---

① 习近平:《在党史学习教育动员大会上的讲话》,人民出版社2021年版,第12页。
② 《马克思恩格斯全集》第1卷,人民出版社1995年版,第203页。

题，理论的生命力和鲜活性就取决于其是否能够回应时代的发展。马克思深刻指出："一个时代的迫切问题，有着和任何在内容上有根据的因而也是合理的问题共同的命运：主要的困难不是答案，而是问题。"①坚持问题导向不仅是马克思主义的鲜明特点，也是中国共产党理论继承和发展的根本导向，正是在对时代问题的回应之中，中国共产党实现了守正创新。

纵观中国共产党百年历史，理论的"守正创新"与历史变革同向同行。中华人民共和国成立以来，以毛泽东同志为主要代表的中国共产党人，创造性地开辟了中国特色的社会主义革命道路，顺利完成了社会主义改造，"确立了社会主义基本制度，成功实现了中国历史上最深刻最伟大的社会变革，为当代中国一切发展进步奠定了根本政治前提和制度基础"②；以邓小平同志为主要代表的中国共产党人坚持解放思想、实事求是，破除了对马克思主义的刻板认识，提出了改革开放的伟大决策，将中国共产党对社会发展规律的认识和社会主义建设规律的认识向前推动了一大步；以江泽民同志为主要代表的中国共产党人围绕新时期市场经济的突出特点，就建设什么样的马克思主义政党以及党如何执政等问题，提出了"三个代表"重要思想，解决了改革开放新时期党如何应对"四大考验"和"四大危险"的现实问题，成功地将中国特色社会主义推向了二十一世纪；以胡锦涛同志为主要代表的中国共产党人面对中国迅速推进现代化进程中出现的新问题，针对如何处理好快速发展所带来的人与人、人与社会、人与自然关系的紧张，创造性地回答了新形势下实现什么样的发展、怎样发展等重大问题，将全面建设小康社会推进到全面建成小康社会的新阶段。

---

① 《马克思恩格斯全集》第1卷，人民出版社1995年版，第203页。
② 习近平：《坚定不移沿着中国特色社会主义道路前进　为全面建成小康社会而奋斗——在中国共产党第十八次全国代表大会上的报告》，人民出版社2012年版，第10页。

第三章 中国特色社会主义理论继承的优势

进入新时代以来，以习近平同志为核心的党中央也正是从问题出发，与时俱进地进行理论创新。而在推进理论发展上，习近平特别重视对中国共产党历史经验的借鉴。他在主持中共十八届中央政治局第七次集体学习时就明确强调："学习党史、国史，是我们坚持和发展中国特色社会主义、把党和国家各项事业继续推向前进的必修课。这门功课不仅必修，而且必须修好。"[1]党中央多次向全党发出号召，学习党的历史、继承党的优良传统。为此，开展了包括党的群众路线教育实践活动、"两学一做"学习教育、"不忘初心、牢记使命"主题教育、党史学习教育在内的多次全党学习教育活动。在中国共产党成立百年之际，在党和人民胜利实现第一个百年奋斗目标，正在向着全面建成社会主义现代化强国的第二个百年奋斗目标迈进的重大历史关头，党的十九届六中全会对党的百年奋斗历史进行了全面回顾和总结，审议并通过了《中共中央关于党的百年奋斗重大成就和历史经验的决议》，深刻揭示了党和人民事业不断成功的根本保证，揭示了党始终立于不败之地的力量源泉，揭示了党始终掌握历史主动的根本原因，揭示了党永葆先进性和纯洁性、始终走在时代前列的根本途径。决议起草过程中，始终重视"对重大事件、重要会议、重要人物的评价注重同党中央已有结论相衔接"[2]。《决议》充分体现了共产党人不割断历史、不割断与前人的联系突出特点，做到了既坚持基本定论、保持思想稳定，同时又注重在继承中回应新问题、总结新经验，推动全党进一步统一思想、统一意志、统一行动。可以说，正是在这种接续性发展中，在对时代问题的回应中，习近平新时代中国特色社会主义思想应运而生，中国特色社会主义理论体系由此得到创新发展。

---

[1] 习近平：《论中国共产党历史》，中央文献出版社2021年版，第15—16页。
[2] 《中共中央关于党的百年奋斗重大成就和历史经验的决议》，人民出版社2021年版，第81页。

第二节　中国政治的稳定性

一、"道不变"是中国政治稳定的重要支柱

纵观中国共产党百年历史,"道不变"是中国共产党理论继承的核心要义,也是其重要优势。中国共产党从诞生起,就高举社会主义的旗帜,历经革命、建设、改革,几代人接续探索,开辟出了一条符合中国国情的中国特色社会主义道路,由此也有理由向世界庄严宣告:"只有社会主义才能救中国,只有社会主义才能发展中国。"①正是坚持了这种"道不变",中国共产党理论继承才能够持续下去,也正是坚持了这种"道不变",中国政治稳定才有了强大支柱。

(一)"道不变"就是坚持旗帜、目标、道路不变

一百年间,中国共产党在理论继承中始终坚持"道不变",坚持旗帜不变、目标不变、道路不变,坚定不移走中国特色社会主义道路,既不走封闭僵化的老路,也不走改旗易帜的邪路。中国共产党所坚持的"道不变"是"正道",绝不是"老路",更不是"邪路"。

"道路问题是关系党的事业兴衰成败第一位的问题,道路就是党的生命。"②社会主义是"道"的本质属性,中国特色是"道"的显著特征,"社会主义"和"中国特色"都是"道"的核心要素,二者相互联系、共同推动着中国共产党在"道"不变中应万变,这正是中国共产党理论继承的突出特征和显著优势。正如习近平所说:"我们党在革命、建设、改革各个历史时期,坚持从我国国情出发,探索并形成了符合中国实际的新民主主义革命道路、社会主义改造和社会主义建设道路、中国特色社会主义道路,这种独立自主的探索精神,这种坚持走自己的路

---

① 《中共中央关于党的百年奋斗重大成就和历史经验的决议》,人民出版社2021年版,第14页。
② 《十七大以来重要文献选编》(上),中央文献出版社2009年版,第93页。

的坚定决心,是我们党不断从挫折中觉醒、不断从胜利走向胜利的真谛。"①这一概括,道破了中国共产党的"道"的特征。

在追求民族解放的道路上,中国共产党人坚定地选择了马克思主义、社会主义。这种选择并不是出于理论兴趣或者从学理上接受,而是从改造中国社会出发作出的选择。也就是说,这种选择非一般意义上的选择,而是一种政治的或者道路的选择。因此,自从中国共产党选择了马克思主义作为自己的指导思想之后,在任何情况下都未曾动摇自己的政治立场,始终高举马克思主义的旗帜,并且代代相传。

以毛泽东同志为主要代表的中国共产党人,将马克思主义基本原理创造性运用到中国革命中,深入研究中国国情和中国革命的特点,在斗争中逐步形成了毛泽东思想,开创了一条经由新民主主义通向社会主义的革命道路。1949年中华人民共和国成立后,中国共产党领导中国人民建设和巩固了工人阶级领导的、以工农联盟为基础的人民民主专政的国家政权,进行社会主义改造,建立社会主义制度,为政治稳定和国家发展奠定了根本政治前提和制度基础。1954年第一届全国人民代表大会的召开和《中华人民共和国宪法》的通过,为社会主义道路提供了法理基础:"中华人民共和国依靠国家机关和社会力量,通过社会主义工业化和社会主义改造,保证逐渐消灭剥削制度,建立社会主义社会。"②基于此,到1956年,我国基本完成了对生产资料私有制的社会主义改造,社会主义经济制度在我国正式建立,与人民代表大会制度、中国共产党领导的多党合作和政治协商制度、民族区域自治制度一同构成了中国社会主义制度的最初形态,社会主义道路成为共产党人治理国家的唯一选择。此后,毛泽东开始探索马克思主义基本原理同中国具体实践的"第二次结合",提出了走适合中国国情的工业化道路等一系列社会主义建设的重要思想。在新中国成立至改革开放前夕,尽管毛泽东同志

---

① 《十八大以来重要文献选编》(上),中央文献出版社2014年版,第117—118页。
② 《中华人民共和国宪法》,人民出版社1954年版,第3—4页。

在探索社会主义道路过程中犯了错误，包括"文化大革命"这样的全局性错误。但由于这些挫折是社会主义道路探索中的失误，探索的出发点是为了建设社会主义和发展社会主义，而不是要抛弃社会主义和离开马克思主义。正是因为中国共产党人坚持马克思主义旗帜不变、初心和使命不变，因此中国没有发生制度性的颠覆，依然保持了政治的稳定，这是改革开放后中国能够顺利实现历史转折，并沿着社会主义道路前进的基础。

进入改革开放和社会主义现代化建设新时期后，党面临的主要任务是，继续探索中国建设社会主义的正确道路。面对"什么是社会主义、怎样建设社会主义"这一根本问题，面对国内外各种思潮的激荡，邓小平系统总结此前社会主义建设正反两方面经验以及国际共产主义运动的经验，指出中国必须坚持"四项基本原则"，而处于"四项基本原则"之首的就是"坚持社会主义道路"。邓小平尖锐地指出"中国离开社会主义就必然退回到半封建半殖民地"[①]，以此有力地回击了当时社会上某些"社会主义不如资本主义"的论调；他承认当时的中国与发达资本主义国家之间的差距，但同时也分析指出这种差距"不是社会主义制度造成的，从根本上说，是解放以前的历史造成的，是帝国主义和封建主义造成的"[②]。建立在上述认识的基础上，中国共产党始终在坚持"四项基本原则"的基础上实行改革开放，以"四项基本原则"作为改革开放的定海神针。

党的十三届四中全会后，以江泽民同志为主要代表的中国共产党人在世界社会主义出现严重挫折的背景下，更加坚定不移地走社会主义道路。江泽民指出，"中国走的是社会主义道路，这是国情"，"改革，是社会主义制度的自我完善，是巩固和发展社会主义的需要，绝不是搞资本主义。在任何时候、任何情况下，都绝不允许危害社会主义、损害人

---

① 《邓小平文选》第2卷，人民出版社1994年版，第166页。
② 同上书，第166—167页。

民根本利益的东西自由泛滥"①。在东方高举起社会主义旗帜,进一步确立社会主义基本经济制度和分配制度,开创了全面改革开放的新局面。进入21世纪后,"中国特色社会主义道路是我国进一步实现民族振兴、国家富强和人民幸福的必由之路、成功之路、胜利之路。"②面对着新形势下实现什么样的发展、怎样发展等重大问题,以胡锦涛同志为主要代表的中国共产党人提出发展中要兼顾公平,既重视发展生产力,同时也强调要让生产关系中体现社会主义的本质和优越性,着力保障和改善民生,促进社会公平正义。

进入新时代以来,中国特色社会主义道路展现出光明前景和独特优势,中国共产党对建设中国特色社会主义充满自信。以习近平同志为核心的党中央深信"中国特色社会主义,既坚持了科学社会主义基本原则,又根据时代条件赋予其鲜明的中国特色。这就是说,中国特色社会主义是社会主义,不是别的什么主义"③。顺应时代发展要求,新时代的中国共产党人把马克思主义基本原理同新时代中国具体实践结合起来,坚持统筹推进"五位一体"总体布局、协调推进"四个全面"战略布局,推动党和国家事业取得历史性成就、发生历史性变革。十九大报告中特别指出:中国特色社会主义进入了新时代,意味着"科学社会主义在二十一世纪的中国焕发出强大生机活力,在世界上高高举起了中国特色社会主义伟大旗帜"④。

可以说,坚持"道不变",就是要坚持社会主义不变,坚持社会主义道路、旗帜不动摇,绝不走改旗易帜的邪路;坚持"道不变",就是

---

① 江泽民:《论党的建设》,中央文献出版社2001年版,第290—291页。
② 胡锦涛:《在中共中央政治局第十七次集体学习时的讲话》,《人民日报》2004年12月2日。
③ 中共中央宣传部编:《习近平总书记系列重要讲话读本》,人民出版社、学习出版社2014年版,第14页。
④ 习近平:《决胜全面建成小康社会 夺取新时代中国特色社会主义伟大胜利——在中国共产党第十九次全国代表大会上的报告》,人民出版社2017年版,第10页。

要坚持中国特色不变,走中国特色社会主义道路,绝不走封闭僵化的老路。实践证明,我们党带领人民历经千辛万苦、付出巨大代价取得的根本成就离不开社会主义道路的指引,中国特色社会主义道路是被实践证明符合中国国情、适合时代发展要求的正确道路,是创造人民美好生活、实现中华民族伟大复兴的康庄大道。因此,任凭国际风云多变幻,社会主义的中国巍然屹立于东方。因为中国共产党始终高举起马克思主义的旗帜、坚持走自己的路,保持了中国政治的稳定性和连续性。

(二)"道不变"是坚持中国共产党的领导不动摇

"道不变"是中国共产党理论继承的一大智慧。事物的发展不可能一帆风顺,面对纷繁复杂的政治形势,如何转危为机、把握规律、保持定力是检验一个政党执政能力和执政水平的根本试金石。"政党的政治定力,就是在实现本党政治目标过程中,其组织及成员坚持本党主义、捍卫本党纲领、贯彻本党路线、方针、政策的坚定性以及执行本党纪律的彻底性。"[①] "道不变"是中国共产党政治定力的一大体现,正是因为一以贯之地坚持"志不改、道不变",中国共产党才能历经风险挑战而初心不变。

"历史决定主题,也选择历史使命的真正承担者。"[②] 在近代无数志士仁人为救国救民进行不懈探索而接连失败的情况下,历史的重任最终落在中国共产党的肩上。"其作始也简,其将毕也必巨。"一个刚开始仅仅只有50多个人的小党必然要肩负起推动中华民族走向复兴的历史重任。具有先进理论指导的中国共产党一诞生,在斗争经验尚不足的情况下,就投入到燃眉之急的民族斗争和阶级斗争中。中国共产党在革命过程中虽遭受了许多挫折,但却一直坚持"道不变",即始终高举着社会主义的旗帜,向中国人民头顶上的"三座大山"宣战,奋力要"把失去

---

① 杜艳华:《中国共产党的政治定力及其重要价值》,《人民论坛》2021年第20期。
② 宣言:《我们为什么能够成功》,《人民日报》2021年9月27日。

的二百年找回来"①,终于找到了实现民族独立和国家富强之路——社会主义道路。不论是在革命时期还是社会主义建设时期,中国始终沿着社会主义方向前进,终于引领中华民族实现了从"站起来""富起来"到"强起来"的历史性飞跃。

"道不变"的根本要求是坚持中国共产党的领导不动摇。方向决定道路,道路决定命运。坚持"道不变"就是坚持中国共产党的领导,这是保持中国共产党"泰山崩于前而色不变"的政治定力。正是中国共产党的诞生及其正确领导才使中国从四分五裂、一盘散沙到高度统一,从积贫积弱、一穷二白到全面小康。

"道不变"明晰了中国共产党举什么旗、走什么路的根本问题。正如毛泽东在《新民主主义论》中所说,"中国也只有进到社会主义时代才是真正幸福的时代"②。只有社会主义才能救中国和发展中国,这是颠扑不破的真理,而中国共产党一经把握这一真理,就毫不动摇地坚持下来。坚持社会主义与坚持共产党的核心领导两者相辅相成、有机统一。只有中国共产党才能选择社会主义,坚定不移地走中国特色社会主义道路。

在革命与建设的百年历程中,党的领导也在理论和实践的连续积累中得到加强。"我们党是高度集中统一的马克思主义政党,思想上的统一、政治上的团结、行动上的一致是党的事业不断发展壮大的根本所在。"③坚持"道"不变,即坚持党的核心领导地位不动摇,是中国政治稳定的根本保证。

(三)"道不变"是成就中国"两大奇迹"的重要条件

党的十九届四中全会将新中国成立70年来的伟大成就概括为"两大

---

① 中共中央文献研究室编:《习近平关于科技创新论述摘编》,中央文献出版社2016年版,第25页。
② 《毛泽东选集》第2卷,人民出版社1991年版,第683页。
③ 《习近平谈治国理政》第2卷,外文出版社2017年版,第157页。

奇迹",即"世所罕见的经济快速发展奇迹和社会长期稳定奇迹"。①特别是东欧剧变、苏联解体后,中国非但没有像西方政治学者预料的那样,走向"历史的终结",反而非常稳定,甚至可以说是近百年来中国政局最为稳定的一个阶段。对此,西方社会百思不得其解。实际上,支撑这两大"世所罕见"的奇迹的正是中国政治的稳定,而中国政治保持稳定的关键正是"道不变"。

中国共产党理论继承的优势突出表现为"道不变"。"道不变"为中国政治的稳定提供了根本保障。一直以来,政治稳定都是政治学高度关注的核心问题之一,特别是二战后许多发展中国家在独立后出现了政治腐败、政局动荡、军人干政等诸多乱象。因此,政治稳定研究成为焦点,其中最具代表性的是塞缪尔·亨廷顿的《变革社会中的政治秩序》一书。亨廷顿认为,政治稳定这一概念中占主导地位的是秩序和持续性两大因素,并从现代化的角度解释了发展中国家出现政治不稳定的根源,即"现代性产生稳定,而现代化却会引起不稳定"②。由此亨廷顿提出了导致政治不稳定的著名公式,即"政治参与/政治制度化=政治不稳定"③。按照西方政治学者们的预测,改革开放后伴随中国现代化的发展,公民社会将得到快速发育,公民政治参与诉求和意愿将会快速增长,而尚未制度化的政治体制无法满足公民的正常政治参与,随后便是社会动乱、政治抗议不断爆发,社会阶层间的严重分化与对立以及利益集团之间的大规模对抗将撕裂社会,最终必然导致政权垮台。但事情并没有按照西方政治学家们设想的那样,改革开放的推进非但没有瓦解中国现有的政治体制,反而体现出中国政治体制的韧性,并创造出经济社会发展的"两大奇迹"。究其原因,根本就在

---

① 《中国共产党第十九届中央委员会第四次全体会议文件汇编》,人民出版社2019年版,第19页。
② [美]塞缪尔·亨廷顿:《变革社会中的政治秩序》,李盛平、杨玉生等译,华夏出版社1988年版,第41页。
③ 同上书,第56页。

于中国共产党的核心领导及其坚持"道不变",即坚持马克思主义在意识形态领域的指导地位不动摇,坚持走中国特色社会主义道路不动摇,强化政治认同;坚持中国共产党的领导不动摇,稳步提高政治吸纳能力和动员能力;坚持稳步推进政治体制改革,推动国家治理体系与治理能力现代化。

"道不变"保证了中国政治体制中意识形态的连贯性,以强有力的政治认同保持中国政治的稳定性。政治认同是民众在政治生活中所产生的政治认知、政治情感和政治态度等政治心理的总和,是政治合法性的重要来源。马克思曾指出:"如果从观念上来考察,那么一定的意识形式的解体足以使整个时代覆灭。"[①]意识形态属于上层建筑,对经济基础在内的整个社会发展都具有相当的反作用,也直接决定了一个国家走什么路、举什么旗的根本问题。世界上的一些大党、老党就是因为忽视意识形态的反作用,从而被利用、改造、演变,最终丧失了执政地位,导致国家政局动荡。中国共产党理论继承的一个突出特点就是历代领导集体虽然面对的历史课题和时代环境不同,但一个共同点就是高举马克思主义的旗帜,不断推进马克思主义中国化。同时,都高度重视意识形态工作,坚持理论武装、组织建设和文化发展,时刻绷紧意识形态这根弦,坚持指导思想的一元性不动摇;坚持社会主义核心价值体系,汇聚价值认同;坚持马克思主义理论的时代化大众化,推动理论认同;坚持共产主义和社会主义理想,加强信仰认同;坚持弘扬主旋律、传播正能量,激发情感认同。而人民群众强大的政治认同成为中国政治稳定的最大底气。

"道不变"保证了政治体制改革和政治制度化水平不断提升,进而有利于中国政治的稳定。所谓"道不变",并非说中国政治发展的道路是一成不变的,也不意味着党的领导方式的一成不变。这里的"道"是指根本指导思想和基本原则,而治国理政的具体方略,包括体制、路

[①]《马克思恩格斯全集》第30卷,人民出版社1995年版,第539页。

径、策略等是因时而变、因势而变的。因此，才有了政治体制、经济体制、文化体制的改革。而"道不变"使改革具备了正确方向，从而也就保证了改革的健康发展。这样，改革作为社会主义制度的自我完善，不仅不会动摇社会主义之"道"，反而会巩固其根基。因此，坚持"道不变"也意味着政治体制改革和政治制度化水平的持续提升，由此保证国家政治的稳定和长治久安。

没有稳定的政治环境就没有经济社会的发展。改革开放以来，中国仅用40多年的时间走过西方国家几百年的路，取得了经济快速发展奇迹和社会长期稳定奇迹，其中一个非常重要的原因在于中国共产党坚持"道不变"的治国理念和政治智慧。

二、良好的社会秩序是政治稳定的表现和可持续发展的条件

中国共产党理论继承突出表现是"道不变"，"道不变"又是中国政治稳定的根本保证。而良好的社会秩序则是衡量政治稳定的重要尺度，是国家的政治状况反映在社会中的一种具体表现。在有序条件下，社会可以保持一种动态平衡，具备和谐与可持续发展的内在动力。

（一）中国共产党人正确处理社会矛盾，建立了良好的社会秩序

良好的社会秩序从来不是先天就有的，必须依托于一定的调控手段，将社会矛盾控制在可控的范围内，从而保证社会的有序运转。在中国共产党治国理政的不同阶段，中国共产党根据社会发展的实际状况，正确分析了影响社会秩序的主要矛盾，采取有针对性的方针策略，建立并维护了良好的社会秩序。

1949年中华人民共和国的成立，彻底改变了近代中国四分五裂、一盘散沙的分裂局面，统一的多民族国家得以建立。但旧中国留给共产党的是一个千疮百孔、秩序混乱的"烂摊子"。正如周恩来所总结的那样："我们所接受的这个摊子，不仅是烂的，而且是乱的，没有条理，

没有材料。"①对此,以毛泽东同志为主要代表的中国共产党人遵循马克思主义的基本原则,从中国实际出发,对社会进行了全面整顿。其中,正确区分了扰乱社会秩序的敌我矛盾和人民内部矛盾,采用合理的、有效的调控手段,安定社会秩序。例如,消除"匪患",坚决镇压"反革命活动",以专政手段有力保卫了新生政权;面对着经济崩溃、物价飞涨、投机猖獗的情况,中国共产党与投机资本家进行了"银元之战""米棉之战",终于消灭了财政赤字、稳定物价,从而稳定了全国大局、巩固了新生政权。有了新政权的保障,中国共产党大力发展生产,改善人民生活,调动人民群众参与生产生活的积极性、主动性和创造性,有了人民的支持,很快实现了对旧的社会秩序的改造和社会力量的再整合,并建立了新的社会秩序,由此也保证了新中国各项事业的发展。因此新中国成立后,中国共产党人仅用三年时间,一个欣欣向荣的新中国就屹立于世界的东方。

改革开放后,中国共产党将工作重心转移到经济建设上来,以社会发展稳定社会秩序。1978年党的十一届三中全会实现了党在方针路线上的重大转折,意味着彻底否定了"以阶级斗争为纲"这一引发社会动乱的错误理论,同时,也意味着社会秩序的恢复。

邓小平基于对中国社会发展状况的深刻分析,充分认识到这一阶段我国社会所面临的主要问题是由生产力发展水平落后所致,由此也对我国社会主要矛盾作出正确判断。他分析认为,当前我国社会的主要矛盾是人民日益增长的物质文化需要同落后的社会生产之间的矛盾,并指出,"我们的生产力发展水平很低,远远不能满足人民和国家的需要,这就是我们目前时期的主要矛盾,解决这个主要矛盾就是我们的中心任务"②。在这一思想的指导下,党和国家的一切工作都围绕解决这一矛盾

---

① 中共中央文献研究室编:《周恩来经济文选》,中央文献出版社1993年版,第56页。
② 《邓小平文选》第2卷,人民出版社1994年版,第182页。

展开。而抓住这个主要矛盾是解决一切社会问题的关键。

随着改革开放的不断深入,经济发展取得了明显成效,人民生活水平不断提高,良好的社会秩序也随之出现。党的十三届四中全会后,江泽民同志准确把握中国仍处于社会主义初级阶段这一历史坐标,明确社会的主要矛盾没有发生转变,并认识到"只有牢牢抓住这个主要矛盾和工作中心,才能清醒地观察和把握社会矛盾的全局,有效地促进各种社会矛盾的解决"①。因此,继续坚持"一个中心、两个基本点"的基本路线,并在大力发展社会主义市场经济的过程中,坚持不懈地加强社会主义法制建设,依法治国;坚持不懈地加强社会主义道德建设,以德治国。②在推动依法治国与以德治国相统一的过程中,更加有效地稳定了社会秩序,促进了社会和谐。

改革开放所取得的经济社会发展成就,为解决好人民内部矛盾奠定了坚实物质基础。但随着中国改革发展进入关键期,经济体制深刻变革、社会结构深刻变动、利益格局深刻调整、思想观念深刻变化,涉及人民内部各种利益矛盾难以避免地会经常地、大量地表现出来。对此,胡锦涛同志提出要构建社会主义和谐社会,中共中央专门出台了《关于构建社会主义和谐社会若干重大问题的决定》,努力以社会主义和谐社会建设来化解社会矛盾、推动社会发展。事实上,"构建社会主义和谐社会的过程,就是在妥善处理各种矛盾中不断前进的过程,就是不断消除不和谐因素、不断增加和谐因素的过程"③。

新时代,以习近平同志为核心的党中央从中国特色社会主义发展的实际出发,准确定位新时代社会的主要矛盾,以社会公平正义稳定社会秩序。社会主义和谐社会并不是没有矛盾的社会。随着中国社会的快速

---

① 《江泽民文选》第2卷,人民出版社2006年版,第15—16页。
② 《江泽民文选》第3卷,人民出版社2006年版,第200页。
③ 胡锦涛:《在省部级主要领导干部提高构建社会主义和谐社会能力专题研讨班上的讲话》,人民出版社2005年版,第24页。

发展，社会主要矛盾也在悄然变化。中国特色社会主义进入新时代，社会矛盾也以新的形态出现了。社会发展水平与人民需要和期待之间仍存在一定的落差，既存在着社会与经济转型引起的高风险隐患，也有因不平衡、不公平经济增长引起的高社会分化问题。同时，因政治体制改革进程与经济转型速度的不相匹配，也会导致社会矛盾的积累。对此，以习近平同志为核心的党中央以清醒的头脑，对我国社会的主要矛盾作出准确判断，即认识到"我国社会主要矛盾已经转化为人民日益增长的美好生活需要和不平衡不充分的发展之间的矛盾"[①]，而且明确指出这一变化是"关系全局的历史性变化"[②]。

　　社会主要矛盾的变化对于中国共产党治国理政提出了新的挑战。显然，新的社会矛盾不能单纯依靠发展来解决，而是"要在继续推动发展的基础上，着力解决好发展不平衡不充分问题，大力提升发展质量和效益，更好满足人民在经济、政治、文化、社会、生态等方面日益增长的需要，更好推动人的全面发展、社会全面进步"[③]。也就是说，不仅要做大蛋糕，更要分好蛋糕。所以，以习近平同志为核心的党中央高度重视民生工作，特别是通过脱贫攻坚战，实现了现行标准下农村贫困人口全部脱贫，区域性整体摆脱贫困，完成了消除绝对贫困的艰巨任务；加强和创新社会治理来化解社会矛盾、促使社会和谐，打造"共建共治共享"的社会治理格局，处理好维稳与维权的关系，通过解决群众的合理诉求，维护群众的合法权益，化解社会矛盾，确保社会稳定。可以说，新时代中国共产党人在继承前人对于社会矛盾的基本认识和经验教训的基础上，正确处理社会矛盾，并通过深化改革来促进社会公平正义，从而创造了社会秩序稳定和经济高水平增长的奇迹。

---

① 习近平：《决胜全面建成小康社会　夺取新时代中国特色社会主义伟大胜利——在中国共产党第十九次全国代表大会上的报告》，人民出版社2017年版，第11页。
② 同上。
③ 同上书，第16—17页。

(二)正确处理国内国际的关系,为社会稳定和现代化建设营造了稳定的外部环境

现代社会系统不是一个封闭的孤立个体,而是处于与国际社会其他系统的持续互动之中。国际环境的稳定与否对于国内社会稳定产生着重要影响。因此,中国共产党一直以来都高度重视统筹国内国际两个大局,正确处理国际关系,为国内社会稳定和社会主义现代化建设提供良好的外部环境。

新中国一诞生,就面临着严峻的外部环境考验。西方资本主义阵营不仅敌视新生政权,实行经济封锁和禁运,更是在军事上进行了战略包围,将朝鲜战争的战火烧到鸭绿江,并派驻第七舰队入侵台湾海峡,阻止人民军队解放台湾的行动。面对恶劣的外部环境,中国共产党坚定地亮出了自己的主张"把社会主义国家巩固起来"[①]。在国际关系上新中国实行"一边倒"的策略,"联苏抗美",争取了社会主义阵营的政治支持和经济援助。毛泽东敏锐地认识到,必须让世界看到中国坚定维护自身利益的决心,"打得一拳开,免得百拳来",最终抗美援朝的胜利打出了新中国的国威和人民军队的军威,捍卫了新中国的安全。应当说,中国共产党始终是爱好和平的政党,积极努力地处理好"中国和外国的关系",并创造性地提出了"和平共处五项原则"这一处理对外关系的基本原则,为中国的社会稳定与发展提供了良好的外部条件。

20世纪70年代以来,以邓小平同志为主要代表的中国共产党人敏锐地捕捉到了世界形势发生的重大变化,即战争和革命不再是时代的基本特征,"现在世界上真正大的问题,带全球性的战略问题,一个是和平问题,一个是经济问题或者说发展问题。和平问题是东西问题,发展问题是南北问题。概括起来,就是东西南北四个字。"[②]对此,以邓小平同志为核心的党中央大力推行对内改革、对外开放的国策,大胆学习西方

[①]《毛泽东文集》第7卷,人民出版社1999年版,第188页。
[②]《邓小平文选》第3卷,人民出版社1993年版,第105页。

先进的科学技术和管理经验,并在坚持独立自主原则和"不结盟政策"的前提下,与西方各国建立外交关系,在对待资本主义文明的态度上发生了根本转变,为国内的稳定和发展营造了可贵的外部环境。

东欧剧变宣告了冷战的结束,世情、国情、党情发生了深刻变化。江泽民同志将新的国际力量对比形势总结为"西强东弱、北富南贫"[1],坚持和贯彻邓小平所提出的"冷静观察、沉着应付、绝不当头、有所作为"[2]的战略方针。这一时期的中国共产党同样高度重视国内国际两个大局的关系问题,继续奉行独立自主的和平外交政策,在国际关系中精心运筹,纵横捭阖,利用矛盾,趋利避害,不断改善我国的安全环境,为改革开放和现代化建设争取了良好的外部条件,不仅在国际社会主义进入低潮的时期维持了中国社会的稳定,还创造了中国经济发展的奇迹,胜利地将中国特色社会主义推向二十一世纪。

以胡锦涛同志为总书记的党中央同样继承了前人正确处理国内和国际两个大局的思想,清楚地认识到"中国的发展,需要和平的国际环境,也有利于促进世界的和平与发展"[3],以积极争取和平稳定的国际环境来推动国内的稳定与发展。西方一些敌对势力关于"中国威胁论""国强必霸论"的论调层出不穷,面对国际社会的种种质疑,胡锦涛同志庄严地向世界宣告:"中国坚定不移地走和平发展道路,对内聚精会神搞建设、一心一意谋发展,对外致力于维护世界和平、促进共同发展。"[4]中国所要的发展是和平的发展、开放的发展、合作的发展、和谐的发展,并提出推动建设"和谐世界"的重大战略。坚持以中国之发展推动世界之发展、以中国之和谐促进世界之和谐,促进了国际关系的整体进步。由此把握住了发展重要机遇期,为国内经济发展和社会进步

---

[1] 《江泽民文选》第3卷,人民出版社2006年版,第157页。

[2] 同上。

[3] 胡锦涛:《在邓小平同志诞辰100周年纪念大会上的讲话》,人民出版社2004年版,第20页。

[4] 胡锦涛:《全面推进中美建设性合作关系》,《人民日报》2006年4月22日。

赢得了有利的国际环境。

当前全球化危机在"百年未有之大变局"下一再凸显,新冠肺炎疫情全球大流行的历史性挑战与新一轮科技革命的历史性机遇交织影响,面对"世界怎么了、我们怎么办"的时代课题,习近平高屋建瓴地提出了建设"人类命运共同体"思想,表示了中国将继续"始终做世界和平的建设者、全球发展的贡献者、国际秩序的维护者"[①],同时积极适应国际环境的深刻变化,适时调整发展策略和方向,努力造就国内大循环为主体、国内国际双循环相互促进的新发展格局。

总之,中国共产党始终高度重视统筹国内国际两个大局,在实践中不断深化对这一问题的认识,在持续继承的条件下推动这一领域的理论创新,在实践上坚持独立自主的和平发展道路,为中国经济社会发展获得稳定的外部环境创造了条件。

(三)正确处理改革、发展与稳定的关系,为稳步推动各项事业繁荣发展提供条件

国家统一、政治稳定是现代化的基本条件,良好的社会秩序是政治稳定的标志,也是稳步推进各项事业繁荣发展的重要条件。中国近代历史表明:没有稳定的政治环境、良好的社会秩序,中国的现代化就不可能有真正意义上的发展。中国共产党正是在保持政治稳定和社会有序的大前提下,稳步推进改革,正确处理改革、发展与稳定之间的关系,才创造了社会主义现代化建设的伟大成就。

中国共产党理论继承的优势,也体现为改革、发展与稳定关系的正确处理上。理论的继承是稳定的一个重要条件;正确处理改革、发展与稳定关系也是几代共产党人始终坚持的治理理念。改革、发展与稳定三者是相互依存的、相互促进的。发展是关键,改革是经济和社会发展的主要动力,稳定是改革与发展的前提和保障,三者是内在统一的有机整

---

① 习近平:《决胜全面建成小康社会 夺取新时代中国特色社会主义伟大胜利——在中国共产党第十九次全国代表大会上的报告》,人民出版社2017年版,第25页。

体。三者的关系处理得好，不仅能成功化解社会矛盾，为生产力发展提供动力，也能保持社会的动态稳定；但三者的关系处理不好，不仅改革无法正常推进，发展也会受阻，甚至社会矛盾不断激化，造成强烈的社会动荡。

十一届三中全会后，改革、发展与稳定的关系问题被提出来。"文化大革命"十年的教训表明，政治稳定、社会有序是社会主义现代化发展不可或缺的前提条件。因此，邓小平强调"中国的问题，压倒一切的是需要稳定。没有稳定的环境，什么都搞不成，已经取得的成果也会失掉"①。改革开放过程中，邓小平清醒地认识到改革的复杂性、艰巨性，为了能顺利推进改革，所以采取"摸着石头过河"的改革方式，在保证政治稳定和社会秩序的基础上分阶段、分步骤地推动各项改革。中国在改革过程中，将发展视为硬道理，但是发展决不以牺牲稳定为条件。因为像中国这样的一个大国没有秩序是不可想象的。因此，邓小平在不同场合反复强调社会稳定对于改革和发展的重要意义，反复告诫全党："中国的主要目标是发展，是摆脱落后，使国家的力量增强起来，人民的生活逐步得到改善。要做这样的事，必须有安定的政治环境。"②

党的十三届四中全会以后，以江泽民同志为主要代表的中国共产党人同样非常重视改革、发展与稳定之间的关系问题。江泽民在继承了前人对于改革、发展与稳定的基本认识的基础上，对于这一理论进行了新的发展。特别是在苏东剧变后，江泽民进一步指出，"稳定是发展和改革的前提，发展和改革必须要有稳定的政治和社会环境，这是我们付出了代价才取得的共识。"③1995年江泽民同志在论述我国现代化建设中关系全局的重大关系时，正式把正确处理改革、发展、稳定三者关系作为一个重要问题提了出来，要求"必须牢牢把握抓住机遇、深化改革、扩

---

① 《邓小平文选》第3卷，人民出版社1993年版，第284页。
② 同上书，第244页。
③ 《江泽民文选》第1卷，人民出版社2006年版，第461页。

大开放、促进发展、保持稳定的大局,正确处理改革、发展、稳定三者关系"①。此后,中共中央进一步把正确处理改革、发展、稳定三者关系规定为党的基本方针。

党的十六大以后,以胡锦涛同志为主要代表的中国共产党人深刻总结改革开放以来的历史经验,在十七大报告中将改革开放的成功经验总结为"十个结合",其中第九个结合就是"把促进改革发展同保持社会稳定结合起来"②,并继续坚持将实现改革发展稳定的统一作为我国社会主义现代化建设全局的重要指导方针。坚持改革力度、发展速度和社会可承受程度的统一,确保社会安定团结、和谐稳定。随着我国经济社会的不断发展,又将社会建设纳入其中,充分体现了第四代领导集体对于社会稳定的重视,而"四位一体"的总体布局也体现出中国共产党对改革、发展和稳定的关系的认识达到了新的高度。

进入新时代以来,习近平同志为核心的党中央继承了"发展才是硬道理""改革开放是决定当代中国命运的关键一招"和"稳定压倒一切"等一系列重大理论论断,结合中国特色社会主义进入新时代的具体实际,创造性地提出"发展应该是科学发展和高质量发展"③,"稳定也是硬道理,抓发展、抓稳定两手都要硬"④等一系列重要理论观点,深刻阐明了我们党对改革、发展和稳定逻辑关系的把握。习近平总书记在总结改革开放四十年经验的基础上,提出了九个"必须坚持",其中之一就是"必须坚持辩证唯物主义和历史唯物主义世界观和方法论,正确处理改革发展稳定关系"⑤。在此基础上,还明确地提出了处理三者关系的原则方法,即做到"三个坚持"、增强"五种思维":坚持方向不

---

① 《江泽民文选》第1卷,人民出版社2006年版,第460页。
② 《十七大以来重要文献选编》(上),中央文献出版社2009年版,第10页。
③ 《十九大以来重要文献选编》(上),中央文献出版社2019年版,第734页。
④ 中共中央文献研究室编:《习近平关于社会主义社会建设论述摘编》,中央文献出版社2017年版,第137页。
⑤ 习近平:《在庆祝改革开放40周年大会上的讲话》,人民出版社2018年版,第36页。

变、道路不偏、力度不减，增强战略思维、辩证思维、创新思维、法治思维、底线思维。这些治国理政的新思想、新理念、新战略的提出，既推动了中国现代化的快速发展，又保证了中国社会的有序性和政治的稳定性。

世界现代化历史表明，在经济体制改革、经济结构转型和经济高速增长时期，极易发生经济结构失衡和社会动荡。只有处理好改革、发展、稳定三者关系，才能实现经济与社会协调发展，顺利地完成转型。中国共产党正是因为在理论和实践两个层面正确处理了改革、发展和稳定关系，才保证了中国社会的有序和活力，为各项事业的蓬勃发展提供了保障。

第三节　国家治理的有效性

国家治理的有效性是中国特色社会主义理论继承优势的有力证明。中国共产党理论发展的一百年也是实践探索的一百年。理论产生于实践，又指导实践。继承性与实践性相统一，决定了中国共产党理论体系的博大精深及其指导实践的有效性，即国家治理的有效性。

一、理论继承赋予中国特色社会主义理论以强大的整合力和凝聚力

中国共产党理论的一大特点是具备整合力、凝聚力。这种整合力、凝聚力随着理论继承不断积累并日益强大。中国特色社会主义理论体系是一百年来中国共产党人思想智慧的集大成，历史的积淀使这个理论体系更成熟、更充满智慧、更具备强大的整合力和凝聚力。

（一）继承使中国特色社会主义理论具备了更高的权威性

首先，这一理论的权威性取决于其思想来源。中国特色社会主义理

论体系是马克思主义中国化新的飞跃的理论成果。在中国，自马克思主义成为引领社会变革的主流思想以来，理论的权威性或者合法性莫过于马克思主义的正统地位。特别是随着中国特色社会主义建设伟大成就的取得，彰显了中国特色社会主义理论体系的马克思主义理论的品格及变革社会的伟大作用，这是其获得权威性的根本。

其次，这个理论的权威性还源自其科学性。一方面，历经几代中国共产党人的实践探索，反复验证，不仅使这个理论体系更成熟、更充满智慧，而且证明其符合中国社会主义建设和发展规律；另一方面，中国特色社会主义理论体系处处体现了对马克思主义立场、观点和方法的运用。例如，邓小平提出建设中国特色社会主义以及对什么是社会主义的回答；江泽民提出的"三个代表"的重要思想；胡锦涛提出的科学发展观；习近平关于以人民为中心的发展思想，关于共产党人初心和使命的阐述，关于治国理政的新理念新思想新战略，也无不运用了马克思主义唯物史观、辩证法、科学社会主义等基本原理。马克思主义的立场、观点与方法决定了中国特色社会主义理论体系的科学性，同时也正是因为中国共产党人始终坚持"用鲜活丰富的当代中国实践来推动马克思主义发展，用宽广视野吸收人类创造的一切优秀文明成果，坚持在改革中守正出新、不断超越自己，在开放中博采众长、不断完善自己"①，才让科学社会主义在东方高高飘扬，不断开创马克思主义理论发展的新境界。

最后，全面地回答和解决中国现实问题也是这个理论具有权威性的原因之一。20世纪70年代末，在中国社会主义建设遭遇了严重挫折，面临着向何处去的历史转折关头，"邓小平同志开创了中国特色社会主义，第一次比较系统地初步回答了在中国这样经济文化比较落后的国家如何建设社会主义、如何巩固和发展社会主义的一系列基本问题，用新的思想观点，继承和发展了马克思主义，开拓了马克思主义新境界，把

---

① 习近平：《在纪念马克思诞辰200周年大会上的讲话》，人民出版社2018年版，第27页。

对社会主义的认识提高到新的科学水平"①,由此把中国社会建设引向了正确轨道。此后,在世情、党情、国情发生深刻变化的条件下,如何保持党的先进性,建设一个能够经受改革风险考验的马克思主义政党成为摆在以江泽民同志为主要代表的中国共产党人面前的紧迫任务,为应对这一新考验,提出了"三个代表"重要思想;继江泽民之后,以胡锦涛同志为主要代表的中国共产党人针对改革发展以及社会主义现代化迅速发展过程中出现的资源、环境、经济社会领域的新矛盾等问题,及时提出"科学发展观";"以习近平为核心的党中央在继续坚持和发展中国特色社会主义的征途中,则在诸多领域推进理论创新,以治国理政的新理念、新思想、新战略丰富和完善了中国特色社会主义理论体系,并在指导实践中取得了举世瞩目的伟大成就,这是中国特色社会主义获得权威性地位的又一重要支撑。"②从邓小平到习近平,中国特色社会主义理论始终围绕着中国现实中最迫切、最紧要、最棘手的问题,进行理论创新,从而使中国特色社会主义理论体系在实践发展中获得了应有的权威性。

(二)继承使中国特色社会主义理论内含广泛认同的要素

继承不仅使中国共产党理论不断丰富和发展,也使其内含广泛认同的要素,因而也使之具有高度的整合力和凝聚力。

从中国特色社会主义理论积淀的历史观察,"毛泽东思想教育了几代中国共产党人,它培养的大批骨干,不仅在新民主主义革命、社会主义革命、社会主义建设时期发挥了重要作用,也为新的历史时期开创和建设中国特色社会主义发挥了重要作用。"③同样的,在中国共产党发展的过程中,邓小平理论、"三个代表"重要思想、科学发展观也教育了改革开放以来成长起来的一代又一代人。正是在一代又一代人的理论继

---

① 《习近平谈治国理政》第1卷,外文出版社2018年版,第22页。
② 杜艳华:《论中国共产党理论继承的优势》,《社会主义研究》2018年第6期。
③ 《十八大以来重要文献选编》(上),中央文献出版社2014年版,第692页。

承中，最新理论成果不断被整合进中国共产党的理论体系中，才使中国特色社会主义理论体系内含广泛认同的要素。

习近平多次谈及马列主义、毛泽东思想与中国特色社会主义理论体系的联系，他肯定地说，中国特色社会主义理论体系"同马克思列宁主义、毛泽东思想是坚持、发展和继承、创新的关系。马克思列宁主义、毛泽东思想一定不能丢，丢了就丧失根本"①。毛泽东思想是马克思主义中国化的第一个理论成果，也是中国共产党理论继承与创新的起点和重要组成部分，是中国共产党理论凝聚力的重要来源。从邓小平到习近平，中国共产党始终没有丢掉毛泽东思想这面旗帜。

在对待自己的历史和历史人物上，中国共产党人既具备科学思想方法，也具备政治智慧。例如，改革开放初期，党内党外在对新中国成立以来重大历史问题的认识上仍存在严重分歧，错误思潮暗流涌动。如何对待毛泽东晚年的错误，如何评价毛泽东和毛泽东思想，成为"文化大革命"结束后中国共产党面临的一个十分重要且棘手的问题。毛泽东作为中国共产党第一代领导集体的核心，是中国共产党的创始人之一，是人民军队和中华人民共和国的缔造者，更是民族英雄，否定了毛泽东就意味着否定了党的历史，同时也意味着割断了党的历史。由此，中国共产党就会在相当程度上失去合法性、失去群众基础，大大削弱党的整合力、凝聚力。对此，邓小平表现出了无产阶级革命家的政治家的智慧和共产党人的博大胸襟。他指出："对毛泽东同志的评价，对毛泽东思想的阐述，不是仅仅涉及毛泽东同志个人的问题，这同我们党、我们国家的整个历史是分不开的。要看到这个全局。"②"这不只是个理论问题，尤其是个政治问题，是国际国内的很大的政治问题。"③面对当时在对待毛泽东和毛泽东思想问题上的"左"与右的两种错误思潮，邓小平首先充分肯定毛泽东的功绩，他说："没有毛主席就没有新中国"，"没有

---

① 《习近平谈治国理政》第1卷，外文出版社2018年版，第9页。
② 《邓小平文选》第2卷，人民出版社1994年版，第299页。
③ 同上。

毛泽东思想,就没有今天的中国共产党"①。"如果没有毛泽东同志的卓越领导,中国革命有极大的可能到现在还没有胜利,那样,中国各族人民就还处在帝国主义、封建主义、官僚资本主义的反动统治之下,我们党就还在黑暗中苦斗。"②

1980年起草《关于建国以来党的若干历史问题的决议》时,对于要不要写和怎么写毛泽东和毛泽东思想的问题上,邓小平十分清醒地说:"不提毛泽东思想,对毛泽东同志的功过评价不恰当,老工人通不过,土改时候的贫下中农通不过,同他们相联系的一大批干部也通不过。毛泽东思想这个旗帜丢不得。丢掉了这个旗帜,实际上就否定了我们党的光辉历史。"③"不写或不坚持毛泽东思想,我们要犯历史性的大错误。"④因此,党的十一届六中全会通过的《关于建国以来党的若干历史问题的决议》作出了正确结论,即毛泽东"虽然在'文化大革命'中犯了严重错误,但是就他的一生来看,他对中国革命的功绩远远大于他的过失。他的功绩是第一位的,错误是第二位的。他为我们党和中国人民解放军的创立和发展,为中国各族人民解放事业的胜利,为中华人民共和国的缔造和我国社会主义事业的发展,建立了永远不可磨灭的功勋。"⑤不仅如此,邓小平还向全党、全世界表明:"毛泽东思想过去是中国革命的旗帜,今后将永远是中国社会主义事业和反霸权主义事业的旗帜,我们将永远高举毛泽东思想的旗帜前进。"⑥习近平高度评价邓小平在处理毛泽东晚年错误和应对各种错误思潮上的政治智慧和政治勇气,他说:"这就是一个伟大马克思主义政治家的眼界和胸怀。试想一下,如果当时全盘否定了毛泽东同志,那我们党还能站得

---

① 《邓小平文选》第2卷,人民出版社1994年版,第148—149页。
② 同上书,第148页。
③ 同上书,第298页。
④ 同上书,第300页。
⑤ 《中国共产党中央委员会关于建国以来党的若干历史问题的决议》,人民出版社1981年版,第39页。
⑥ 《邓小平文选》第2卷,人民出版社1994年版,第172页。

住吗?我们国家的社会主义制度还能站得住吗?那就站不住了,站不住就会天下大乱。"①

历史表明,实事求是地、客观公正地总结党的历史经验和评价党的领袖人物,非但没有削弱党的权威,反而加强了党的凝聚力和威信,正是以邓小平同志为主要代表的中国共产党人以高超的政治智慧和非凡的政治勇气直面问题,以继承的思维客观评价历史、拨乱反正,才获得了全国人民的认同。改革开放能够顺利开启和持续推进,显然与正确对待自己的历史、与正确对待毛泽东和毛泽东思想息息相关。

改革开放以来,中国社会虽发生了巨大变革,但始终处于政治稳定的环境下,这不能不得益于中国共产党继承的智慧。在邓小平之后,江泽民、胡锦涛、习近平等中国共产党人始终旗帜鲜明、一以贯之、一脉相承地高举毛泽东思想的旗帜,没有任何迟疑、怀疑和动摇。江泽民说,毛泽东"是从人民群众中成长起来的伟大领袖,永远属于人民。毛泽东同志的革命精神具有强大的凝聚力,他的伟大品格具有动人的感染力,他的科学思想具有非凡的号召力"②;他还在十五大报告中对以邓小平同志为主要代表的中国共产党人科学阐释和评价毛泽东的历史贡献作出了高度评价,即"根本否定了'文化大革命'和'无产阶级专政下继续革命'的理论,同时坚决顶住否定毛泽东同志和毛泽东思想的错误思潮,维护了毛泽东同志的历史地位,肯定了毛泽东思想的指导作用。随着国内局势的发展和国际局势的变化,越来越显示出党作出这个重大决策的勇气和远见"③。胡锦涛同样高度重视毛泽东思想的指导作用。他说:"毛泽东思想是马克思列宁主义在中国的创造性运用和发展,是被实践证明了的关于中国革命和建设的正确的理论原则和经验总结,是中国共产党集体智慧的结晶。在任何时候任何情况下,我们都要始终高

---

① 习近平:《关于坚持和发展中国特色社会主义的几个问题》,《求是》2019年第7期。
② 《江泽民文选》第1卷,人民出版社2006年版,第346页。
③ 《中国共产党第十四次全国代表大会文件汇编》,人民出版社1992年版,第6页。

举毛泽东思想的伟大旗帜。"①同时指出党的不同时期形成了不同的理论成果，但这些理论成果都是在实践中得到检验的、一脉相承并与时俱进的，即"毛泽东思想、邓小平理论和'三个代表'重要思想虽然形成于我国革命、建设和改革的不同历史时期，面对着不同的历史任务，但都贯穿了辩证唯物主义和历史唯物主义的世界观和方法论，都代表着最广大人民的根本利益，是我们党在长期实践中形成的一脉相承而又与时俱进的科学思想体系，是我们要始终珍惜的最可宝贵的精神财富。"②可以说，中国改革开放之后几代中国共产党人都坚持正确评价自己的历史，正确评价毛泽东和毛泽东思想，因而没有割断历史，没有割断与前人思想的联系。这就最大程度汇聚了共识和认同，为中国共产党的理论体系增添了凝聚力。

中国特色社会主义进入新时代以来，习近平更加注重历史的承接和理论的继承问题。对此他有许多专门论述。例如，他对中国理论和传统充满自信，坚决反对否定自己的历史。他说："灭人之国，必先去其史。"③他在总结苏联解体和苏共垮台的历史教训时指出，苏联解体的"一个重要原因就是意识形态领域的斗争十分激烈，全面否定苏联历史、苏共历史，否定列宁，否定斯大林，搞历史虚无主义，思想搞乱了，各级党组织几乎没任何作用了，军队都不在党的领导之下了"④。所以，他号召全党学习党的历史。不仅如此，习近平总书记还就怎么认识改革开放前后两个历史时期的问题进行了深刻阐述，指出："我们党领导人民进行社会主义建设，有改革开放前和改革开放后两个历史时期，这是两

---

① 《胡锦涛文选》第2卷，人民出版社2016年版，第135页。
② 《十六大以来重要文献选编》（上），中央文献出版社2005年版，第644—645页。
③ 原见《龚自珍全集》，上海古籍出版社1999年版，第22页。习近平总书记在新进中央委员会的委员、候补委员学习贯彻党的十八大精神研讨班开班式上讲话中引用，参见中共中央宣传部编：《习近平总书记系列重要讲话读本》，人民出版社、学习出版社2014年版，第19页。
④ 《十八大以来重要文献选编》（上），中央文献出版社2014年版，第113页。

个相互联系又有重大区别的时期,但本质上都是我们党领导人民进行社会主义建设的实践探索。""虽然这两个历史时期在进行社会主义建设的思想指导、方针政策、实际工作上有很大差别,但两者决不是彼此割裂的,更不是根本对立的。"①可见,习近平总书记完全延续了党的理论创造的一贯传统,在这方面,他与毛泽东、邓小平、江泽民、胡锦涛一脉相承,始终坚持党的思想理论的继承性原则。

综上所述,中国特色社会主义理论体系正是基于对前人思想的全面继承、对历史经验的充分吸收,因而内含人民高度认同的诸多要素,具备了强大的整合力和凝聚力。

二、理论继承赋予中国特色社会主义理论以强大的动员力和号召力

理论本身的整合力、凝聚力在现实中的具体体现,就是动员力和号召力。中国共产党理论继承的逻辑赋予了中国特色社会主义理论体系强大的动员力和号召力。

首先,中国特色社会主义理论强大的动员力和号召力直接取决于中国共产党的基因。近代以来无数仁人志士追求民族独立、国家富强、人民解放的抗争,最终都汇聚于中国共产党人的精神世界和理论体系中,概括起来,就是实现中华民族伟大复兴的中国梦。中国梦是贯穿中国共产党理论大厦的主线,是继承的动力,也是继承的优势所在。"实现中华民族伟大复兴,就是中华民族近代以来最伟大的梦想。这个梦想,凝聚了几代中国人的夙愿,体现了中华民族和中国人民的整体利益,是每一个中华儿女的共同期盼。"②中国共产党一经成立,义无反顾地、一代接着一代地肩负起实现中华民族伟大复兴的历史使命,团结带领人民进行了艰苦卓绝的斗争。而习近平新时代中国特色社会主

---

① 习近平:《关于坚持和发展中国特色社会主义的几个问题》,《求是》2019年第7期。
② 《习近平谈治国理政》第1卷,外文出版社2018年版,第36页。

义思想作为中国共产党继承的理论成果,其中凝聚着几代人的梦想和未竟的夙愿。

实现中华民族伟大复兴这一历史使命,决定了中国共产党推进理论继承和发展的不可逆转性。"中国梦"建立在马克思主义基础之上,占据人类道德制高点;是民族复兴与人民幸福相统一,是国家利益与个人自由而全面的发展相统一,是中国人民幸福与世界人民幸福相统一。因而,必然获得高度认同和人民广泛的支持和拥护。新时代中国特色社会主义建设就是以建成社会主义现代化强国,进而实现中华民族伟大复兴为目标。党的十九大将"中华民族伟大复兴"写进大会主题,指出今天的中国"比历史上任何时期都更接近、更有信心和能力实现中华民族伟大复兴的目标"[①]。十九大报告明确提出:"坚持和发展中国特色社会主义,总任务是实现社会主义现代化和中华民族伟大复兴,在全面建成小康社会的基础上,分两步走在本世纪中叶建成富强民主文明和谐美丽的社会主义现代化强国,以中国式现代化推进中华民族伟大复兴。"[②] "从十九大到二十大,是'两个一百年'奋斗目标的历史交汇期。我们既要全面建成小康社会、实现第一个百年奋斗目标,又要乘势而上开启全面建设社会主义现代化国家新征程,向第二个百年奋斗目标进军。"[③] "两个一百年"的奋斗目标既承载着中国共产党牢记"为中国人民谋幸福,为中华民族谋复兴"[④]的初心和使命,也向世人表明中国共产党朝着远大目标前进的决心、信心;同时也意味着中华民族伟大复兴发展的光明前景。这鼓舞着全体中华儿女勠力同心,为之奋斗,规定了中国特色社

---

① 习近平:《决胜全面建成小康社会 夺取新时代中国特色社会主义伟大胜利——在中国共产党第十九次全国代表大会上的报告》,人民出版社2017年版,第15页。
② 《中共中央关于党的百年奋斗重大成就和历史经验的决议》,人民出版社2021年版,第19页。
③ 习近平:《决胜全面建成小康社会 夺取新时代中国特色社会主义伟大胜利——在中国共产党第十九次全国代表大会上的报告》,人民出版社2017年版,第28页。
④ 《十九大以来重要文献选编》(中),中央文献出版社2021年版,第119页。

会主义理论体系强大的动员力、号召力。

其次，中国特色社会主义理论体系渗透着"人民至上"理念，因此必然在人民中间产生强大的号召力、动员力。中国共产党是推动中华民族伟大复兴的坚定力量，实现好、维护好、发展好最广大人民根本利益是党的根本使命所在。在党性和人民性的统一中，中国共产党用自己的实际行动证明了："共产党是为民族、为人民谋利益的政党，它本身绝无私利可图。"①在这一点上，几代中国共产党人一脉相承，正如习近平所说："毛泽东同志要求全党同志必须全心全意为人民服务，邓小平同志要求我们做工作必须考虑群众拥护不拥护、赞成不赞成、高兴不高兴、答应不答应，江泽民同志提出我们党要始终代表中国最广大人民的根本利益，胡锦涛同志提出必须把实现好、维护好、发展好最广大人民的根本利益作为一切工作的出发点和落脚点，我们这一届党中央明确提出'人民对美好生活的向往，就是我们的奋斗目标'，是一以贯之的。在前进征途上，只要我们党始终坚持人民利益高于一切，紧紧依靠人民，就能永远立于不败之地。"②这就是说，毛泽东以来几代共产党人，从理论到实践都延续了党密切联系群众的优良传统和全心全意为人民服务的优势。中国特色社会主义理论将马克思主义的唯物史观、中国共产党人的群众路线的思想精髓、中国传统文化中的"民为邦本"的思想精华融为一体，形成了"以人民为中心"的思想理论。特别是进入新时代以来，以习近平同志为核心的党中央继承了中国共产党的人民观，继续坚持一切为了人民、一切依靠人民，始终把人民放在心中最高位置、把人民对美好生活的向往作为奋斗目标，使改革发展成果更多更公平惠及全体人民，推动共同富裕和全面建成小康社会取得伟大历史性成就。

---

① 《毛泽东选集》第3卷，人民出版社1991年版，第809页。
② 中共中央文献研究室编：《习近平关于社会主义社会建设论述摘编》，中央文献出版社2017年版，第6页。

坚持"人民至上"理念，还必须相信人民、依靠人民。以马克思主义为指导思想的中国共产党始终坚持人民史观，坚信"人民是历史的创造者，群众是真正的英雄。人民群众是我们力量的源泉"①。坚信只要有人民的支持，就没有克服不了的困难；只要我们站在最广大人民之中，就将立于不败之地。坚信"人民是我们党执政的最大底气"②。因此，在改革开放和中国特色社会主义现代化建设的实践中始终坚持"人民第一""人民至上"的理念，发扬密切联系群众的优良传统。

总之，中国特色社会主义理论体系以"人民至上"理念赢得了民心，进而具备了巨大的号召力和动员力。

三、中国特色社会主义理论对于历史变革的深刻影响力

理论的号召力、动员力转化为现实，就是社会的变革。基于继承逻辑而世代累积条件下形成的中国特色社会主义理论体系以其科学性、权威性和凝聚力，对于实现第一个百年奋斗目标及顺利跨入第二个百年发挥了巨大推动和引领作用。

首先，中国共产党反对将理论束之高阁，创立理论的目的就在于指导实践。总结中国共产党近百年的历史可以归结为一点，那就是做到了以理论兴党、兴国。而这又在于理论被应用于实践之中，在指导实践中发挥巨大作用。也就是说，中国共产党在改造世界的过程中实现了马克思主义中国化，而马克思主义中国化的理论成果——毛泽东思想、邓小平理论、"三个代表"重要思想、科学发展观、习近平新时代中国特色社会主义思想，变成了群众手中的武器，在群众的实践中变成了巨大的力量，带来了中国社会一次又一次的历史巨变，今天，这个理论推动中国走进了新时代。习近平强调，"我们要赢得优势、赢得主动、赢得未来，战胜前进道路上各种各样的拦路虎、绊脚石，必须把马克思

---

① 《习近平谈治国理政》第1卷，外文出版社2018年版，第4—5页。
② 《十九大以来重要文献选编》(中)，中央文献出版社2021年版，第110页。

主义作为看家本领……不断提高全党运用马克思主义分析和解决实际问题的能力……把科学思想理论转换为认识世界、改造世界的强大物质力量"①。在中国共产党人看来，理论的意义就在于其能指导实践，进而引发社会的变革，所以才创立理论、发展理论，帮助人民大众掌握理论，领导人民运用理论改造世界。

其次，中国特色社会主义现代化取得的伟大成就是人民群众掌握和运用中国特色社会主义理论的结果。实现现代化是一个长期的历史过程，经济文化落后的国家实现现代化，更是一项长期艰巨的历史任务。改革开放过程中，中国共产党把我国正处于并将长期处于社会主义初级阶段的基本国情与实现现代化的宏伟目标有机地统一起来，坚持分阶段、有步骤地推进现代化，循序渐进、扎实推进、稳中求进。改革开放以来，历代中国共产党人都遵循这一思路，引领人民不断推进改革开放和社会主义现代化建设。

改革开放初期，中国处于"在建立社会主义经济基础以后，多年来没有制定出为发展生产力创造良好条件的政策。社会生产力发展缓慢，人民的物质和文化生活条件得不到理想的改善，国家也无法摆脱贫穷落后的状态"②。邓小平在全面地分析国内外形势和总结国内外社会主义建设正反两方面经验教训的基础上，明确地指出："如果现在再不实行改革，我们的现代化事业和社会主义事业就会被葬送。"③于是，党的十一届三中全会毅然作出了改革开放的伟大决策。同时，邓小平就什么是社会主义和怎样建设社会主义的重大课题进行科学回答，逐步形成了邓小平理论。正是在邓小平理论指引下，中国人民以创造性的伟大实践改写了历史，中国社会主义从困境中走出，人民开始摆脱贫困，国家命运发生重大转机。

继邓小平之后，以江泽民同志为主要代表的中国共产党人在党的十

---

① 《习近平谈治国理政》第2卷，外文出版社2017年版，第67—68页。
② 《邓小平文选》第3卷，人民出版社1993年版，第134页。
③ 《邓小平文选》第2卷，人民出版社1994年版，第150页。

五大上提出"两个一百年"奋斗目标,进一步明确了邓小平提出的"三步走"发展战略,继续推进改革开放,并确立了社会主义市场经济体制的改革目标和基本框架,确立了社会主义初级阶段公有制为主体、多种所有制经济共同发展的基本经济制度和按劳分配为主体、多种分配方式并存的分配制度,并围绕新时期市场经济下中国共产党的执政党定位问题,提出了"三个代表"重要思想,在理论上解决了改革开放中的一系列新问题。与之对应的,中国共产党带领人民创造出令人瞩目的伟大成就。例如,经济建设取得显著成果,到1995年中国国内生产总值达到61340亿元,原定2000年比1980年翻两番的目标提前5年实现;1997年又提前实现人均国内生产总值翻两番的目标,在1997年金融危机中仍然保持人民币不贬值并援助东南亚国家,展现了大国担当;到2000年中国正式成为世界贸易组织成员国,中国对外开放进入新阶段;等等。

此后,以胡锦涛为主要代表的中国共产党人对中国特色社会主义理论继续丰富和完善。例如,党的十六大上提出"发展社会主义民主政治,建立社会主义政治文明,是全面建设小康社会的重要目标",将社会主义发展目标丰富为"三位一体",并在十六届四中全会上提出"构建社会主义和谐社会"的战略任务。同时,面对中国迅速推进现代化各个方面而出现的新问题,针对如何处理好快速发展所带来的人与人、人与社会、人与自然的紧张关系,创造性地回答了新形势下实现什么样的发展、怎样发展等重大问题,涵盖改革发展稳定、内政外交国防、治党治国治军各方面的系统科学理论。正是在中国特色社会主义理论接续性发展中,中国特色社会主义建设取得了新的伟大成就。例如,国家陆续启动东北地区等老工业基地振兴战略、促进中部地区崛起、推动东中西部地区的协调发展;科教文卫事业取得重大成果,实施人才强国战略,神舟载人航天计划有序推进,中国成为世界上第三个独立掌握载人航天技术的国家;国家危机应对能力和治理能力不断提升,成功克服"非典"疫情、汶川特大地震和2008年国际金融危机,成功举办夏季奥运会、残奥会;在对外关系上,中国日益走入世界舞台的中央,"中国-东盟自由贸易区"和金砖国家合作机制正式全面启动，2007年发布了《中国应对气候变化国家方案》，并派遣维和部队赴亚丁湾、索马里海域执行护航任务，展现出负责任的大国形象。

中国特色社会主义进入了新时代，这是我国现代化建设的新阶段。新时代的中国共产党人在继承前人智慧的基础上，继续探索中国特色社会主义，成功推进和拓展了中国式现代化道路，推动构建人类命运共同体，体现出中国共产党人理论继承的强大优势，为中华民族伟大复兴提供了充足的理论准备，为世界问题的解决提供了中国智慧和中国方案。突出表现在以习近平同志为核心的党中央面对"两个一百年"奋斗目标的历史交汇期，对"两个一百年"奋斗目标的进一步阐释，赋予中国特色社会主义新的时代内涵和更加细化的战略安排。党的十八大将社会主义现代化布局正式确立为统筹推进经济建设、政治建设、文化建设、社会建设、生态文明建设的"五位一体"总体布局，富强、民主、文明、和谐、美丽成为经济、政治、文化、社会、生态文明建设的目标，成为全面建设社会主义现代化强国的价值追求。特别是十八大之后，习近平陆续提出了国家治理体系和治理能力现代化、现代经济体系、人与自然和谐共生的现代化等全新的现代新视角，大大丰富了中国式现代化道路的科学内涵，拓展了现代化的空间。党的十九大提出，在实现第一个百年奋斗目标的基础上分两个阶段全面建成社会主义现代化强国的战略安排，党对实现现代化进程的认识不断深化细化，中国现代化的时间表和路线图愈益明晰。

中国特色社会主义进入新时代以来，在习近平新时代中国特色社会主义思想指引下，中国各项事业取得了跨越式发展，我国国内生产总值超过100万亿元，人均收入超过1万美元，我国已经成为世界第二大经济体、第一大工业国、第一大货物贸易国、第一大外汇储备国，对世界经济增长的贡献率达到30%，提前十年实现联合国2030年可持续发展议程中的减贫目标。但在新冠病毒被西方政客加以政治化抹黑、全球化浪潮遭遇保护主义挑战的"百年未有之大变局"下，中国共产党所面临的国内外形势仍然异常严峻。面对西方社会的抹黑和污名化，中国共产党从人类社会的整体利益出发，提出"共同构建人类卫生健康共同体"，无私提供30亿美元国际援助用于支持发展中国家抗疫和恢复经济社会发展，以实际行动击垮了西方鼓吹的"国强必霸论"。特别是在新冠肺炎疫情全球化蔓延的关键节点，中国2021年的国内生产总值达到1143670亿元，实现8.1%的增长，对世界经济增长的贡献率预计将达到25%左右，真正成为全球经济增长的动力之源和稳定之锚。①

中华民族从"站起来""富起来"到"强起来"的过程，是中国共产党理论继承优势不断展现的过程，也是理论与实践互动、推动历史变革的过程。中国特色社会主义理论体系在指导实践的过程中已经转化为强大的国家治理效能。它不仅推动中国特色社会主义现代化顺利实现了第一个百年奋斗目标，而且还将以其创新成果——习近平新时代中国特色社会主义思想指引中华民族实现伟大复兴，建立起富强民主文明和谐美丽的社会主义现代化强国；同时，还将对世界社会主义发展与国际政治格局产生深刻影响。

---

① 《2021年国民经济持续恢复 发展预期目标较好完成》（信息公开索引号：410A04-0402-202201-0014），国家统计局网站http://www.stats.gov.cn/xxgk/sjfb/zxfb2020/202201/t20220117_1826436.html，2022-01-17/2022-01-23。

第四章 中国特色社会主义理论体系继承的思维方法

理论的发展不是一蹴而就、一成不变的,也不是凭空创造的。理论发展的连续性在于不断继承,理论的生命力在于不断创新。推动理论发展和完善,需要具备科学的思维方法,最为重要的包括历史思维、辩证思维和创新思维。三者结合起来,就是要在继承中推进,在创新中发展,实现理论的与时俱进。中国特色社会主义理论体系是马克思主义发展史上的重大理论创新,它蕴含着马克思主义的辩证法。

第一节 把握人类文明发展规律

中国特色社会主义理论体系作为马克思主义发展史上的崭新成果,自然是马克思主义理论的组成部分,因而也是人类文明中思想智慧的构成因素。所以,要真正认识中国特色社会主义理论体系的本质特征及其价值,必须将其置于人类文明发展的宏大视野中加以观察。事实上,深入探讨中国特色社会主义理论体系的来源、形成,不难发现,它在诸多方面遵循了人类文明发展的规律,或者说这个理论体系的形成,是准确把握人类文明发展规律的结果。

一、继承是人类文明发展的基本条件

人类文明发展是一个不断演变、发展、丰富的历史过程。其中,继承是人类文明发展的显著特征。任何文明都需要注重继承,否则就无法持续发展下去,以至于失去生命,这是一个基本的历史规律。

(一)人类文明

"文明"指一种与"野蛮"相对立的社会进步状态,是使人类脱离野蛮状态的所有社会行为和自然行为构成的集合。费尔南·布罗代尔认为:"一个文明既不是某种特定的经济,也不是某种特定的社会,而是持续存在于一系列经济或社会之中,不易发生渐变的某种东西。"[1]塞缪尔·亨廷顿说:"一个文明是一个最广泛的文化实体。"[2]王巍指出:"文明是人类文化和社会发展的一个新的阶段。"[3]

文明具有丰富的内涵,可以从宏观、中观、微观三个角度进行阐释。从宏观来看,文明可以作为社会发展规律的研究范式,揭示人类历史的生成、演进、衰落和更替的规律;从中观来看,文明可以指向文明实体(存在),即具有结构性的文明形态(社会形态);从微观来看,文明可以映射不同的民族特征。[4]其中,研究文明不仅要研究其物质载体,还要研究其精神实质。思想的部分应该属于人类文明的精髓部分。

文明是动态发展的,文明的发展是指文明从低级向高级阶段发展。著名历史学家汤因比认为,文明是社会的高级形态。近六千年,人类社会经历了从原始社会到文明社会的演化。六千年的人类历史可以划分为

---

[1] [法]费尔南·布罗代尔:《文明史:人类五千年文明的传承与交流》,常绍民等译,中信出版社2014年版,第68页。
[2] [美]塞缪尔·亨廷顿:《文明的冲突与世界秩序的重建(修订版)》,周琪等译,新华出版社2010年版,第21页。
[3] 王巍:《对中华文明起源研究有关概念的理解》,《史学月刊》2008年第1期。
[4] 田鹏颖、武雯婧:《试论人类文明新形态》,《学习论坛》2021年第5期。

三代文明，包括二十一个成熟的文明，分别是埃及、苏美尔、米诺斯、古代中国、安第斯、玛雅等六个第一代文明，以及赫梯、巴比伦、古代印度、希腊、伊朗、叙利亚、阿拉伯、中国、印度、朝鲜、西方、拜占庭、俄罗斯、墨西哥、育加丹等十五个从第一代文明派生出来的亲属文明，以及波利尼西亚、爱斯基摩、游牧、斯巴达和奥斯曼等五个中途夭折停滞的文明。①

文明是历史发展的必然结果，历史进程的多样性造就了文明的多元性。根据空间范畴，可以划分为不同的文明类型；根据不同视角，可以总结不同文明内容。从某种文化或群体角度看，有伊斯兰文明、儒家文明、犹太文明等；从生产方式上看，有农业文明、工业文明、信息文明；从意识形态角度看，有西方文明、东方文明、资本主义文明、社会主义文明；从历史发展角度看，有巴比伦文明、埃及文明、印度文明、中国文明、阿拉伯文明、墨西哥文明等。②中国文明作为世界文明史上不多见的绵延数千年而生生不息的文明，既取决于其本身特有的内涵与品格，也取决于中华民族特有的基因与智慧。

（二）文明中断的基本原因

认识中华文明的特质，把握中华文明的优势在哪里，需要了解世界上一些文明中断的原因。文明发展、文明中断都是多种因素综合作用的结果。文明中断是人类文明发展中的一个重要历史现象。人类历史上共有四大文明古国，形成了世界四大文明，即古巴比伦文明、古埃及文明、古印度文明和中国文明。然而，除中国之外，其他文明的演变都显现出剧烈与震荡，以至于出现中断、解体，乃至文明消亡的特征。从历史的宏观视野观之，文明中断的基本原因在于以下几个方面。

第一，不同文明的接触是文明中断的基本原因。不同文明接触形成

---

① ［英］阿诺德·汤因比：《历史研究》下，曹未风等译，上海人民出版社1997年版。
② 李剑鸣：《文明的概念与文明史研究》，《华中师范大学学报（人文社会科学版）》2016年第1期。

第四章 中国特色社会主义理论体系继承的思维方法

了挑战和应战的关系,即强势文明与弱势文明间的较量,最终导致不同的结果。①对此,汤因比曾总结了文明接触与互动下,被挑战的一方可能出现的被征服或被消灭、暴力应对、打精神战、和平应对、与外界隔绝、文化反击等七种情况。②文明接触之后,如果进入文明解体阶段则存在两种结果,一是挑战失败导致自身社会的解体,二是挑战成功带来自身社会的繁荣,而应战失败的文明则走向解体。这也是文明接触对文明造成影响的具体体现。回顾希腊和波斯的战争历史,作为战胜方的希腊走向了繁荣,波斯文明则走向了消亡,足以证明这一规律。从这个意义上说,中华文明是能够经受住挑战而屹立不倒的文明。

第二,外族入侵与自身的落后是导致文明中断的普遍原因。历史上的古埃及文明、两河文明、古印度文明的消亡都与外族入侵带来的战争直接相关。以古埃及的兴亡为例。古埃及是世界上农业文明发达最早的地区之一,古埃及文明的起源至少可追溯到公元前4000多年。历史上,埃及王国的势力曾一度扩张,现今的埃塞俄比亚、苏丹、利比亚、叙利亚、以色列等地都曾在其控制之下。然而,王朝后期,埃及曾先后被利比亚人、埃塞俄比亚人、亚述人、波斯人一直侵入或者征服。直到公元前525年,埃及亡于波斯帝国。

而无力抵抗外族入侵的文明,必有其自身的局限性。从历史经验看,在外族入侵条件下而消亡的文明往往存在着自身的落后性。可以说,技术落后是导致文明中断的一个重要原因。"埃及人后来在军事上的失败,除了国力疲惫之外,主要还因为他们用铜武器迎战铁武器。"③实际上,"这种历史上的差异对现代世界投上了持久的阴影,因为使用

---

① 刘文明:《多元文明的历史书写:历史回顾及理论思考》,《历史教学(下半月刊)》2013年第3期。

② [英]阿诺德·汤因比:《历史研究》下,曹未风等译,上海人民出版社1997年版,第260—265页。

③ 黎雨、李新编著:《迎面而来:从人类文明发展看第三次工业革命》,国家行政学院出版社2013年版,第26页。

金属工具的、有文字的社会征服了或消灭了其他类型的社会。"①毋庸置疑,中华文明在任何情况下都没有被割断的一个内在的根本原因就在于其先进性。人所共知,在人类历史的长河中,中华文明长期处于优势地位。这不仅是技术的领先,更在于其精神的伟大。尽管近代以来,中华文明在技术层面落后于西方,以至于遭受巨大冲击,但因为中华文明内在的优秀品格和优秀的民族精神使之历经劫难而不灭。

第三,民族变化是导致文明终结的重要原因。如今的埃及为什么没有继承古埃及文明呢?究其原因,这块土地上的民族主体发生了变化。公元前332年,马其顿国王亚历山大大败波斯帝国,占领埃及,并建立了亚历山大城。公元前30年,亚历山大城成为罗马的一个行省。公元640年以后,亚历山大城则被穆斯林哈利发统治。而后,这块土地上经历了并入奥斯曼帝国土地版图、被拿破仑军队统治、被英国人统治的动荡历史。直到1936年,英国人的势力才从部分地区撤出。如今的埃及是在二战后取得独立的,其中92%的人民已经是阿拉伯人,其次才是古埃及人的后裔科普特人。军事上的失败直接导致这块土地上的统治民族、人口成分在后来不断更换。可以说,正是由于原始文明创造者的消失,古埃及文明也不复存在。也就是说,文明的延续离不开文明创造主体的延续,以及这个民族对于祖先的崇拜、对于本民族文明历史的尊重和传承。

第四,对外扩张致使内部崩溃是文明瓦解的本质原因。作为科学思想摇篮的所在地,古希腊曾在历史上辉煌一时。这里曾出现了苏格拉底、柏拉图、亚里士多德等著名哲学家。古希腊文明后期,大约在公元前4世纪至2世纪中叶,北方马其顿王国征服了希腊,后来又建立了地跨

---

① [美]贾雷德·戴蒙德:《枪炮、病菌与钢铁:人类社会的命运(修订版)》,谢延光译,上海译文出版社2016年版,前言第1页。其中,"这种历史上的差异"是指"在上一次冰期结束后的13000年间,世界上的某些地区发展成为使用金属工具的、有文字的工业社会,另一些地区仅仅发展成为没有文字的农业社会,还有一些地区则仍然保留着使用石器的狩猎采集社会。"

欧、亚、非的大帝国。为避免希腊世界从内部崩溃,马其顿王朝进行了东征和扩张,以将内部矛盾的祸水东引。然而,希腊本土的城邦免除了内部毁灭的危险,却也丧失了复原和发展的力量。从此,希腊人值得自豪的科学再也不能同自己的本土密切联系在一起。此外,亚历山大的死亡再次导致希腊陷入了混乱分裂的局面。公元前1世纪罗马帝国运用军事力量和外交手段,征服了四分五裂的希腊世界。至此,古希腊文明彻底终结。归根到底,这种文明本身缺乏强有力的经济、政治、社会、自然等条件的支撑。

综上所述,从文明中断的原因分析中,我们也可以反馈世界各种文明的不同命运,认识到中华文明源远流长,未曾被割断的原因。

(三)继承是人类文明发展延续的必要条件

多元文明演进的历史和文明中断原因,揭示出人类文明发展的基本历史规律。其中,继承是人类文明发展的一条重要规律,任何民族只有坚持文明的继承性,方能取得自身的发展和进步。反之,文明将发生断裂甚至走向消亡。

第一,继承是破解文明中断的途径之一。人类社会处于永恒的运动过程之中,而文明必然随着社会的变动和发展而改变自己的形态和内容。因此,文明的发展是永恒的。从文明发展过程看,一个文明通常会经历起源、生长、成熟,或者衰败和消亡等多个阶段,即文明发展具有历史性。回顾历史,相较于民族改变、内部崩溃等原因,常见的外族入侵通常会造成一个文明的暂时中断。而文明的暂时中断却不必然意味着文明的永久消亡。事实上,历史上大多数人类文明最终却都因为外族入侵而中断,直至走向消亡。究其原因,在于文明出现暂时中断后,原有文明的核心内容没有被原有国家、民族、人口继承下来。因此,如何避免文明中断走向文明消亡,其答案在于继承。可以说,继承是破解文明中断困境的重要途径。当然,一种文明能否被继承下来,一方面取决于创造文明的主体,即民族的性格特征;同时,也取决于文明基因,即其内在的品质有无持续发展的可能性。但无论如何，没有继承，就没有文明持续发展的可能性。

第二，继承是维持文明历史连续性的保证。文明具有历史连续性，即文明发展往往经历着几代人的继承和发展，存在"母体"与"子体"的文明关系，在旧文明中生成的新文明更具有进步性。对于"母体"与"子体"而言，失去了联系环节，即没有继承，"母体"文明与"子体"文明之间便不是一脉相承的，文明的历史连续性就不复存在。反过来说，继承，意味着对于原有文明形态和内容的认可和接受，意味着文明具有了发展的根基和价值。世界文明经过如此长时间的发展，曾经出现过诸多文明，但是经过历史选择，能够延绵发展的文明非常之少，其根本原因是没有始终做到继承。

二、继承是中华五千年文明绵延不断的一个重要原因

中华文明以数千年绵延不断在世界文明史上显示其优势。探讨中华文明这一显著优势，既要深刻理解其本身的特质，又要把握这一优势形成的原因。

（一）中华文明

中华文明是世界上历史最悠久的几大文明之一。德国历史学家雅斯贝斯认为，中华文明是世界三大最早文明之一。[1] 习近平曾强调，中华文明是"人类历史上唯一一个绵延5000多年至今未曾中断的灿烂文明"[2]。

在几千年的历史发展中，中华民族创造了灿烂的中华文明。中华文明之根，是人民在应对自然环境中形成的农耕文明。从远古时代到公元前20世纪左右，是中华族群、中华酋邦、中华文明的孕育与萌芽阶段；从公元前20世纪前后到公元前3世纪中期，是中华族群、中华早期国家、

---

[1] ［德］卡尔·雅斯贝斯：《历史的起源与目标》，李夏菲译，漓江出版社2019年版，第64页。

[2] 习近平：《在庆祝改革开放40周年大会上的讲话》，人民出版社2018年版，第40页。

中华文明的架构业已形成时期；从公元前3世纪晚期至公元3世纪初的秦汉王朝时期，中华文明以中央集权的多民族统一国家、大一统的经济与政治制度日臻成熟而确立；从公元3世纪初至13世纪中叶，众多族群进行了新的混合与重组，大一统的中华族群、中华国家、中华文明发展到了辉煌时代；从13世纪中叶至19世纪中叶，是中华族群、中华国家和中华文明普遍发展与局部更化阶段；从19世纪中叶至20世纪中叶，由于面临西方资本主义的冲击，中华民族、中华国家、中华文明开始变被动为主动地向现代民族、现代国家和现代文明转型；从20世纪中叶开始，中华民族、中华国家、中华文明重新确立了自身独立自主的主体地位，最终寻得了符合中国实际、具有鲜明中国特色社会主义道路。①改革开放以来，中华民族、中华文明发展到了一个前所未有的新高度，人类文明新形态逐步呈现。

第一，传统中华文明的辉煌程度一度无人能及。古代中国在建筑、农学、天文、诗词等方面都有着极高的成就，创造了对世界有重大影响的众多文明成果。早在抗日战争时期，毛泽东就曾这样说过："在中华民族的开化史上，有素称发达的农业和手工业，有许多伟大的思想家、科学家、发明家、政治家、军事家、文学家和艺术家，有丰富的文化典籍。在很早的时候，中国就有了指南针的发明。还在一千八百年前，已经发明了造纸法。在一千三百年前，已经发明了刻版印刷。在八百年前，更发明了活字印刷。火药的应用，也在欧洲人之前。"②科学史家钱存训教授在系统研究纸张和印刷术的发明历史后曾评价："古代世界的所有产品之中，论意义很少有比得上中国发明的纸张和印刷术的。两者都对世界文明的形成起过深刻的作用，对各处广大人民的精神和日常生活产生过久远的影响。纸张被证明是表达人类思想的最令人满意的书写材料，而如果再加上印刷术，一个人的思想就能飞越时空的鸿沟传播给大众。总之，印刷出来的信息使人类思想的知识模式产生了变革，而纸

---

① 参见姜义华：《世界文明视阈下的中华文明》，复旦大学出版社2016年版，第6—10页。
② 《毛泽东选集》第2卷，人民出版社1991年版，第622—623页。

张又为传播思想提供了最经济最方便的手段。当然，除了书写、出版之外，纸张还有别的用途，它已经深入古今社会的各个角落，成了人们日常生活的必需品。虽说近年来有了传播信息的其他媒介，但纸墨印刷的独特结合，仍然是根本、永久、轻便，也许是当今最廉价易得的信息传播方法。"①中华文明的辉煌成就璀璨夺目，使得欧洲启蒙运动时期的思想家诸如伏尔泰等人也曾表现出了对中华文明不遗余力的赞美。②

第二，中华文明从传统文明向现代文明转型历经磨难。近代以来，在内部社会矛盾激化和外部西方资本主义列强殖民扩张的双重挑战和冲击下，中华文明遭遇了千年未有之冲击，也产生了数千年未有之巨变。中华文明遭遇全方位的文明危机，"文明蒙尘"。"一百年前，中华民族呈现在世界面前的是一派衰败凋零的景象。"③1840年第一次鸦片战争以后，中国不断遭受西方列强的军事侵略、经济掠夺、政治控制和文化渗透，一步步沦为半殖民地半封建社会。在错综复杂的国际国内环境下，在"现代化的世界进程"这一"大转变过程"中，"标志着迄今为止人类社会发展最大的分水岭"的工业革命，引导着"人类社会从农业文明时代进入到崭新的工业文明时代"④。然而，当时依然处于农业文明阶段的以"天朝上国"自居的清政府，却闭关锁国、夜郎自大。因此，没能跟上这一世界发展进程。此后，落后于时代的中国遭受了西方列强的百般践踏，被迫签订一个又一个丧权辱国的不平等条约，曾经无比辉煌的中华文明遭遇了前所未有的危机。这一不幸遭遇可以概括为"国家蒙辱、人民蒙难、文明蒙尘"⑤。

---

① 钱存训：《纸和印刷》，[英]李约瑟主编：《中国科学技术史》第5卷"化学及相关技术"第1分册，刘祖慰译，科学出版社2018年版，第1页。
② 许苏民：《比较文化研究史》，云南人民出版社1992年版，第128页。
③ 习近平：《在庆祝中国共产党成立100周年大会上的讲话》，人民出版社2021年版，第21—22页。
④ 罗荣渠：《现代化新论——世界与中国的现代化进程（增订本）》，商务印书馆2009年版，第140页。
⑤ 习近平：《在庆祝中国共产党成立100周年大会上的讲话》，人民出版社2021年版，第2页。

第三,中华民族亦步亦趋被动学习西方文明。为改变旧中国积贫积弱的现状,中国人先后从器物维度、制度维度和观念维度向西方学习,进行了洋务运动、戊戌变法、辛亥革命,以及开展新文化运动。然而,实践表明,封建主义的老路是死路一条,而西方资本主义道路又走不通。一方面,在西方工业文明面前,传统中华文明已无力招架;另一方面,亦步亦趋照搬西方文明一次次失败,无法改变国运。面对封建专制主义的明显弊端和被动照搬西方文明的现实困境,中华民族迫切需要探寻一条新的文明道路,主动汲取人类文明优秀成果融入中华文明,创造更加文明的现代中国。

第四,中华民族"翘首以迎其世界的新文明之曙光"。"十月革命一声炮响,给我们送来了马克思列宁主义。"①在1917年俄国十月革命这一世界性历史事件发生以后,"向西方学习"不再是唯一努力的方向。1918年6月,李大钊明确指出,人类社会应开辟"第三新文明"的新路。他说:"东洋文明既衰颓于静止之中,而西洋文明又疲命于物质之下,为救世界之危机,非有第三新文明之崛起,不足以渡此危崖。"②这一理论性的思考,因俄国十月革命的胜利而得到实践层面的证实。李大钊确信,马克思主义所构建的共产主义社会形态,正是中国所应追求的"第三新文明",中国应"翘首以迎其世界的新文明之曙光"③。可以说,中国先进分子选择了马克思主义,中国人民接受了马克思主义,其缘由既是基于对民族生存危机的现实考量,更是在于马克思主义本身彰显了人类文明的新方向。

第五,中国共产党的百年奋斗创造了人类文明新形态。在近代,改变中国的历史命运、实现中华民族复兴和中华文明复兴的历史重任,落在了中国共产党的身上。党的十九届六中全会通过的《中共中央关于党的百年奋斗重大成就和历史经验的决议》指出:"一百年来,党既为中国人民谋幸福、为中华民族谋复兴,也为人类谋进步、为世界谋大同,以

---

① 《毛泽东选集》第4卷,人民出版社1991年版,第1471页。
② 中国李大钊研究会编注:《李大钊全集》第2卷,人民出版社2013年版,第311页。
③ 同上书,第219页。

自强不息的奋斗深刻改变了世界发展的趋势和格局。党领导人民成功走出中国式现代化道路,创造了人类文明新形态,拓展了发展中国家走向现代化的途径"。①自1921年中国共产党诞生后的一百年里,中国共产党领导中国人民"浴血奋战、百折不挠,创造了新民主主义革命的伟大成就;自力更生、发愤图强,创造了社会主义革命和建设的伟大成就;解放思想、锐意进取,创造了改革开放和社会主义现代化建设的伟大成就;自信自强、守正创新,创造了新时代中国特色社会主义的伟大成就"②,书写了中华民族几千年历史上最恢宏的史诗。也就是说,中国共产党带领中国人民不懈奋斗,经过新民主主义革命、社会主义革命和建设、改革开放和社会主义现代化建设以及中国特色社会主义新时代四个历史时期的艰辛探索,推动中华文明逐渐实现伟大复兴,并创造出了人类文明新形态。

作为"唯一没有中断、发展至今的文明",中华文明在漫长的历史发展过程中形成了自身的鲜明特点。

一是一脉相承,阶段鲜明。中华文明一脉相承、连续发展,呈现出明显的阶段性。虽然中华文明的发展呈现出阶段性特征,但在几千年的历史演变过程中从未中断或转移。同时,尽管中华文明的中心有过多次迁移,但承载中华文明历史的始终是欧亚大陆东部这块广袤土地。

二是逐渐累积,积淀深厚。在文明演进的历史长河中,中华文明不断积累,文明遗产越来越丰富。至今依然可见的是,我们不仅有丰富多元的文明物质载体的遗存,而且还有大量书面文献资料的记载。在连续不断的中华文明历史遗产的基础上,还不断增加新的文明内容,从而形成了一种积淀深厚、高度发达的文明现象。

三是兼容并蓄,开放包容。中华文明在自身发展过程中,始终做到了兼容并蓄,开放包容。以中国文化史为例,它就是一部各种学派、学

---

① 《中共中央关于党的百年奋斗重大成就和历史经验的决议》,人民出版社2021年版,第64页。
② 同上书,第1—2页。

说、主张、观点,以及各种外来文明相互融合并存兼进的历史。在文明内部,儒家和道家、法学、兵家、墨家、农家等尽管观点各异,甚至存在相互抵触的地方,但却在相互批评和论争中得到了发展;在文明外部,中华民族从来不是用血腥镇压的方式对待其他文明,而是积极借鉴其中的优秀、有益部分,加以吸收融合,不断充实和发展自身。这一特点也正是中华文明始终保持顽强生命力的内在因素。①

四是不曾中断,赓续发展。中华文明在统一与分裂、兴盛与衰落中交替演进,但始终以统一和兴盛为大趋势和最终追求。在几千年历史长河中,不管是统一和兴盛的时期,还是分裂和衰落的状态,中华儿女尊崇自己的祖先,坚守中华文明的核心价值,由此决定中华文明始终没有中断过。

(二)中华文明连续发展的基本原因

中华文明连续发展,不断演进。"今天生活在这片土地上的人就是那创造古老文明的先民之后裔,在这片土地上是同一种文明按照自身的逻辑演进、发展,并一直延续下来。同时,中华文明在发展过程中显示了巨大的凝聚力,不仅没有中断,也没有分裂;只有新的文明因素增加进来,而没有什么文明的因素分离出去成为另一种独立的文明。"②探究中华文明连续发展的原因,环境、制度、文化、传统等各个方面因素起到了极其重要的作用。

第一,独立安稳的自然环境为中华文明发展提供了安全的生存空间。中华文明所处的外部环境具有特殊性,即孤立性、封闭性。从地理角度分析,中华文明的东面为无尽的大海,南面为热带雨林,西面为喜马拉雅山脉。东、南、西三面的特殊环境使得中华文明在相对安稳和封闭的环境中得以形成、发展。由于古代人类克服自然障碍的能力有

---

① 黎雨、李新编著:《迎面而来:从人类文明发展看第三次工业革命》,国家行政学院出版社2013年版,第12页。
② 袁行霈等主编:《中华文明史(精装本)》第1卷,北京大学出版社2006年版,第4页。

限,高山深海成功阻断了文明之间的接触。相对于其他文明,中国是一个遥远的、陌生的存在,外界对中华文明知之甚少。在亚历山大东征印度的时候,西方还不知道中国的存在。罗马皇帝征服中国的企图,也因为地理位置的原因几次都搁浅于伊朗。当然,中华文明发展并不是始终一帆风顺的。来自北方草原地区的攻击力量,对中华民族来说是一种长期存在的挑战,也给中华文明带来了巨大威胁。农业区和游牧区的南北二元文明的冲突很常见,但历史结果往往是游牧民族被中华文明同化。正如斯塔夫里阿诺斯所总结的,"入侵者自己总是被迅速、完全地中国化"①。费孝通曾说,周边任何一个游牧民族只要踏进以中原为中心的农耕区,就会被农耕文化吸引,迟早都会融入汉族之中。②总体而言,中华文明所处的相对孤立的、封闭的环境,使得中华文明逐渐成长为一个独立的文明体系。抗日战争时期,日本帝国主义曾扬言3个月灭掉中国,其结果是中国不仅没有灭亡,反而取得了战争的最终胜利。这一伟大的胜利,其实与中国的自然和地理环境不无关系。

第二,中央集权为中华文明连续发展创造了必要条件。中央集权作为政权组织方式之一,在中国拥有悠久的历史和认同。它初步形成于战国时期,秦朝开始确立封建主义中央集权制度,并在此后被不断强化。中央集权对中华文明发展具有积极的促进作用,主要表现在:一是中央集权下的统一有效的政令有利于经济发展、社会进步。这为中华文明的形成、发展创造了基本条件。二是一个强有力的中央集权及其不断加强的军事力量,有利于维护国家统一、抵御外来入侵、开拓疆土、增加人口。这为中华文明的稳定发展提供了适宜的土壤。三是中央集权下大一统意识不断强化。自夏朝以后约四千年间,中华民族多以统一形态存在

---

① [美]L.S.斯塔夫里阿诺斯:《全球通史——1500年以前的世界》,吴象婴、梁赤民译,上海社会科学院出版社1988年版,第278页。
② 费孝通:《中国文化的重建》,华东师范大学出版社2014年版,第28页。这与罗马完全不同,在罗马帝国,无论是西哥特人还是汪达尔人到了意大利以后,都待不了多久就撤离了。

和发展,追求统一成为历朝历代最重要的奋斗目标。随着秦朝首创大一统模式后,各朝代对这一模式不断进行补充、修复和完善,大一统意识在中华民族心中逐渐根深蒂固,中华文明也在大一统意识的强化过程中逐渐积累和兴盛。特别是秦朝开始统一文字,使得先贤的思想论述得以记载保存,使得思想文化得到广泛交流传播,这为中华文明的保存、继承、传播提供了基本载体。很大程度上,正是中央集权制度使中华民族产生了高于同一时期世界上其他国家的物质文明和精神文明,且不中断地发展演变着。

第三,文化包容使中华文明不断焕发新的生机与活力。中华文明之所以能够至今屹立于世界之林,而世界其他三大古文明均已消失,其中一个关键原因,就在于中华文明、中华文化的包容及兼并能力。中华民族所拥有的爱好和平、友好、包容的品格渗透于其所创造的文明中则表现为,中华文明一经形成,就具有开放性和包容性。这种开放性和包容性是在保持自身文化独立的主体地位的基础上进行的适度选择。因此,中华文明是开放性与独立性、包容性与主体性并存的。就中华思想文化发展史而言,对于外族文化、本族不同思想流派,中华民族始终做到了兼收并蓄、融会贯通,形成了求同存异的多元一体的思想文化体系,从而推动着中华文明的发展演变,推动着中国历史不断前进。

第四,文字书籍为中华文明持续发展提供了基本载体。中华文明的传承与发展离不开特定的载体。一是物质载体,即由文字记载而形成的大量书面文献资料,简言之,即文字书籍;二是意识载体,如涉及各个领域的丰富的思想理论。两方面载体相辅相成,相互促进。梁启超曾指出:"立于五洲中之最大洲,而为其洲之中最大国者谁乎?我中华也。人口居全地球三分之一者谁乎?我中华也。四千余年之历史未尝一中断者谁乎?我中华也。我中华有四百兆人公用之语言文字,世界莫能及。我中华有三十世纪前传来之古书,世界莫能及。"[①]首先,中华文明在浩

---

① 梁启超:《论中国学术思想变迁之大势》,上海古籍出版社2006版,第1页。

如烟海的历史典籍中连续记载和保存着。这是一种高度发达的文明现象，在世界上是绝无仅有的。"中国远古的历史遗存远没有西亚等地更多，但中国文献记载发达，很好地弥补了这一缺憾。于是，远古故事，中国可以讲述的内容更多。"①其次，思想理论是文明传承的基本内容，也是历史文献记载的具体内容。传统汉语言及古典文献的保存，使得历史文化、思想理论得以积累、延续、传承和发展。

第五，重视历史传统是中华文明延绵发展不可或缺的条件。中华民族历来重视和尊重历史，尤其是注重对历史经验的总结。从三皇五帝开始一直到现代，中华文明的历史始终被不间断地记录着。中华民族对历史的重视程度远远大于其他民族，对历史上的事件、人物、事迹都有详尽相对客观的描述记录。梁启超说："在中国，史学的发达，比其他学问更利害，有如附庸蔚为大国，很有独立做史的资格。"②18世纪的法国思想家伏尔泰也曾说："无可否认，世界上最古老的编年史是中国的编年史。中国的这些编年史连贯不断，详尽无遗，撰述严谨，没有掺杂任何神奇的成分"③。"如果说有些历史具有确实可靠性，那就是中国人的历史。"④他强调，"中国人的历史书中没有任何虚构，没有任何奇迹，没有任何得到神启的自称半神的人物。这个民族从一开始写历史，便写得合情合理"⑤。19世纪德国哲学家黑格尔也感叹："（中国）这个民族拥有自远古以来至少长达5千年前后相连、排列有序、有据可查的历史，记述详尽准确，与希腊史和罗马史不一样，它更为翔实可信。世界上没有任何国家拥有这样一部连续翔实的古老历史。"⑥的确，在存史方面，

---

① 孟宪实：《中华文明为何从未中断》，《人民论坛》2017年第25期。
② 梁启超：《中国历史研究法 中国历史研究法补编》，中华书局2015年版，第396页。
③ [法]伏尔泰：《风俗论》（上册），梁守锵译，商务印书馆2017年版，第220页。
④ 同上书，第85页。
⑤ 同上书，第86页。
⑥ [德]黑格尔：《黑格尔全集》第27卷，第1分册，刘立群等译，商务印书馆2014年版，第114页。

除了中华文明，其他文明都未有做到。可以说，中华文明的历史文献之所以会大量留存，思想理论之所以能广泛传播，中华文明之所以可以延绵发展，在很大程度上源于我们的重史传统。对比印度，它也有文明，但"没有历史的观念，没有记述历史的能力"。①记述历史的能力也是中华文明的优势所在。

（三）继承是中华文明不中断的基本条件

在几千年的历史长河中，中国人一边继承传统，一边不断改革创新，从而使得历史的中国一步步发展演变成现代的中国，使古老的中华文明一步步发展演变成现代文明。20世纪初，梁启超在《论中国学术思想变迁之大势》中说："西人称世界文明之祖国有五：曰中华，曰印度，曰安息，曰埃及，曰墨西哥。然彼四地者，其国亡，其文明与之俱亡……而我中华者，屹然独立，继继绳绳，增长光大，以迄今日。"②"继继绳绳"讲的就是前后相承，延续不断。习近平总书记说："如果没有中华五千年文明，哪里有什么中国特色？如果不是中国特色，哪有我们今天这么成功的中国特色社会主义道路？"③究极而言，继承是中华文明不中断的基本条件和途径，是中华文明连续发展蕴含的基本规律。

第一，继承是中华文明成功避免轴心时代诸多文明中断结局的基本原因。尽管中华文明"在其历史演进中所遭受的内外冲击与挑战，规模之大，次数之多，并不输于早先的苏美尔—阿卡德文明、古埃及文明、古爱琴文明、古印度文明，以及稍后的希腊、以色列、印度等其他诸多文明，但并没有像它们那样中途断裂或夭折，反而一直延续至今。"④

---

① ［德］黑格尔：《黑格尔全集》第27卷，第1分册，刘立群等译，商务印书馆2014年版，第184页。
② 梁启超：《论中国学术思想变迁之大势》，上海古籍出版社2006年版，第1—2页。
③ 《习近平谈治国理政》第4卷，外文出版社2022年版，第315页。
④ 姜义华：《世界文明视阈下的中华文明》，复旦大学出版社2016年版，第16页。

究其缘由，离不开继承这一基本条件。如同其他轴心时代的诸多文明一样，中华文明历史上经历过不少外族入侵和统治，如南北朝时期，匈奴、羯、氐、羌、鲜卑等民族，先后建立起十多个国家，统治黄河流域270多年；宋、辽、金、西夏对峙时期，党项族建立的西夏国、契丹族建立的辽国、女真族建立的金国，统治中国北方地区200多年；蒙古族建立的元朝，统治中国98年；满族建立的清朝，统治中国276年。[①]然而，他们不仅没有取代反而融入了中华民族。作为唯一一个延续至今而没有被断裂的古文明，说明了中华文明本身所具有的延续性、继承性、包容性和创造性。其中，继承性是中华文明连续发展的本质原因，正是继承的逻辑使得中华文明成功避免了其他轴心时代的诸多文明夭折的结局。

第二，继承保证了中华文明的民族性和主体性。一个文明丧失了民族性、主体性，就无所谓文明的发展了。只有保持中华文明的主体性、民族性和特殊性，才能保证中华文明的本质不变和连续性。中华文明的发展过程包含着一系列深刻复杂的文化行为，包括坚持、反省、扬弃、学习、借鉴、吸收等。从文明发展过程看，中华文明是守正创新、集古今中外文明智慧之大成者。一方面，中华文明的发展，深深植根于中华民族几千年的灿烂文明之中，传承了中华优秀传统文化的基因。在这方面，是继承保证了中华文明的民族性。另一方面，中华文明放眼世界，积极汲取、借鉴了世界人民创造的优秀文明成果。同时，中华文明以马克思主义为指导，结合当今时代进行再创造，提出了很多前人没有提出过的新思想、新观念、新论断。在这方面，继承保证了中华文明本身始终处于相较于其他文明的主体地位。在文明整个发展过程中，继承性贯穿始终，这保证了这个文明的发展过程始终指涉的是中华文明，而不是其他文明的发展。

---

① 黎雨、李新编著：《迎面而来：从人类文明发展看第三次工业革命》，国家行政学院出版社2013年版，第10—11页。

第三，继承提供了中华文明持续发展的自信。文明自信是一个文明不断发展的内在动力。中华文明的形成和发展，是一个不断积累沉淀、世代传承发展的过程。中华文明历史悠久、辉煌灿烂，在长期发展过程中形成的独一无二的内容、智慧、气度、格局，增添了中国人民和中华民族内心深处的自信和自豪。作为世界上唯一没有中断、发展至今的文明，离不开中华文明本身塑造的民族精神气质和文明自信。换句话说，继承不仅是继承中华文明内容本身，还要继承中华文明内在蕴含的文明自信。具备这一文明自信，中华文明才能在一次次外族入侵、朝代更迭之后，始终赓续发展。

第四，继承使得中华文明的文化基因永恒存在。"回顾历史，支撑我们这个古老民族走到今天的，支撑五千多年中华文明延绵至今的，是植根于中华民族血脉深处的文化基因。"[1]这个独特的文化基因主要就蕴藏在中华优秀传统文化之中。中华文明不中断发展的过程，主要就是对中华优秀传统文化不断继承的过程。五千多年绵延不绝、灿烂辉煌的中华文明所蕴含的讲仁爱、重民本、守诚信、崇正义、尚和合、求大同的精神特质和发展形态，为中华文明生生不息、延绵发展提供了丰厚的精神滋养，使中华文明的文化基因永恒存在。反过来，这些文化基因贯穿于中华文明发展的全过程，又推动了中华文明的创造发展。以"天下为公""天下大同""万国咸宁""以民为本"为例，这些理念是中国古代传统文化的思想精髓。对此，中国共产党在继承的基础上，实现了对它们的创造性转化和创新性发展。中国共产党从一开始就明确了自己的根本宗旨是"全心全意为人民服务"。在新中国成立之后，中国共产党在政治上实行人民当家作主，在经济上逐步实现全体人民生活的幸福，在外交上坚持国家独立自主、和平共处的原则。改革开放以来，尤其是党的十八大以来，习近平总书记不但强调坚持"以人民为中心"的发展思想，还提出"一带一路""人类命运共同体"等倡议，这些提法都是对

---

[1]《十九大以来重要文献选编》（上），中央文献出版社2019年版，第109页。

中国古代先贤圣哲们追求的"天下为公""天下大同""以民为本"社会思想的创造性转化和创新性发展。习近平总书记指出："为什么中华民族能够在几千年的历史长河中顽强生存和不断发展呢？很重要的一个原因，是我们民族有一脉相承的精神追求、精神特质、精神脉络。"①"中华民族在几千年历史中创造和延续的中华优秀传统文化，是中华民族的根和魂。"②究极而言，正是继承的逻辑使中华优秀传统文化成为中华民族的"突出优势"、"最深厚的文化软实力"。中华优秀传统文化是"根"和"魂"般的存在，离开了文化基因，中华文明不仅不能进行创新发展，反而会出现本质上的发展中断。

第五，继承为传统中华文明的换羽新生提供了文化铺垫。传统中华文明升华为以马克思主义为指导的新型文明，离不开中华优秀传统文化的铺垫。中华民族在继承中华优秀传统文化的过程中，将以儒家思想为内核的中华传统文化与马克思主义结合起来，在很大程度上促进了马克思主义中国化。离开了中华优秀传统文化的铺垫，马克思主义在中国传播与被大众接受便缺乏一定的文化心理基础。"马克思主义传入中国后，科学社会主义的主张受到中国人民热烈欢迎，并最终扎根中国大地、开花结果，决不是偶然的，而是同我国传承了几千年的优秀历史文化和广大人民日用而不觉的价值观念融通的。"③正是基于这种相通性，中国共产党人继承中国古代思想家构建未来社会以及治理国家的核心理念，如大道之行、天下为公、大同社会等，促进了马克思主义关于未来社会的科学理论与中国国情、文化的有机结合，产生了一系列新的理论成果。也正因如此，习近平在阐述"必须继续推进马克思主义中国化"这一重大时代课题时，既强调坚持把马克思主义基本原理"同中国具体实际相结合"，又强调要"同中华优秀传统文化相结合"。

---

① 《习近平谈治国理政》第1卷，外文出版社2018年版，第181页。
② 习近平：《在庆祝澳门回归祖国十五周年大会暨澳门特别行政区第四届政府就职典礼上的讲话》，《人民日报》2014年12月21日。
③ 《习近平谈治国理政》第3卷，外文出版社2020年版，第120页。

第六,继承为中华民族伟大复兴提供了深厚的文化支持。经过百年奋斗,近代以来久经磨难的中华民族实现了从站起来、富起来到强起来的历史性飞跃。中华民族如何逐步"强起来"呢?归根结底在于开辟了一条植根中国大地、反映人民意愿、适应时代要求的中国特色社会主义道路。中国特色社会主义道路不是封闭僵化的老路,也不是改旗易帜的邪路,它具有鲜明特色,即植根传统文化、立足基本国情、顺应历史发展潮流。离开了中华传统文化,中国特色社会主义道路便失去了根脉,失去了深厚的历史积累。习近平总书记反复强调:"我们要特别重视挖掘中华五千年文明中的精华,把弘扬优秀传统文化同马克思主义立场观点方法结合起来,坚定不移走中国特色社会主义道路。"①这里彰显的正是继承性原则,即要求我们站在中华民族五千年文明史的高度,开创中国特色社会主义伟大事业新局面,促进中华文明延绵发展。可以说,只有充分继承中华优秀传统文化,才能为中华民族伟大复兴提供深厚的文化支持。

第二节 坚持文化发展的辩证法

作为思想文化的结晶,理论想要与时俱进、创新发展,离不开科学方法的指导。中国特色社会主义理论体系遵循了文化发展规律,特别是坚持了"文化发展的辩证法"。

一、何谓文化发展的辩证法

文化是一种复杂的社会现象。文化不是一成不变的,文化的发展是一个动态变化过程,其发展的内在机制就是辩证思维逻辑。

唯物辩证法是马克思主义哲学的基本内容,是马克思主义观察问题

---

① 《习近平谈治国理政》第4卷,外文出版社2022年版,第315页。

的立场、观点、方法的集中体现。马克思主义的唯物辩证法认为，世界上的万事万物都处于普遍联系之中，普遍联系引起事物的运动发展。唯物辩证法有三条基本规律，即对立统一规律、质量互变规律和否定之否定规律，其中，对立统一规律是根本规律。把唯物辩证法的基本原理运用在文化发展领域，形成了解释文化发展规律的正确思维方法。文化发展的辩证法可从四个方面来把握。

第一，坚持普遍联系和动态发展的观点，推动文化的与时俱进。联系和发展的观点是马克思主义唯物辩证法的主要观点，集中体现了马克思主义唯物辩证法的总特征。与之对应，文化发展也具有两大基本特征。

一是文化的普遍联系。马克思主义的唯物辩证法认为联系是指事物内部各要素之间和事物之间相互影响、相互制约、相互作用的关系。联系具有客观性、普遍性、多样性和条件性。与之对应，文化发展的辩证法认为世界上没有孤立存在的一种文化，不同文化之间或多或少存在一定的联系。这要求我们用联系的观点来认识、了解自身文化和其他文化，既要从本国传统文化中汲取精华力量，又要面向世界吸收其他文化有益成分。

二是文化的动态发展。马克思主义的唯物辩证法认为，物质世界处于永恒运动之中。物质世界的发展，特别是人类社会的发展，其实质是新事物的产生和旧事物的灭亡过程。"在发展进程中，以前一切现实的东西都会成为不现实的，都会丧失自己的必然性、自己存在的权利、自己的合理性；一种新的、富有生命力的现实的东西就会代替正在衰亡的现实的东西"[①]。在新事物产生、旧事物灭亡的新陈代谢运动中，新事物是不可战胜的。与之对应，文化发展的辩证法认为文化不是一成不变的。在文化发展过程中，传统文化中的消极落后因素将会走向消亡，新的文化内容将会随着时代、实践的发展而不断被创造。这是文化发展的基本规律。同时，新文化和传统文化之间存在必然联系，新文化是在继

---

① 《马克思恩格斯选集》第4卷，人民出版社2012版，第222页。

承旧文化的基础上创造出来的，它既否定了旧文化中消极腐朽的部分，又保留了传统文化中合理的内容，同时又创造了新的要素。

第二，坚持对立统一规律，推动文化的创新发展和交流互鉴。对立统一规律是马克思主义唯物辩证法的实质和核心，揭示了事物变化发展的内在动力，从根本上回答了事物为什么会发展的问题。与之对应，文化发展也需要坚持对立统一规律。

一是创新发展。对立统一规律认为矛盾的同一性和斗争性相互联结、相辅相成，二者在事物发展中都发挥重要作用。矛盾的斗争性决定矛盾双方的相互排斥和否定促使旧的矛盾破裂，新的矛盾统一体产生；矛盾的同一性意味着事物转化的可能和发展的趋势。与之对应，文化发展的辩证法规定，文化发展过程中始终存在着对立统一关系。矛盾的斗争性决定文化内部，尤其是传统文化和现实文化之间存在互相排斥和否定的成分，文化的同一性意味着传统文化和现实文化具有一脉相承的关系。文化发展的辩证法要求在文化发展过程中，抓住文化的矛盾运动，推动文化的创新发展，同时，要处理好传统文化和现实的创新文化的关系。

二是交流互鉴。对立统一规律认为矛盾具有普遍性和特殊性。矛盾的普遍性是指矛盾存在一切事物发展过程中，矛盾的特殊性决定了事物的不同性质。同时，事物是由多种矛盾构成的，有主要矛盾和次要矛盾之分。与之对应，文化发展的辩证法规定文化发展过程中也存在着矛盾的普遍性和特殊性。文化发展的辩证法要求在文化发展过程中，在遵循本民族文化发展规律的基础上，始终保持开放心态，推进不同文化之间的交流互鉴。同时，文化发展过程中主要矛盾和次要矛盾的关系原理，要求我们在推动文化交流互鉴过程中处理好文化的本土性和外来性、民族性和开放性的关系。

第三，坚持质变与量变规律，注重文化积累。质变量变规律是马克思主义辩证法的一个基本规律。质变和量变的辩证关系认为，量变是质变的必要准备，质变是量变的必然结果，质变和量变是相互渗透的。量变质变规律体现了事物发展的渐进性和飞跃性的统一。与之对应，文化发展的辩证法认为文化发展不是一蹴而就,而是一个不断累积的渐进过程。文化发展的辩证法强调文化发展的连续性和文化发展新突破的统一。一是文化发展的连续性,即要在继承的基础上,在实践中不断推动文化的发展。二是文化发展新突破,即要在原有文化积累的基础上,适时创造新理论,实现文化发展的新突破。

第四,坚持否定之否定规律,推动文化的批判性继承和创新。否定之否定规律是马克思主义辩证法的另一个基本规律,认为事物的发展是通过其内在矛盾运动以自我否定的方式实现的,它揭示了事物自我发展的本质和完整过程。与之对应,坚持否定之否定规律,文化发展需要把握两点。一是文化发展的本质是扬弃。否定之否定规律认为事物内部都存在肯定因素和否定因素,肯定因素是维持现存事物存在的因素,否定因素是促使旧事物灭亡的因素。辩证否定的实质是"扬弃",即新事物对旧事物既批判又继承,既克服消极因素又保留其积极因素。与之对应,文化发展的辩证法规定文化发展的本质是"扬弃"。二是继承和创新是文化发展的过程。否定之否定规律认为事物的辩证否定不是一次完成的,而是要经历"肯定—否定—否定之否定"这一有规律的过程。与之对应,文化发展的辩证法决定文化发展是一个在批判性继承的基础上持续推进创新的循环往复过程。这个过程具有鲜明的规律性和周期性。因而,理论发展需要与时俱进。

遵循马克思主义文化发展的辩证法,任何一种思想理论都不是也不应该是僵死的、凝固的、一成不变的。真正的理论必然是在继承基础上,在实践中不断发展、完善和丰富的。因此,理论的发展要时刻警惕固步自封和僵化教条的危险,要始终保持开放心态,在不断探索、不断开辟新境界、吸收新内容、创造新要素中前进。

二、反对故步自封和僵化教条

毛泽东曾说:"指导一个伟大的革命运动的政党,如果没有革命理论,没有历史知识,没有对于实际运动的深刻的了解,要取得胜利是不可能的。"①对于这一点,中国共产党坚信不疑。历史证明,以理论强党是中国共产党的一个突出特点。而以理论强党的关键,则在于中国共产党掌握马克思主义的科学方法论,具备理论创造的正确思维。

(一)理论的与时俱进性

与时俱进是发展理论必须具备的思维。世界文明历史揭示了一个规律,即任何一种文明都要与时偕行,不断吸纳时代精华。以中华文明为例,中华文明不曾中断、延绵发展的原因有很多。除了继承性,还在于中华民族自始至终具有与时俱进的思维特质和自我更新的实践能力。如"周虽旧邦,其命维新""日新之谓盛德,生生之谓易""穷则变,变则通,通则久"等思想都表现了中国人不断求变、不断更新、不断与时俱进的思想特征。习近平指出:"每一种文明都延续着一个国家和民族的精神血脉,既需要薪火相传、代代守护,更需要与时俱进、勇于创新。""没有文明的继承和发展,没有文化的弘扬和繁荣,就没有中国梦的实现。"②这些表述深刻揭示了文明继承和文明发展二者相互联系的辩证关系。

理论天然具有与时俱进的发展性特征。理论不是一蹴而就、一成不变的,而是与时代发展紧密联系在一起,是具体历史条件与实践活动相结合的基础上不断继承、发展的过程。首先,理论是一种历史性产物,理论的发展必须与时代特征相符合。对于中国共产党而言,世情、国情、党情是动态变化的,理论的形态和内容也是动态发展的。正如恩格斯曾说:"每一个时代的理论思维,包括我们这个时代的理论思维,都是一种历史的产物,它在不同的时代具有完全不同的形式,同时具有完全不同的内容。"③其次,理论是实践性产物,理论的发展必须与实践紧密结合。实践永无止境,理论发展也永无止境。时代、实践的动态变

---

① 《毛泽东选集》第2卷,人民出版社1991年版,第533页。
② 习近平:《在联合国教科文组织总部的演讲》,《人民日报》2014年3月28日。
③ 《马克思恩格斯选集》第3卷,人民出版社2012年版,第873页。

化，要求我们顺时应势、从实际出发、立足实践、推陈出新。

正确的理论应该在继承的基础上与时俱进。在这个过程中，既需要处理好与现有理论的关系，还需要处理好与新的实践经验的关系，做到在继承中发展，在发展中继承。理论的与时俱进，可以从两方面解读：一是在纵向上，正确把握现有内容，处理好历史与现实的关系，反对故步自封和僵化教条；二是在横向上，要始终保持开放心态，反对轻视、排斥其他文明，大胆吸收和借鉴人类社会创造的一切文明成果。这就是理论发展与时俱进的辩证法。

（二）克服对现有理论内容的错误态度

忽视理论与时俱进的发展性特征，容易囿于前人思想或自我思维框架之中，出现孤芳自赏、故步自封、僵化教条的错误。

所谓故步自封，就是守着老一套，不求进步；所谓僵化教条，是指不分析事物的变化、发展，只从抽象的概念、定义出发，把书本上的个别词句当作不变真理，拒绝对具体事物进行具体分析，只是生搬硬套现成的原则、概念来处理问题。究极而言，二者忽视了事物的动态发展性，不研究事物矛盾的特殊性，因循守旧、脱离实际。理论与时俱进的发展特性必然要求反对故步自封和僵化教条。

犯故步自封和僵化教条的错误，就不能正确处理历史与现实、理论与实践的关系，只能将现有理论禁锢在不发展、不变通的"继承"环节。换言之，反对故步自封和僵化教条，解决的是理论的去向问题，即理论的发展和创新问题。

故步自封和僵化教条是理论发展的大敌。其主要表现为因循守旧，教条主义、本本主义。邓小平曾指出："一个党，一个国家，一个民族，如果一切从本本出发，思想僵化，迷信盛行，那它就不能前进，它的生机就停止了，就要亡党亡国。"[①] 从中国共产党的历史看，僵化教条的错误曾给中国革命和建设带来严重危害。1931年党的六届四中全会后，党

---

① 《邓小平文选》第2卷，人民出版社1994年版，第143页。

内出现的以王明为代表的"左"倾教条主义错误,照搬苏联模式,坚持走中心城市武装起义道路,直接造成了第五次反"围剿"的失败,红军被迫长征。直到延安整风才从思想上清算了王明的"左"倾错误,确立了马克思主义同中国具体实际相结合的根本原则和实事求是的思想路线。另外,从苏联解体、东欧剧变来看,其中很重要原因在于未能在继承马克思主义本义的基础上,结合本国国情和时代发展进行理论创新,进而导致指导思想上的教条主义和理论上的停滞僵化。

另外,与故步自封和僵化教条同样严重的错误态度,是对待原有文明、文化、理论的自卑和虚无主义,即不加具体分析地否定自己的历史,否定前人的思想。如"五四"以来,有人鼓吹"全盘西化",全面否定中国传统文化,事实上这是不了解文化发展规律的虚妄观点,是一种反科学的偏见。①坚持理论继承的原则必须克服这种弊病。

(三)反对故步自封和僵化教条是推动理论与时俱进的题中应有之义

理论的与时俱进,必须做到以下几点。

第一,要敢于否定、抛弃错误的和过时的思想和理论观点。理论的发展离不开继承,但是继承是有条件、有选择性的。对于不合时代、脱离实际的部分,我们要有敢于否定、敢于抛弃的勇气和魄力。理论是实践的先导,错误的理论是对实践的误导。就粉碎"四人帮"后中国面临着向何处去的问题分析看,"两个凡是"的提出如同一副镣铐,把人们的思想禁锢在个人迷信、盲从,以及愚昧和落后之中。"两个凡是"的本质就是继续坚持毛泽东晚年的错误,坚持"以阶级斗争为纲"的指导思想。对此,邓小平旗帜鲜明地批评"两个凡是",提出要鼓励破除框框,不要设禁区。邓小平提出,没有人绝对正确,"毛泽东同志自己多次说过,他有些话讲错了。他说,一个人只要做工作,没有不犯错误

---

① 张岱年:《文化发展的辩证法》,《时代与思潮》1991年。

的。又说,马恩列斯都犯过错误,如果不犯错误,为什么他们的手稿常常改了又改呢?"①邓小平还指出,即使正确的话,也有一定的适用范围,不能随意照搬。"把毛泽东同志在这个问题上讲的移到另外的问题上,在这个地点讲的移到另外的地点,在这个时间讲的移到另外的时间,在这个条件下讲的移到另外的条件下,这样做,不行嘛!"②另外,从马克思主义中国化看,它是不断突破教条的典型表现。毛泽东曾指出:"自从中国人学会了马克思列宁主义以后,中国人在精神上就由被动转入主动。"③然而,反复出现的教条主义错误,对中国革命造成了严重后果。对此,毛泽东深刻总结历史经验和教训,提出了"使马克思主义在中国具体化"④的鲜明要求。实际上,马克思主义中国化是中国人在精神上由被动转入主动的途径,也是重要标志。而马克思主义中国化就是建立在敢于否定、抛弃错误的和过时思想理论基础之上的,是反对故步自封、僵化教条的生动体现。

第二,反对故步自封和僵化教条并非全盘否定原有理论。以中国传统文化为例,我们始终坚持继承优秀传统文化。对此,习近平总书记一再强调:"优秀传统文化是一个国家、一个民族传承和发展的根本,如果丢掉了,就割断了精神命脉。我们要善于把弘扬优秀传统文化和发展现实文化有机统一起来,紧密结合起来,在继承中发展,在发展中继承。"⑤又以马克思主义为例,其作为时代的产物,会随着时代的发展不断变化,但是"人类解放"始终是贯穿于马克思主义发展全过程的永恒主题。习近平指出,时至今日,"从世界社会主义500年的大视野来看,我们依然处在马克思主义所指明的历史时代"⑥。这就是说,因为时代主

---

① 《邓小平文选》第2卷,人民出版社1994年版,第38页。
② 同上。
③ 《毛泽东选集》第4卷,人民出版社1991年版,第1516页。
④ 《毛泽东选集》第2卷,人民出版社1991年版,第534页。
⑤ 《习近平谈治国理政》第2卷,外文出版社2017年版,第313页。
⑥ 同上书,第66页。

题的变化,马克思主义某些原理可能落后于现实,但马克思主义的精髓,即贯穿于马克思主义理论中的基本原则、立场、思维方法则是我们永远都不能放弃的。

第三,解放思想、实事求是反对故步自封和僵化教条的必然要求。在不同时代条件下,反对故步自封和僵化教条,推动理论与时俱进,首先必须要寻求思想解放的新突破,从而为理论发展不断注入新动力。解放思想的前提就是反对故步自封和僵化教条,打破习惯思维和主观思维的束缚,克服教条主义、本本主义,研究新情况、新问题,用发展的观点创造性地推动理论发展;实事求是是指将理论创造与客观实际结合起来,根据实际情况来推动理论发展。针对教条式地理解马克思主义、将社会主义当作某种固定程式等思想僵化的问题,邓小平曾一针见血地指出:"多年来,存在一个对马克思主义、社会主义的理解问题。"[①] "马克思去世以后一百多年,究竟发生了什么变化,在变化的条件下,如何认识和发展马克思主义,没有搞清楚。"[②] "世界形势日新月异,特别是现代科学技术发展很快。现在的一年抵得上过去古老社会几十年、上百年甚至更长的时间。不以新的思想、观点去继承、发展马克思主义,不是真正的马克思主义者。"[③] 正是在这种认识基础上,邓小平强调要根据时代的发展和世界的变化来对待马克思主义,明确提出:"只有思想解放了,我们才能正确地以马列主义、毛泽东思想为指导,解决过去遗留的问题,解决新出现的一系列问题,正确地改革同生产力迅速发展不相适应的生产关系和上层建筑,根据我国的实际情况,确定实现四个现代化的具体道路、方针、方法和措施。"[④] 针对理论发展的障碍,习近平也指出:"思想不解放,我们就很难看清各种利益固化的症结所在,很难找准突破的方向和着力点,很难拿出创造性的改革举措。因此,一定要

---

① 《邓小平文选》第3卷,人民出版社1993年版,第291页。
② 同上。
③ 同上书,第291—292页。
④ 《邓小平文选》第2卷,人民出版社1994年版,第141页。

有自我革新的勇气和胸怀，跳出条条框框限制，克服部门利益掣肘，以积极主动精神研究和提出改革举措。"①毋庸置疑，解放思想、实事求是是马克思主义活的灵魂，是中国共产党破除思想僵化，摆脱传统观念束缚，与时俱进地推动理论发展的武器。

三、始终保持开放心态

理论发展的与时俱进性，要求我们不仅要正确对待传统文化，还要正确对待不同国家和民族的文明，保持开放心态，在文明间的相互交流、融合中实现理论超越。

（一）认清文明发展的多样性和不平衡性

思想理论作为人类文明的精髓，其创造和发展必须置于人类文明的高度加以认识，也就是说，理论的与时俱进必然与人类文明的发展进步相关联。所以，理论创造和推进必须具备正确对待人类文明的思维方法，即必须认清文明发展的多样性和不平衡性。人类文明不是纵向孤立的单个文明，而是纵横交错的相互联系的，整体上总是以多元文明的方式存在和发展。关于人类文明的多样性，亨廷顿在《文明的冲突与世界秩序的重建》一书中提到，当代世界主要有七大文明或八大文明，它们分别是中华文明、日本文明、印度文明、伊斯兰文明、西方文明、东正教文明、拉美文明，还有可能存在的非洲文明。这些文明分属于三大类，分别是当今世界较为强进的文明；仍保持很大世界影响的文明；正在复兴复建的两大文明。②作为一种客观现象，人类文明的多样性是思想文化发展开放性的现实基础。

纵观人类文明几千年的历史，没有一种文明系统是可以长期单独地、孤立地存在和发展。这一点东方文明如此，西方文明和其他文明

---

① 《习近平谈治国理政》第1卷，外文出版社2018年版，第87页。
② 参见姜义华：《世界文明视阈下的中华文明》，复旦大学出版社2016年版，第130—132页。

都是如此。欧洲在经历一千年黑暗的中世纪后,通过文艺复兴、宗教改革、资产阶级革命和工业革命,终于摆脱衰败和落后状态,实现了欧洲文明的复兴。这是欧洲各国人民共同奋斗的结果,同时也离不开对东方文明和世界其他文明的长处、智慧、经验的学习借鉴。同样,中国在历经数百年闭关自守、文明蒙尘之后,经过艰难曲折的探索,终于开辟了一条中国式现代化道路,创造了人类文明新形态。这是中国共产党领导中国人民百年奋斗的结果,同时也离不开以博大胸怀吸收人类创造的一切优秀文明成果。特别是全球化时代到来后,世界各种文明的普遍联系是不可阻挡的趋势。关于这一点,马克思、恩格斯早在150年前就明确指出:"过去那种地方的和民族的自给自足和闭关自守状态,被各民族的各方面的互相往来和各方面的互相依赖所代替了。"① 邓小平指出,"任何一个国家要发展,孤立起来,闭关自守是不可能的"②。发达国家如此,发展中国家也是如此;资本主义国家如此,社会主义国家也是如此。文明间相互联系的规律表明,在追求自身发展的同时,要关注、尊重其他文明的价值,这为思想理论保持开放心态提出了客观要求。

与文明多样性、联系性密切相关的是各种文明的发展是不平衡的。所谓不平衡性,在于世界上各种文明形成有先有后,发展有快有慢,对于世界文明的贡献也存在程度、数量的差异。也就是说,不同文明的发展在时间、速度、内容、价值等诸多方面存在差异,是不平衡的。这一特点与各个国家、民族形成的历史条件的特殊性和现实情况的复杂性密切相关。正如马克思所说,"相同的经济基础——按主要条件来说相同——可以由于无数不同的经验的情况,自然条件,种族关系,各种从外部发生作用的历史影响等等,而在现象上显示出无穷无尽的变异和彩色差异"③。列宁也说过:"一切民族都将走向社会主义,这是不可避免的,但是一切民族的走法却不会完全一样,在民主的这种或那种形式

---

① 《马克思恩格斯选集》第1卷,人民出版社2012年版,第404页。
② 《邓小平文选》第3卷,人民出版社1993年版,第117页。
③ 《马克思恩格斯全集》第46卷,人民出版社2003年版,第894页。

上,在无产阶级专政的这种或那种形态上,在社会生活各方面的社会主义改造的速度上,各个民族都会有自己的特点。"①文明发展的不平衡性决定了对待其他文明要保持开放心态,吸收其他先进文明优秀成果为我所用,学习其他文明长处以取长补短。

保持多样性是人类文明发展的基本历史规律。人类文明多元多样发展的总态势、文明发展的相互联系性,以及各种文明发展的不平衡性,要求我们在推动文明发展的过程中,尊重文明的多样性,坚持文明的平等性,保持开放心态,促进文明之间的交流互鉴。这一逻辑同样适用于推动理论发展的过程中,即要始终保持开放心态,正确对待外来文化,学习、吸收有益部分以促进自身文化的丰富发展,为理论提升创造条件。事实上,中华文明在历史长河中正是通过海纳百川延绵发展的。五千多年的中华文明不曾中断,除了继承性,至今仍然保持顽强生命力的一个重要原因,就是始终保持开放心态,不断借鉴、吸收、融合其他文明的有益成分。"万物并育而不相害,道并行而不相悖"是中国传统文化对文明兼容并蓄的精深概括。中华文明以开放心态实现自身发展,包含三个层面的内容:其一,中华传统文化内部不同学派之间的包容吸收。在中国传统文化中占有主体地位的儒家文化之所以能够延绵发展并长期处于主流地位,其中一个重要原因就在于它不断吸收、融合了包括道家、佛学等在内的多种文化思想流派的优秀思想。其二,不同民族文化间的相互融合。关于这一点,习近平总书记在2019年全国民族团结进步表彰大会上指出:"一部中国史,就是一部各民族交融汇聚成多元一体中华民族的历史,就是各民族共同缔造、发展、巩固统一的伟大祖国的历史。各民族之所以团结融合,多元之所以聚为一体,源自各民族文化上的兼收并蓄、经济上的相互依存、情感上的相互亲近,源自中华民族追求团结统一的内生动力。正因为如此,中华文明才具有无与伦比的包容性和吸纳力,才可久可大、根深叶茂。"②其三,中华文明对西方文

---

① 《列宁全集》第28卷,人民出版社2017年版,第163—163页。
② 习近平:《在全国民族团结进步表彰大会上的讲话》,《人民日报》2019年9月28日。

化的学习、借鉴。近代以来，一方面，中华民族通过比较最终选择了马克思主义，并在其指导下进行了革命、建设和改革；另一方面，在改革开放中，中华民族又借鉴吸收西方文化中有益的、积极的成分，丰富发展了自己的思想理论。

历史表明，认清文明发展的多样性和不平衡性，保持开放的文化心态，是推动理论发展不可或缺的条件。因此，坚持理论的与时俱进，必须反对以下几种错误倾向。

一是拒绝交流的孤立主义。它忽略文明的多样性，否定文明发展的相互联系性，限制文化之间的交流。历史经验证明，孤立主义的态度必然导致民族错失发展机遇。例如，传统中国自给自足的小农经济在稳定社会形态的同时，坚持重农抑商，因此，明朝中后期的资本主义萌芽生长严重受阻。明朝后期，施行"闭关锁国"政策，严格限制对外经济、文化、科学等方面的交流，加之近代半殖民地半封建社会的多重障碍，中国错失了西方两次工业革命带来的发展机遇。孤立主义之下以天朝自居，最终导致中国落后于西方，这也是造成中国历史上由先进转为落后，以至近代长期"国家蒙辱、人民蒙难、文明蒙尘"的重要原因。

二是强调文明的对抗。这种错误态度认为各种文明是不平等的、不能互相包容的。强调文明对抗的态度主要表现为排斥、打击其他文明，千方百计去改造、去同化其他文明，甚至企图以自己的文明、文化取而代之。实际上，不管是中华文明，还是世界上其他文明都是人类文明创造的成果，文明之间的接触不应该以独尊、贬损某一种文明为前提。

人类文明是平等的，各有千秋、各有不足，世界上没有任何文明十全十美或一无是处。① 回顾历史，东方文明、西方文明等世界其他文明发展的历史经验都表明，即使一种文明曾经在世界文明中处于领先地位，对人类文明发展作出了很大贡献，也不能基于这种地位、贡献而沾沾自喜、故步自封、僵化教条；不能孤芳自赏、唯我独尊，轻视、

---

① 汤因比在《历史研究》一书中明确表明，人类各种文明在价值上是平等的。

排斥、打击其他文明,拒绝文明交流互鉴。对此,习近平曾指出:"如果居高临下对待一种文明,不仅不能参透这种文明的奥妙,而且会与之格格不入,历史和现实都表明,傲慢和偏见是文明交流互鉴的最大障碍。"①傲慢和偏见产生的文明优越论以及文明间的对立,必然会导致严重后果。

西方中心主义实质上就是否定文明平等关系,导致文明冲突的有害的思维模式。在20世纪上半叶之前,西方主流学者大多认为,西方文明在多元文明中是先进的代表,代表了人类文明从落后走向发达的社会状态,是社会发展的高级阶段。在西方中心主义意识的影响下,文明的不平等关系不可避免地客观存在。与之相关的,"历史终结论"同样也是一种否定文明平等的错误理论。"历史终结论"的基本逻辑就是西方文明被视为先进的、现代的,而西方以外的文明则被看作落后的、传统的。在现代化过程中,西方文明力图将其他文明的国家带入现代化世界,并不断推进西方价值在世界范围内的普及。冷战结束后,美国政治学者弗朗西斯·福山提出,自由民主的胜利具有历史必然性,西方自由民主制是人类政府最终形式,且这种最终形式正在普及。②然而,历史不仅没有终结,反而"经过一百多年的现代化努力,古老的文明获得了新生,它们恢复了信心,找到了自我;曾经被西方霸权扭曲的文明之间的不平等关系,现在重新被扭转"③。当前,中华文明的不断发展和更新,将会以更生动的现实来驳斥"历史终结论"的观点。

事实上,对于西方中心主义的错误思维,斯宾格勒就给予了尖锐的批评,他曾指出:"西欧的领地被当作坚实的一极,当作地球上独一无二的选定地区——不为别的,只因为我们生长在这里;而那些千百年

---

① 习近平:《在联合国教科文组织总部的演讲》,《人民日报》2014年3月28日。
② 参见[美]弗朗西斯·福山:《历史的终结及最后之人》,黄胜强、许铭原译,中国社会科学出版社2003年版。
③ 钱乘旦:《文明的多样性与现代化的未来》,《北京大学学报(哲学社会科学版)》2016年第1期。

来绵延不绝的伟大历史和悠久的强大文化都只能谦卑地绕着这个极在旋转。这简直就是一个太阳与行星的怪想体系！我们选定一小块领地作为历史体系的自然中心，并将其当作中心的太阳。所有的历史事件皆从它那里获得其真实的光，其重要性也依据它的角度而获得判定。但是，这一'世界历史'之幻景的上演，只是我们西欧人的自欺欺人，只要稍加怀疑，它就会烟消云散。"① 因此，他明确反对"古典文化或西方文化具有比印度文化、巴比伦文化、中国文化、埃及文化、阿拉伯文化、墨西哥文化等更优越的地位"②。关于这一点，亨廷顿在《文明的冲突与世界秩序的重建》一书中指出，西方文明高于其他文明的成见是西方资本主义的全球扩张造成的。亨廷顿通过对近四百年来西方殖民主义扩张史的论述，说明其他文明对西方文明的从属关系是这几个世纪各文明的关系；同时，他也指出，从今天世界文明共处的事实看，世界其他文明对西方文明的从属只是暂时的、部分的，西方文明的核心价值取代不了世界上所有其他文明的核心价值。究极而言，人类不同文明从根本上看应该是平等的，在发展本民族文明的同时，应该兼顾其他文明的利益，保持不同文明之间的均衡。

文明的差异性不可避免地会导致不同文明之间存在矛盾、冲突。一些学者认为，各种文明之间存在着由各自的"认同"差异导致的爆发冲突的趋势。正如亨廷顿在20世纪90年代提出的"文明冲突论"所指出的，文明的差异是根本性的，这是导致未来冲突的根本原因；人类在经历了君主冲突、民族国家冲突和意识形态冲突之后，将进入文明冲突的阶段；未来全球政治的中心在于世界不同文明集团的冲突，文明之间的分界线将成为未来的战线。③ 不可否认，亨廷顿的文明关系理论并没有

---

① ［德］奥斯瓦尔德·斯宾格勒:《西方的没落》第1卷，吴琼译，上海三联书店2006年版，第15—16页。
② 同上书，第16页。
③ 参见［美］塞缪尔·亨廷顿:《文明的冲突与世界秩序的重建（修订版）》，周琪等译，新华出版社2010年版。

摆脱西方中心主义立场，依旧坚持的是西方主导原则。但实际上，从大历史观和全球视野看，文明之间在存在矛盾、冲突的同时，也存在着同一性。相比较矛盾、冲突，同一性是更为重要的一面。可以说，文明的冲突不可避免，但相互学习、融合，也是长久的和不可抗拒的历史趋势。总之，人类文明是平等的，文明发展演进需要在尊重其他文明的基础上与时俱进。

三是非理性的开放心态。相对于拒绝文明间的交流、强调文明间的对抗，保持开放心态是正确处理文明、文化间关系的必然要求。然而，保持开放心态也存在大致两种不同情况：一是对外来文化进行正确理解，结合本国实际情况进行再创造。这是正确的态度。同时还存在一知半解，不加分析，照搬照抄的非理性做法。理论的创造和发展必须防止、克服这种错误心态。

（二）保持开放心态是推动理论与时俱进的必然要求

保持开放心态是推动理论与时俱进的必然要求。开放是文明发展、文化发展、理论发展的重要条件，只有保持开放心态才能及时吸取其他文明的长处。保持开放心态，需要注意以下几点。

第一，为我所用是保持开放心态的目的。保持开放心态推动理论与时俱进，应是主动的、有目的的，而不应该是被强加的。因为接纳外来文化、理论应是一种合理性的行动。在合理性行动中，学习、吸收其他一切优秀文明成果都是为了达成特定的目的，即为我所用。那么，外来文化、外来理论如何能在传入本土后产生实际效果，即有效地为我所用呢？根据跨文化传播的机制，有三点需要把握：一是现实需求，二是外来理论，三是本土文化。[①]具体而言，首先，需要根据错综复杂的社会矛盾，提出亟待解决的现实问题和理论问题，这些问题是引入外来文化、理论的现实需求；其次，合理判断外来文化、外来理论的价值，即它们是否能够提供解决本土实际问题的方案和途径；再次，判断外来文

---

① 顾红亮：《论胡适的跨文化传播观及其启示》，《求是学刊》1998年第4期。

化、外来理论是否能够与本土文化相契合,即二者会不会出现相互排斥的反应,以及本土文化、现有理论能否从外来文化中吸取有益内容以丰富自身。综合这三点,可以说,解决实际需求是学习、借鉴外来文化的目标,也是判断标准。

第二,大胆吸收和借鉴人类社会创造的一切文明成果。习近平总书记指出:"文明因多样而交流,因交流而互鉴,因互鉴而发展。"这一重要论述深刻揭示了人类文明发展的历史规律。世界上的一切文明成果都是全人类的共同财富。每一个民族、每一个国家,都为创造世界文明做出过并正在作出贡献,其长处都值得别的民族、别的国家学习。对于保持开放心态的主体而言,要大胆吸收和借鉴人类社会创造的一切文明成果。对此,毛泽东曾明确提出:"我们的方针是,一切民族、一切国家的长处都要学,政治、经济、科学、技术、文学、艺术的一切真正好的东西都要学。"[①]现代科学技术以惊人的速度不断发展,并在近100多年来以前人难以想象的速度改变了和正在改变着人类社会及其思想、文化、精神生活的条件和方式。相较于以前的资本主义,尽管现代的资本主义的本质没有改变,但其作为资本主义的不同发展阶段、具体组织形式发生了巨大变化,其所提供的现代社会化生产、生活的文明成果也发生了深刻变化。对此,邓小平说:"社会主义要赢得与资本主义相比较的优势,就必须大胆吸收和借鉴人类社会创造的一切文明成果,吸收和借鉴当今世界各国包括资本主义发达国家的一切反映现代社会化生产规律的先进经营方式、管理方法。"[②]邓小平认为,我们再也不能像过去那样,关起门来搞建设,必须抓住机遇,扩大开放。同时,保持开放心态,还包括学习、借鉴其他文明发展过程中的深刻教训。正如中国特色社会主义理论体系在形成和发展过程中,除了注重继承前人思想,吸收其他民族优秀文明成果外,还坚持对世界社会主义运动遭受挫折教训的吸收,以及对发展中国家谋求发展的得失,对发达国家发展的态势和矛

---

① 《建国以来重要文献选编》第8册,中央文献出版社1994年版,第262页。
② 《邓小平文选》第3卷,人民出版社1993年版,第373页。

盾的分析和借鉴。

第三，保持开放心态必须掌握辩证的科学方法。对其他文明、文化、理论，特别是资本主义文明保持开放心态并非必然地损害自身，但如果把握不当，则必然会造成不利影响。因此，保持开放心态，吸收外来文化必须掌握辩证的科学方法。一是要用批判的方法来审视外来文化，鉴别哪些是人类创造的有益的文明成果，哪些是颓废消极的东西；二是不能照搬照抄，要结合自己的具体情况进行选择，取其精华，去其糟粕。同时，在保持开放过程中，要处理好几对关系，即处理好文化的主体性和交融性、文化的开放性和选择性、文化的特殊性和共通性、文化的民族性和世界性的关系。

当今，保持开放心态，学习、吸收、借鉴其他文明中的有益因素，推动理论的与时俱进，需要以清醒的头脑认识世界发展大势，把握世界百年未有之大变局，认清全球治理面临的严峻挑战，以平等、包容的原则进行文明之间的交流与互鉴，运用世界文明的一切经验与智慧来解决人类共同难题，不断创造出符合时代特点、解决时代课题的新理论。正如习近平所说，"我们要坚持用马克思主义观察时代、解读时代、引领时代，用鲜活丰富的当代中国实践来推动马克思主义发展，用宽广视野吸收人类创造的一切优秀文明成果"[①]。

第三节 在继承与创新有机统一中实现重大理论突破

在继承中寻求创新，这是中国特色社会主义理论体系的突出特色，是我们深入研究和把握这一理论体系的关键点。

---

① 习近平：《在纪念马克思诞辰200周年大会上的讲话》，人民出版社2018年版，第27页。

一、在继承中寻求创新是文化发展辩证法的核心要义

文化发展的辩证法内在包含一系列相反相成、对立统一的辩证范畴,包括旧和新、静和动、扬和弃、继承与创新,等等。其中,继承和创新作为一对基本的辩证范畴,是文化发展辩证法的核心要义所在。继承针对的是文化的传统形态和内容,是保持文化连续性的必要条件。创新指涉的是文化的未来形态和内容,是文化发展的必然方向。二者本质上蕴含了"变"与"不变"的哲学原理。

遵循文化发展的辩证法,继承与创新辩证统一,不可分割。继承是文化创新的前提和基础,创新是继承的目的和方向。

第一,继承是文化创新的前提和基础。不忘历史才能开辟未来,善于继承才能善于创新。离开了继承,创新就失去了根基和价值。文化发展遵循着渐进原则,不可能凭空产生、从天而降。没有长时间的文化积累和继承,就不能有文化创新。同时,继承能够为文化创新提供空间和平台,只有准确掌握、合理继承传统文化,才能对照现实、准确定位理论创新的维度和方向。值得注意的是,继承是有条件的。坚持文化发展的辩证法,一个重要的任务就是正确分析传统文化,在辨别消极和积极、过时和合时、优秀和低劣的基础上进行选择性、批判性继承。总之,继承既是坚持原有思想的过程,也是扬弃的过程,要在继承中区分精华和糟粕,继承精华而扬弃糟粕。

第二,创新是文化继承的目的和方向。继承本身不能推动文化发展,创新才是文化发展的必然趋势。如果只有继承而没有创新,文化将会失去生命力,甚至出现文化的萎缩。坚持唯物辩证法的创新,不是割裂传统、脱离前人思想的创新,而是在继承基础上的创新,只有这样才能推动传统文化本质上的发展。简言之,文化继承能够保证文化的连续性,文化创新则能够使得这种连续性继续发展下去。

第三,继承和创新相互转化,在继承中深化创新。文化发展的辩证法认为,继承与创新存在对立统一关系,它们在一定条件下,不仅是相互联系,还可以相互转化。在继承优秀传统文化的基础上创造新

的文化,而这新的文化发展到一定阶段又必然成为下一阶段文化继承的重要内容,以此循环反复,不断实现理论的创新发展。继承和创新的文化发展规律要求我们,既要重视文化发展的继承性原则,又要重视文化发展的创新性原则,更要在继承与创新的有机统一中推动文化的发展。

综上所述,在继承中寻求创新是文化发展辩证法的核心要义。中国特色社会主义理论体系处处体现渗透着文化发展的辩证法。

二、中国共产党始终坚持文化发展的辩证法

马克思主义的唯物辩证法是中国共产党治国理政的重要思想武器。毛泽东曾说:"一切大的政治错误没有不是离开辩证唯物论的。"①中国共产党人不论是革命、建设还是改革,都时刻防止在方法论上犯丢掉马克思主义的辩证唯物论的错误。正是始终强调和坚持马克思主义的唯物辩证法,中国共产党才在历史上成功克服了历次右的和"左"的错误。陈云曾说:"学习理论,最要紧的,是把思想方法搞对头。因此,首先要学哲学,学习正确观察问题的思想方法。如果对辩证唯物主义一窍不通,就总是要犯错误。"②邓小平有一句名言,即"按照辩证法办事"。他认为没有辩证法的观点,不可能真正做到一切从实际出发、实事求是。习近平总书记也强调,马克思主义哲学"是指导我们共产党人前进的强大思想武器"③,"辩证唯物主义是中国共产党人的世界观和方法论"④。

坚持文化发展的辩证法是中国共产党理论创造的优良传统。中国

---

① 中共中央文献研究室编:《毛泽东哲学批注集》,中央文献出版社1988年版,第311—312页。
② 中共中央文献研究室编:《陈云论党的建设》,中央文献出版社1995版,第218页。
③ 中共中央宣传部编:《习近平新时代中国特色社会主义思想学习纲要》,学习出版社、人民出版社2019年版,第241页。
④ 习近平:《论党的宣传思想工作》,中央文献出版社2020年版,第124页。

共产党自成立起就高度重视理论建设,其中十分突出的表现就是运用辩证法来推动思想理论的创新发展。习近平总书记指出:"我们党的历史,就是一部不断推进马克思主义中国化的历史,就是一部不断推进理论创新、进行理论创造的历史。"①尤其是改革开放40多年来我们所走过的中国特色社会主义道路,创造的中国特色社会主义理论体系,集中体现了对文化发展辩证法的运用,其中最为突出的就是坚持继承与创新的有机统一。

理论继承是中国共产党人的一贯传统和行为模式。因为在中国共产党人看来,"历史、现实、未来是相通的。历史是过去的现实,现实是未来的历史。"②"一个成功的政党,必然处于历史的承接与推进的关键地位。处于这个关键地位,必须在思想理论上做好继承性的工作。"③中国共产党作为一个不断发展壮大的政党,非常注重对历史、现实、未来三者的把握,尤其注重在前人思想的基础上进行创新。这突出表现在:一是注重在思想理论创造中继承本民族传统文化的精华。毛泽东曾明确指出:"我们必须尊重自己的历史,决不能割断历史。""中国在长期封建社会中,创造了灿烂的古代文化。清理古代文化的发展过程,剔除其封建性的糟粕,吸收其民主性的精华,是发展民族新文化提高民族自信心的必要条件。"④二是注重继承前人思想,尤其是中国共产党历代领导集体创立的思想理论。对于马克思列宁主义、毛泽东思想,习近平肯定地说:"马克思列宁主义、毛泽东思想一定不能丢,丢了就丧失根本。"⑤

创新是中国共产党人的理论品格和政治智慧的体现。中国共产党历来重视通过理论创新引领事业发展,尤其是在开创改革开放和社会主义

---

① 《习近平谈治国理政》第4卷,外文出版社2022年版,第510页。
② 《习近平谈治国理政》第1卷,外文出版社2018年版,第67页。
③ 杜艳华:《论中国共产党理论继承的优势》,《社会主义研究》2018年第6期。
④ 《毛泽东选集》第2卷,人民出版社1991年版,第707—708页。
⑤ 《习近平谈治国理政》第1卷,外文出版社2018年版,第9页。

现代化建设的历史进程中形成了诸多新思想新理论。关于中国特色社会主义理论体系的创新发展，习近平总书记强调："坚持和发展中国特色社会主义是一篇大文章，邓小平同志为它确定了基本思路和基本原则，以江泽民同志为核心的党的第三代中央领导集体、以胡锦涛同志为总书记的党中央在这篇大文章上都写下了精彩的篇章。现在，我们这一代共产党人的任务，就是继续把这篇大文章写下去。"①总之，中国特色社会主义理论体系就是邓小平、江泽民、胡锦涛几代中央领导集体在领导中国特色社会主义建设实践中，坚持在继承前提下不断创新而形成的理论成果。

中国特色社会主义理论既注重"源"又强调"流"，既没有丢掉"老祖宗"又实现了"新发展"。经典马克思主义是中国化的马克思主义的老祖宗，中国化的马克思主义是经典马克思主义的新发展。二者是"源与流"的关系。中国共产党理论的权威首先取决于其与马克思主义具有不可分离的渊源关系。对于中国共产党的理论创造与马克思主义经典作家的关系，毛泽东曾说："谢谢马克思、恩格斯、列宁和斯大林，他们给了我们以武器。这武器不是机关枪，而是马克思列宁主义。"②同时又指出："马克思这些老祖宗的书，必须读，他们的基本原理必须遵守，这是第一。但是，任何国家的共产党，任何国家的思想界，都要创造新的理论，写出新的著作，产生自己的理论家，来为当前的政治服务，单靠老祖宗是不行的。"③因此，在社会主义基本制度建立后，毛泽东进一步说："我们已经进入社会主义时代，……不适应新的需要，写出新的著作，形成新的理论，也是不行的。"④一句话，中国共产党历来既重视老祖宗，又强调理论的创新发展，中国特色社会主义理论充分体现了这一点。

---

① 《习近平谈治国理政》第1卷，外文出版社2018年版，第23页。
② 《毛泽东选集》第4卷，人民出版社1991年版，第1469页。
③ 《毛泽东文集》第8卷，人民出版社1999年版，第109页。
④ 同上。

三、中国特色社会主义理论体系在继承与创新相统一中产生新飞跃

"21世纪的马克思几乎必然不同于20世纪的马克思。"[①]一百年来,中国共产党始终坚持把马克思主义基本原理同中国具体实际相结合、同中华优秀传统文化相结合,不断推进马克思主义中国化,实现了党的指导思想的与时俱进。党的十九届六中全会审议通过的《中共中央关于党的百年奋斗重大成就和历史经验的决议》特别强调马克思主义中国化的"飞跃",指出:毛泽东思想的创立是马克思主义中国化的"第一次历史性飞跃",中国特色社会主义理论体系的形成实现了"马克思主义中国化'新的飞跃'";习近平新时代中国特色社会主义思想的创立同样实现了"马克思主义中国化'新的飞跃'"。至此,马克思主义中国化实现了三次理论飞跃。根据文化发展的辩证法,马克思主义中国化连续的历史性飞跃都是在继承与创新相统一中实现的。

中国特色社会主义理论体系是随着时代的进步而进步、随着实践的发展而发展的。进入新时代,中国共产党继续坚持文化发展的辩证法。以习近平同志为核心的党中央,坚持和发展中国特色社会主义,以治国理政的新理念、新思想、新战略丰富和完善了中国特色社会主义理论体系。习近平新时代中国特色社会主义思想具有鲜明的继承性和原创性。作为马克思主义与中国实际相结合的历史性飞跃的连续过程中的一次新的飞跃,它在继承的基础上,实现了对毛泽东思想、邓小平理论、"三个代表"重要思想、科学发展观的新突破,深化了对共产党执政规律、社会主义建设规律、人类社会发展规律的认识。其具有突破性的理论贡献体现于中国特色社会主义理论体系的方方面面,在此主要选择以下几个方面为案例,揭示其创新性贡献。

---

① [英]埃里克·霍布斯鲍姆:《如何改变世界:马克思和马克思主义的传奇》,吕增奎译,中央编译出版社2014年版,第6页。

（一）确立新的时代坐标，重新规定社会主要矛盾及党的现实任务

习近平新时代中国特色社会主义思想是一个完整的理论体系，理解和把握这个理论体系的一个重要支点是"新时代"。这个"新时代"的制度定性是"中国特色社会主义"。新时代历史坐标的确立，重新规定中国社会主要矛盾及党的奋斗目标和现实任务。

由中国的特殊国情及社会主义作为人类高级社会形态的特质所决定，社会主义初级阶段将是一个相当长的历史过程。在此过程中，为了顺利实现最终目标，中国共产党采取了分时期、分阶段、分步骤推动现代化发展的战略。再加之中国社会主义道路探索的艰巨性，于是，中国的社会主义发展过程经历了若干不同阶段或者时期。而每一个历史时期，中国共产党首先是明确其社会的主要矛盾，进而规定自己的任务和一定阶段的奋斗目标。早在1957年毛泽东在《关于正确处理人民内部矛盾的问题》中明确指出："社会主义生产关系已经建立起来，它是和生产力的发展相适应的；但是，它又还很不完善，这些不完善的方面和生产力的发展又是相矛盾的。"而当一些矛盾解决后，"又会出现新的问题，新的矛盾，又需要人们去解决。"[①]什么时候党准确把握了这些矛盾，改革开放就顺利推进，否则改革开放就会受阻。1956年党的八大认定我国社会的主要矛盾"已经是人民对于建立先进的工业国的要求同落后的农业国的现实之间的矛盾，已经是人民对于经济文化迅速发展的需要同当前经济文化不能满足人民需要的状况之间的矛盾。"[②]但后来，由于党在思想认识上出现了偏差，改变了八大对社会主要矛盾的正确认识，使已经开始的改革很快中断。"文化大革命"结束后，邓小平领导全党拨乱反正，纠正了长期以来的"左"倾错误，在社会主要矛盾的判断上，恢复了八大的正确认识。而且，邓小平还明确指出，"社会主义基本制度确立以后，还要从根本上改变束缚生产力发展的经济体制，建

---

① 《毛泽东文集》第7卷，人民出版社1999年版，第215页。
② 中共中央党史研究室：《中国共产党历史》第2卷（上册），中共党史出版社2011年版，第396页。

立起充满生机和活力的社会主义经济体制,促进生产力的发展"①。基于这一认识的转变,邓小平带领全党坚定地推进改革,取得了举世瞩目的伟大成就。与前人的思想一脉相承,依据改革开放以来中国社会的历史巨变,习近平总书记在十九大报告中适时提出中国特色社会主义进入新时代的论断,他明确提出,"经过长期努力,中国特色社会主义进入了新时代,这是我国发展新的历史方位"②。新时代历史坐标的确立,重新规定了中国社会主要矛盾及党的现实任务。

"新时代"的最大特点是"我国社会主要矛盾已经转化为人民日益增长的美好生活需要和不平衡不充分的发展之间的矛盾"③。我国社会主要矛盾的变化是关系全局的历史性变化,对党和国家工作提出了许多新要求。在中国特色社会主义进入新时代这个新的历史方位上,"坚持和发展什么样的中国特色社会主义、怎样坚持和发展中国特色社会主义"成为这个时代的重大课题。正是依据这个新的坐标,根据新时代的主要矛盾,习近平新时代中国特色社会主义思想围绕中华民族的伟大复兴,对坚持和发展新时代中国特色社会主义的一系列重大课题进行了创新性回答。例如,在经济发展上,提出解决发展不充分、不平衡的问题;在发展目标上,适应社会矛盾新变化,提出集中时间、集中力量为建成社会主义现代化强国而奋斗。同时,对于到本世纪中叶我国建成富强民主文明和谐美丽的社会主义现代化强国的奋斗目标进行了具体的谋划,等等。由此决定,习近平新时代中国特色社会主义思想与时俱进、超越前人的鲜明特征。

(二)提出现代化发展的新目标

在习近平新时代中国特色社会主义思想指引下,我们擘画了中华民族继续共同奋进的宏伟蓝图。从2020年到本世纪中叶,在全面建成小康

---

① 《邓小平文选》第3卷,人民出版社1993年版,第370页。
② 习近平:《决胜全面建成小康社会 夺取新时代中国特色社会主义伟大胜利——在中国共产党第十九次全国代表大会上的报告》,人民出版社2017年版,第10页。
③ 同上书,第11页。

社会的基础上，分两步走全面建成社会主义现代化强国。第一个阶段，从2020年到2035年，在全面建成小康社会的基础上，再奋斗15年，基本实现社会主义现代化；第二个阶段，从2035年到本世纪中叶，在基本实现现代化的基础上，再奋斗15年，把我国建成富强民主文明和谐美丽的社会主义现代化强国。这就明确了坚持和发展中国特色社会主义的总任务，即实现社会主义现代化和实现中华民族的伟大复兴。"面对浩浩荡荡的时代潮流，面对人民群众过上更好生活的殷切期待，我们不能有丝毫自满，不能有丝毫懈怠，必须再接再厉、一往无前，继续把中国特色社会主义事业推向前进，继续为实现中华民族伟大复兴的中国梦而努力奋斗。"①

（三）深化全面从严治党，实现党的建设理论的新突破

党的建设理论是习近平新时代中国特色社会主义思想的重要组成部分。党的十八大以来，以习近平同志为核心的党中央不断深化对共产党执政规律的理论探索和实践创造，提出了一系列党的建设新理念新思想新战略，指导全面从严治党实现新突破。

党的建设在历史中不断演进。在中华人民共和国成立前，以毛泽东同志为主要代表的中国共产党人将党的建设称为"伟大的工程"②，并在坚持思想建设、组织建设和作风建设的基础上，初步探索了执政党建设问题。新中国成立后，我们党进行整党、整风，继续加强组织建设和党风廉政建设，取得了执政党建设的良好开端和宝贵经验。改革开放以来，以邓小平同志为主要代表的中国共产党人比较系统地回答了执政党建设的一系列基本问题。以江泽民同志为主要代表的中国共产党人明确提出"新的伟大工程"和"三个代表"重要思想，阐明了如何保持党的先进性的重大问题。进入新世纪，以胡锦涛同志为主要代表的中国共产党人继续推进党的建设新的伟大工程，增添了党的先进性建设和反腐倡

---

① 《习近平谈治国理政》第1卷，外文出版社2018年版，第39页。
② 《毛泽东选集》第2卷，人民出版社1991年版，第602页。

廉建设的内容，提出了总体部署。中国特色社会主义进入新时代，以习近平同志为核心的党中央继续完善党的建设新的伟大工程，提出了一系列相关重要论述，为新时代党的建设提供了新理念新思想新战略。

习近平关于党的建设的重要论述实现了诸多理论创新。第一，富有创造性地提出中国共产党领导是中国特色社会主义最本质特征，是中国特色社会主义制度的最大优势，从而澄清了一段时间内党内外在党的领导问题上的模糊认识。第二，富有创造性地提出勇于自我革命是中国共产党最鲜明的品质，阐明了自我革命与社会革命之间相辅相成、有机统一的辩证关系。第三，富有创造性地提出了"全面从严治党"一系列重要思想，在对党的建设优良传统的历史继承上，构建了"党要管党"到"从严治党"再到"全面从严治党"的治党战略与路径。第四，富有创造性地提出党的政治建设是党的建设根本性问题，强调要把党的政治建设放在首位，进一步突出了马克思主义执政党的根本政治属性。习近平有关党的建设理论在继承原有党的建设理论的基础上，拓展了党的建设的视野、格局，创新了党的建设的具体方法、路径、举措，丰富和发展了马克思主义执政党建设理论，实现了中国共产党自我革命的重大突破。

（四）提出治国理政的新方略

明确了坚持和发展新时代中国特色社会主义"十四个坚持"的基本方略：即坚持党对一切工作的领导，坚持以人民为中心，坚持全面深化改革，坚持新发展理念，坚持人民当家作主，坚持全面依法治国，坚持社会主义核心价值体系，坚持在发展中保障和改善民生，坚持人与自然和谐共生，坚持总体国家安全观，坚持党对人民军队的绝对领导，坚持"一国两制"和推进祖国统一，坚持推动构建人类命运共同体，坚持全面从严治党。其中，坚持党对一切工作的领导、坚持以人民为中心、坚持全面深化改革这"三个坚持"是总的方略，贯穿和体现在其他方略之中；坚持新发展理念、坚持人民当家作主、坚持全面依法治国、坚持社会主义核心价值体系、坚持在发展中保障和改善民生、坚持人与自然和谐共生这"六个坚持"分别是中国特色社会主义"五大建设"层面的方略;坚持总体国家安全观、坚持党对人民军队的绝对领导、坚持"一国两制"和推进祖国统一、坚持推动构建人类命运共同体、坚持全面从严治党这"五个坚持"分别是国家安全、军队建设、祖国统一、外交、党的建设等领域的方略。"十四个坚持"的基本方略是对党治国理政重大方针、原则的最新概括,是实现中华民族伟大复兴中国梦的"路线图"和"方法论"。

(五)提出新发展理念,实现发展理念的重大突破

习近平总书记指出:"我们党领导人民治国理政,很重要的一个方面就是要回答好实现什么样的发展、怎样实现发展这个重大问题。"[①]党的十八届五中全会提出了"创新、协调、绿色、开放、共享"的发展理念。作为一个系统的理论体系,新时代新发展理念是新时代中国共产党在理论继承基础上关于"发展"问题进行理论创新的重大成果。

新发展理念是具有集大成意义的理论创新。中国共产党的历代中央领导集体,针对我国社会主要矛盾及其转化,从基本国情出发,对发展问题无不给予高度关注,先后创造了不同历史时期的发展观。党的十八大以来,习近平总书记基于社会主义初级阶段这一最大国情和世界上最大发展中国家这一实际,着眼于当前我国社会主要矛盾的转化,总结人类社会现代化实践正反两方面经验,创造性地提出新发展理念,实现了在发展立场、发展动力、发展模式、发展价值等方面的深刻变革,展现了发展理论创新的宏大场景。

新发展理念的理论价值体现在诸多方面。一是深化了"以经济建设为中心"的本质要求。新发展理念在强调必须毫不动摇地坚持十一届三中全会提出的"以经济建设为中心"方针的同时,进一步提出坚持以人民为中心的发展思想,坚持以提高质量和效益为中心的发展要求。这

---

① 习近平:《论把握新发展阶段、贯彻新发展理念、构建新发展格局》,中央文献出版社2021年版,第475页。

赋予了"经济建设"这个中心更加鲜明的目标指向和更加科学的衡量标准。二是丰富了"发展是硬道理"的实践内涵。20世纪90年代,邓小平响亮提出"发展才是硬道理"的著名论断,而后中国共产党又提出"要把发展作为党执政兴国的第一要务"①,"坚持以人为本、全面协调可持续的发展观"②等重要思想。在新的发展理念体系中,创新是发展的核心与灵魂,协调是发展的基本方法,绿色是发展的内在要求,开放是发展的时代特征,共享是发展的出发点和根本归宿。它进一步深化了我们党对发展的认识,丰富和提升了党的发展理论。三是实现了对原有发展思路的调整。新发展理念强调树立创新的发展观,集中解决发展动力问题。党的十六大以后,虽然党提出"要始终把改革创新贯彻到治国理政各个环节","提高自主创新能力,建设创新型国家"③,但创新发展并没有在科学发展观中居于主要地位。党的十八大以来,习近平提出了创新驱动发展战略,创造性地提出了"把改革贯穿于经济社会发展各个领域各个环节,以改革促创新发展",创新是"引领发展的第一动力","必须把创新摆在国家发展全局的核心位置","抓住了创新,就抓住了牵动经济社会发展全局的'牛鼻子'"等重要论断。④

(六)提出人类文明新形态,实现"文明观"的新突破

习近平在庆祝中国共产党成立100周年大会上的讲话中提出:"我们坚持和发展中国特色社会主义,推动物质文明、政治文明、精神文明、社会文明、生态文明协调发展,创造了中国式现代化新道路,创造了人类文明新形态。"⑤ "人类文明新形态"的提出,在继承的基础上极大地

---

① 《江泽民文选》第3卷,人民出版社2006年版,第515页。
② 《胡锦涛文选》第2卷,人民出版社2016年版,第166页。
③ 同上书,第629页。
④ 中共中央文献研究室编:《习近平关于社会主义经济建设论述摘编》,中央文献出版社2017年版,第33页。
⑤ 习近平:《在庆祝中国共产党成立100周年大会上的讲话》,人民出版社2021年版,第13—14页。

丰富和发展了前人关于人类文明发展的理论。

人类文明新形态的呈现经历了一个不断探索的过程。新中国的文明主要体现在经济和文化上。1954年，毛泽东明确提出，"准备在几个五年计划之内，将我们现在这样一个经济上文化上落后的国家，建设成为一个工业化的具有高度现代文化程度的伟大的国家。"①"两个文明"是邓小平理论的重要内容之一。1979年，邓小平首次谈及"两个文明"："我们要在建设高度物质文明的同时，提高全民族的科学文化水平，发展高尚的丰富多彩的文化生活，建设高度的社会主义精神文明。"②此后，邓小平多次强调物质文明和精神文明必须"两手抓"，"两手都要硬"，逐步形成、完善和丰富了"两个文明"建设理论。党的十六大提出要"不断促进社会主义物质文明、政治文明和精神文明的协调发展"③。党的十七大又提出了"生态文明"。至此，形成了"四个文明"。2016年，在第一届全国文明家庭表彰大会上，习近平提出"要重视家庭文明建设"，并强调"家庭文明则社会文明。"至此，"四个文明"发展成为"五个文明"。2021年，在庆祝中国共产党成立100周年大会上，习近平总书记明确提出"人类文明新形态"这一概念，这标志着中国共产党人对人类文明发展规律的认识发生了质的飞跃。

人类文明新形态蕴含着对资本主义文明形态的超越。资本逻辑主导下，资本主义文明的两大特征是"对内剥削""对外扩张"，这导致发达国家内部、发达国家之间、发达国家和落后国家之间的矛盾冲突不断增多，西方现代性困境呼唤新的文明形态。人类文明新形态作为社会主义的文明形态、现代文明的中国形态、中华文明的当代形态、世界文明的崭新形态，既包括以中国特色社会主义"五大文明"为内容的中国式现代化道路，又包括以构建人类命运共同体为核心的人类和平发展新道

---

① 《毛泽东文集》第6卷，人民出版社1999年版，第350页。
② 《邓小平文选》第2卷，人民出版社1994年版，第208页。
③ 《江泽民文选》第3卷，人民出版社2006年版，第574页。

路。在价值追求上，人类文明新形态在秉承为中国人民谋幸福、为中华民族谋复兴的初心和使命的基础上，在"人民群众物质文化需要""人民群众美好生活需要""世界各国人民对美好生活向往"的目标导向中，将现代化与人民群众最根本的利益统一起来，并始终坚持和平发展，推动构建人类命运共同体。可以说，人类文明新形态不仅实现了对马克思人类社会发展理论的继承和创新，还实现了对资本主义文明形态的超越。也就是说，人类文明新形态在将传统中华文明升华为以马克思主义为指导的新型文明的基础上，实现了对传统社会主义文明的超越，创造出了中国特色社会主义文明，并"终结了西方文明关于'现代化=西化'的神话"[①]。

此外，习近平新时代中国特色社会主义思想在经济建设、社会建设、文化发展、对外战略、军队建设等具体领域，也提出了许多具有创新性的思想观点，实现了对前人的超越，在此不一一展开。总之，习近平新时代中国特色社会主义思想是中国特色社会主义理论体系在继承与创新相统一中实现重大突破在新时代的体现。

综上所述，马克思主义的唯物辩证法是中国共产党人治国理政的强大思想武器。根据马克思主义的唯物辩证法，中国共产党坚持理论创新与理论继承相统一、理论创新与实践创新相互动，从而一次又一次地实现了党的理论的创新发展。党的理论创造的百年历史，包括中国特色社会主义理论体系的创新发展，蕴含了丰富的哲学智慧。可以说，中国共产党之所以能够不断实现理论创新和不断丰富、完善、发展中国特色社会主义理论体系，正是得益于马克思主义的唯物辩证法这一强大的思想武器。

时代和理论总是交相辉映，中国特色社会主义理论体系是开放的、发展的理论体系，它为习近平新时代中国特色社会主义思想的丰富和发

---

① 杨振闻：《从"文明蒙尘"到"人类文明新形态"——中国式现代化道路的文明旨归》，《求索》2022年第1期。

展提供了坚实基础。在迈向第二个百年奋斗目标的新征程中，中国共产党需要更加自觉地坚持和运用马克思主义唯物辩证法这一理论创造武器，发扬马克思主义政党与时俱进的理论品格，在继承中创新，不断推动党的理论的丰富发展。

第五章　中国特色社会主义理论体系在继承中走向未来

作为我们立党立国、兴党强国的根本指导思想，马克思主义是科学性和真理性、人民性和实践性、开放性和时代性的统一。在开创改革开放和社会主义现代化建设新局面的过程中，中国共产党高度重视以理论创新引领事业发展，始终坚持解放思想、实事求是、与时俱进、求真务实，始终坚持把马克思主义基本原理同中国具体实际相结合、同中华优秀传统文化相结合，始终坚持在继承的基础上不断推进马克思主义中国化时代化。这是中国共产党的优良传统和成功经验，也是中国共产党的政治优势。展望未来，中国共产党必将传承传统、发挥优势，推动新时代的中国特色社会主义理论体系在继承中创新，在创新中发展，在发展中走向未来。

第一节　百年未有之大变局中的变与不变

理论创新的前提是对中国国情和时代特征的深刻把握。党的十八大以来，以习近平同志为核心的党中央始终坚持用马克思主义的立场观点和方法观察时代、把握时代、引领时代。2017年12月28日，习近平总书记在接见2017年度驻外使节工作会议与会使节时的讲话中首次提出"百年未有之大变局",指出:"放眼世界,我们面对的是百年未有之大变局。新世纪以来一大批新兴市场国家和发展中国家快速发展,世界多极化加速发展,国际格局日趋均衡,国际潮流大势不可逆转。"①这是我们党立足中华民族伟大复兴战略全局,科学认识全球发展大势、深刻洞察世界格局变化作出的重大判断。

一、百年未有之大变局中的"变"

理解"百年未有之大变局",必须科学、辩证地认识和把握百年未有之大变局中的变与不变、确定性与不确定性、稳定性与不稳定性。其中,"变化者,乃天地之自然","变"是百年未有之大变局的核心和关键,也是我们理解百年未有之大变局的前提和基础。习近平总书记指出:"当今世界正经历百年未有之大变局,这样的大变局不是一时一事、一域一国之变,是世界之变、时代之变、历史之变。"②概括起来,百年未有之大变局中的"变"主要表现为世界经济重心之变、世界政治格局之变、全球科技产业之变、全球治理体系之变。

第一,世界经济重心之变。自资本主义所宰制的现代世界体系形成以来,西方国家在世界经济格局中占据着主导地位。但在"百年未有之大变局"下,世界经济重心正从大西洋向太平洋(尤其是亚太地区)转移。这种世界经济重心的大变局,主要表现为发展中国家群体的力量有了大幅度提升,尤其是以中国、印度、俄罗斯、巴西、南非等为代表的"金砖国家",成为影响世界经济重心转移的重要变量。在这种情况下,世界经济重心逐渐从大西洋两岸向亚太地区转移。世界银行(World Bank)估计,至21世纪中期,发展中国家群体经济总量就会大大超过

---

① 习近平:《论坚持党对一切工作的领导》,中央文献出版社2019年版,第212页。
② 中共中央宣传部编:《习近平新时代中国特色社会主义思想学习问答》,学习出版社、人民出版社2021年版,第43页。

发达国家群体。特别是自2008年世界经济危机爆发以来，随着全球贸易保护主义势力的抬升、新冠肺炎疫情的暴发等因素的出现，世界经济发展的"南升北降"不断提速，成为不可逆转的历史趋势。在此过程中，中国作为世界上最大的发展中国家，与世界上最大的发达国家美国之间的经济差距进一步缩小。数据统计显示，2020年，中国国内生产总值达14.73万亿美元，美国是20.93万亿美元。两相比较，中国国内生产总值相当于美国的70%。在这种情况下，长期由美元主导的国际货币体系正在接近十字路口，国际货币体系多元化或"去美元化"获得新动力，也深刻影响了国际力量对比和世界政治格局。

第二，世界政治格局之变。随着世界经济重心的变化，世界政治格局也发生了深刻的变迁。当以美国为首的西方国家出现反建制主义、贸易保护主义和逆全球化甚至反全球化浪潮，逐渐丧失了推动全球化的动力时，以新兴市场经济体国家为代表的发展中国家成为全球化发展的新的推动力量。数据统计显示，在2010年世界银行和国际货币基金组织主要成员国投票权份额改革以后，中国的投票权份额分别从2.77%、3.806%增加到4.42%、6.071%，日本、德国、法国、英国等国家份额则相应减少[①]。与此同时，面对"世界怎么了，我们怎么办"的世纪之问，中国在国际舞台上贡献了中国智慧和中国方案：中国提出的"一带一路"倡议作为全球治理的公共产品，有力推动了全球化的新发展；以中法全球治理论坛、圣彼得堡国际经济论坛、二十国集团峰会等为代表，中国越来越多地参与、主导和开创多边外交，有力削弱了美国主导的单边主义。因此，从总体上来看，在百年未有之大变局之下，世界政治格局从"西强东弱、西主东从"转向"东西平视"，国际体系主导权从"北强南弱、北主南从"转向"南北对等"，国际关系行为体从主权国家为主转向"非（国家）升国（家）降"，中西力量对比从"西强中

---

① 张小琴、江舒远主编：《守望与思索：人文清华讲坛实录精选特辑》，清华大学出版社2021年版，第125—136页。

弱、西攻中守"转向"中西互有攻守"①。

第三,全球科技产业之变。世界百年未有之大变局还表现为全球科技产业之变。以智能化为中心的新科技革命(被称为"第四次科技革命")方兴未艾,通过把智能化推广运用到各个领域极大程度地推动了经济社会发展的新变革。对于这种趋势,习近平总书记指出,进入21世纪以来,全球科技创新进入空前密集活跃的时期,新一轮科技革命和产业变革正在重构全球创新版图、重塑全球经济结构。这主要表现为以下三个方面:一是以人工智能、量子信息、移动通信、物联网、区块链为代表的新一代信息技术加速突破应用;二是以合成生物学、基因编辑、脑科学、再生医学等为代表的生命科学领域孕育新的变革,融合机器人、数字化、新材料的先进制造技术正在加速推进制造业向智能化、服务化、绿色化转型;三是以清洁高效可持续为目标的能源技术加速发展将引发全球能源变革,空间和海洋技术正在拓展人类生存发展新疆域。总而言之,信息、生命、制造、能源、空间、海洋等领域的原创突破为前沿技术、颠覆性技术提供了更多创新源泉,学科之间、科学和技术之间、技术之间、自然科学和人文社会科学之间日益呈现交叉融合趋势,科学技术从来没有像今天这样深刻影响着国家前途命运,从来没有像今天这样深刻影响着人民生活福祉②。

第四,全球治理体系之变。随着世界经济重心之变、世界政治格局之变,全球治理体系也发生了深刻的变化。这种变化主要表现为:一是国际社会权力结构发生变化。全球治理格局取决于国际力量对比,全球治理体系变革源于国际力量对比变化。当前的变化表现为新兴市场经济体国家的群体性崛起和以美国为首的西方国家的相对衰落,特别是美国参与全球治理的积极性不断下降,这导致现行全球治理体系的效能不断降低。二是大国退出导致全球治理赤字有增无减。金融危机、恐怖主

---

① 陈向阳:《从世界多重矛盾演变看"百年未有之大变局"》,《旗帜》2019年第5期。
② 习近平:《努力成为世界主要科学中心和创新高地》,《求是》2021年第6期。

义、网络犯罪、气候变化等非传统安全的加剧,对人类社会和全球治理提出了新的挑战。与此同时,以美国为首的西方国家不时"退群",在破坏契约精神和全球治理体系的同时,也严重影响了全球公共产品的供给,加剧了全球治理赤字。三是全球治理规则亟须现代化。全球治理体系改革的核心内容是要实现全球治理规则的现代化。然而,既有的全球治理规则由以美国为首的西方国家主导制定,广大发展中国家(包括新兴市场经济体国家)往往被排除在全球治理规范和规则体系的制定议程之外。四是全球治理体系常态化改革的必要性骤然上升。这主要是由美国频繁单方面超越多边规则框架挑起大国博弈带来的。在单边主义和霸凌主义盛行的情况下,现有全球治理体系无法为缓解大国矛盾及时提供有效的议事平台和解决方案,致使世界面临的不稳定性和不确定性更加突出。

二、百年未有之大变局中的"不变"

不论是从我国国情来看,还是从国际环境来看,百年未有之大变局中都蕴含着"不变"。从我国国情来看,党的十九大报告指出,随着中国特色社会主义进入新时代,中国的发展进入了新的历史方向,社会主要矛盾发生了重大变化,但"我国仍处于并将长期处于社会主义初级阶段的基本国情没有变,我国是世界上最大发展中国家的国际地位没有变"[①]。虽然改革开放40多年来,年均近10%的持续高增长把中国带到了世界第二大经济体的位置,但同时我国人口众多,人均国内生产总值仍处于中等收入国家水平。世界贸易组织就曾指出,那种认为中国不再是发展中国家,要求取消中国发展中成员特殊与差别待遇的做法是错误的,中国仍属于发展中国家,中国一贯信守承诺,各国要以更全面的视角审视个别案例。从更长远的视角来看,我国还没有建成富强、民主、文明、和谐、美丽的社会主义现代化强国,仍然存在许多尚未解决的重

---

① 《习近平谈治国理政》第3卷,外文出版社2020年版,第10页。

大问题，这决定了我国仍处于并将长期处于社会主义初级阶段。

除了基本国情和国际地位没有变以外，从国内实际情况看，党的十八大以来，习近平总书记一方面指出，"我国经济发展正处于增长速度换挡期、结构调整阵痛期、前期刺激政策消化期'三期叠加'阶段"①，我国经济发展进入新常态："增长速度正从10%左右的高速增长转向7%左右的中高速增长，经济发展方式正从规模速度型粗放增长转向质量效率型集约增长，经济结构正从增量扩能为主向调整存量、做优增量并举的深度调整，经济发展动力正从传统经济增长点转向新的增长点。"②另一方面也同时指出，"中国经济发展长期向好的基本面没有变，经济韧性好、潜力足、回旋余地大的基本特征没有变，持续增长的良好支撑基础和条件没有变，经济结构调整优化的前进态势没有变"③。这"四个没有变"是习近平总书记对中国经济发展的科学的战略判断，深刻揭示出中国经济发展的基本态势和未来趋势，意味着中国仍是世界经济的重要动力源。

从国际环境来看，"变"的主轴之下仍存在着"不变"。首先，世界范围内两种制度并存并相互竞争的格局没有变。虽然百年未有之大变局影响了资本主义和社会主义两种制度关系的未来发展走向，但是当前及在今后可预期的时间范围内，资本主义制度和社会主义制度并存的格局没有变。虽然西方资本主义国家的政治模式和发展经验光环黯淡，中国特色社会主义在21世纪焕发出强大生机活力，成为振兴世界社会主义的中流砥柱，但是一方面资本主义通过制定和实施各种社会福利政策来进行自我调节的能力有所加强，另一方面西方发达国家在经济科技军事方面长期占据优势的客观现实，使得社会主义国家在短期内难以改变"资强社弱"的格局。社会主义代替资本主义是一个长期历史过程，

---

① 《习近平谈治国理政》第2卷，外文出版社2017年版，第229页。
② 同上书，第233页。
③ 习近平：《发挥亚太引领作用　应对世界经济挑战——在亚太经合组织工商领导人峰会上的主旨演讲》，《人民日报》2015年11月19日。

第五章 中国特色社会主义理论体系在继承中走向未来

最终要靠社会主义取得成功的实例来证明社会主义制度优于资本主义制度。

其次,和平与发展的时代主题没有变。和平与发展是邓小平在1985年3月最早提出来的。邓小平指出:"现在世界上真正大的问题,带全球性的战略问题,一个是和平问题,一个是经济问题或者说发展问题。"[①] 随后党的十三大正式提出和平与发展是当今世界的两大主题的深刻论断,成为我国坚定推动改革开放的基本依据。直至今日,世界面临百年未有之大变局,但和平与发展的时代主题没有变。党的十八大以来,习近平总书记反复指出:"和平与发展是当今时代的主题,也是时代的命题。"[②] "和平、发展、合作、共赢成为时代潮流。"[③] "世界正处于大发展大变革大调整时期,和平与发展仍然是时代主题。"[④] 这些论述是对时代主题和世界形势作出的科学论断。

再次,全球化发展的基本趋势没有变。不可否认,各种逆全球化、反全球化浪潮的确在西方世界普遍出现,像英国脱欧、恐怖主义、民粹主义等问题也的确加剧了地区不确定性,使全球化遭遇到挑战,但是全球化使贸易、投资、技术、人员等超越国界加速流动,世界各国通过对外贸易、资本流动、技术转移、提供服务、人员交流等推动世界经济发展,至今已形成"你中有我,我中有你"的互联互通的世界经济格局。特别重要的是,科技进步、信息技术的发展,使得经济全球化不是任何机构或组织、国家或个人所能逆转或阻止的。因此,百年未有之大变局对全球化而言,更多地意味着全球化深入发展过程中的必要性、合理性调整,特别是在新一轮全球化旗手向中国转移的过程中,中国作为负责任的世界大国,必将带来全球化发展新的动力,全球化发展的基本趋势

---

① 《邓小平文选》第3卷,人民出版社1993年版,第105页。
② 《十九大以来重要文献选编》(上),中央文献出版社2019年版,第640页。
③ 《习近平谈治国理政》第1卷,外文出版社2018年版,第272页。
④ 习近平:《决胜全面建成小康社会 夺取新时代中国特色社会主义伟大胜利——在中国共产党第十九次全国代表大会上的报告》,人民出版社2017年版,第58页。

不可逆转。

最后，美国作为世界超级强国的地位没有变。第二次世界大战以后，美国成为世界超级强国。20世纪80年代末90年代初，随着东欧剧变、苏联解体，美国成为世界上唯一的超级强国，美国凭借其强大的军事力量在全球范围内推行霸权主义和强权政治，甚至将联合国和公认的国际法抛之不顾。毋庸置疑，在百年未有之大变局之下，世界多极化加速发展、国际格局日趋均衡，国际潮流大势不可逆转，美国实力相对衰落，其霸权主义和强权政治也受到挑战。但是同时也要看到，美国的经济仍然是全球第一，美国的军事仍然为全球唯一霸主，美国的科技创新能力仍然是世界最强大的，因此美国作为世界唯一超级大国的地位，在可预见的未来不会改变。

三、保持战略定力，以不变应万变

"所当乘者，势也；不可失者，时也。"①我们要看到，世界百年未有之大变局，不是外在于中国的变局，不是置中国于局外的变局，而是与中华民族伟大复兴的战略全局互为因果、同步交织、相互激荡的变局。应对百年未有之大变局，我们必须有识变之智、应变之方、求变之勇。习近平总书记在党的十九届五中全会上指出："保持战略定力，办好自己的事，认识和把握发展规律，发扬斗争精神，树立底线思维，准确识变、科学应变、主动求变，善于在危机中育先机、于变局中开新局，抓住机遇，应对挑战，趋利避害，奋勇前进。"②在省部级主要领导干部学习贯彻党的十九届五中全会精神专题研讨班开班式上，习近平总书记再次强调："全党必须继续谦虚谨慎、艰苦奋斗，调动一切可以调动的积极因素，团结一切可以团结的力量，全力办好自己的事，锲而不

---

① ［明］陈邦瞻：《宋史纪事本末》卷13，中华书局2015年版，第80页。
② 《中国共产党第十九届中央委员会第五次全体会议文件汇编》，人民出版社2020年版，第6页。

第五章 中国特色社会主义理论体系在继承中走向未来

舍实现我们的既定目标。"①正因如此,无论外部风云如何变幻,最重要的还是做好我们自己的事情,我们必须把握大局大势,保持战略定力,以不变应万变。

第一,要一以贯之增强忧患意识、防范风险挑战。党的十八大以来,面对新形势新任务新要求,以习近平同志为核心的党中央反复强调,要一以贯之增强忧患意识、防范风险挑战。这种居安思危、未雨绸缪,充分体现了中国共产党人坚持底线思维的忧患意识和担当精神。虽然和平与发展仍然是当今时代的主题,但是世界正处于大发展大变革大调整时期,各种不稳定性不确定性突出,必须坚持开展新的伟大斗争。党的十九届六中全会明确指出:"外部环境更趋复杂严峻,国内新冠肺炎疫情防控和经济社会发展各项任务极为繁重艰巨。"②为此《中共中央关于党的百年奋斗重大成就和历史经验的决议》(以下简称"党的第三个历史决议")着重强调保持战略定力的重要性,要"不为任何风险所惧,不为任何干扰所惑,决不在根本性问题上出现颠覆性错误"③。这就要求在坚持底线思维中保持战略定力,既要高度警惕"黑天鹅"事件,也要防范"灰犀牛"事件;既要有防范风险的先手,也要有应对和化解风险挑战的高招;既要打好防范和抵御风险的有准备之战,也要打好化险为夷、转危为机的战略主动战。④

第二,要毫不动摇坚持和发展中国特色社会主义。道路决定前途,方向决定命运。中国特色社会主义是党和人民百年奋斗、创造、积累的根本成就,是改革开放以来党的全部理论和实践的主题。党的第三个历

---

① 《习近平谈治国理政》第4卷,外文出版社2022年版,第164页。
② 《中国共产党第十九届中央委员会第六次全体会议文件汇编》,人民出版社2021年版,第2页。
③ 《中共中央关于党的百年奋斗重大成就和历史经验的决议》,人民出版社2021年版,第72页。
④ 《习近平在学习贯彻党的十九大精神研讨班开班式上发表重要讲话强调 以时不我待只争朝夕的精神投入工作 开创新时代中国特色社会主义事业新局面》,《人民日报》2018年1月6日。

史决议指出:"党的十八大以来,以习近平同志为核心的党中央领导全党全军全国各族人民砥砺前行,全面建成小康社会的目标如期实现,党和国家事业取得历史性成就、发生历史性变革,彰显了中国特色社会主义的强大生机活力,党心军心民心空前凝聚振奋,为实现中华民族伟大复兴提供了更为完善的制度保证、更为坚实的物质基础、更为主动的精神力量。"[①]历史和实践证明:中国特色社会主义是历史的选择、人民的选择,是当代中国大踏步赶上时代、引领时代发展的康庄大道,是中国共产党和中国人民团结的旗帜、奋进的旗帜、胜利的旗帜。在百年未有之大变局中保持战略定力,必须毫不动摇地坚持和发展中国特色社会主义,既不走封闭僵化的老路,也不走改旗易帜的邪路,确保党和国家事业始终沿着正确方向胜利前进。

第三,要坚定不移将新时代改革开放进行到底。历史和实践证明:改革开放是党和人民大踏步赶上时代的重要法宝,是坚持和发展中国特色社会主义的必由之路,是决定当代中国命运的关键一招,是决定实现"两个一百年"奋斗目标、实现中华民族伟大复兴的关键一招,因此成为当代中国最显著的特征、最壮丽的气象。党的十八大以来,以习近平同志为核心的党中央牢牢把握改革新阶段复杂性、敏感性、艰巨性更加突出的实际,更加注重改革的系统性、整体性、协同性,不断把改革引向深入。改革和开放相辅相成、相互促进,改革必然要求开放,开放也必然要求改革。习近平总书记多次提出:"中国开放的大门不会关闭,只会越开越大。"[②]向全世界郑重承诺:"面对时代命题,中国坚定不移坚持对外开放。"[③]在庆祝改革开放40周年大会上的讲话中,习近平总书记强调:"把改革发展稳定统一起来,坚持方向

---

① 《中共中央关于党的百年奋斗重大成就和历史经验的决议》,人民出版社2021年版,第61页。
② 习近平:《决胜全面建成小康社会 夺取新时代中国特色社会主义伟大胜利——在中国共产党第十九次全国代表大会上的报告》,人民出版社2017年版,第34页。
③ 《十九大以来重要文献选编》(上),中央文献出版社2019年版,第641页。

不变、道路不偏、力度不减,推动新时代改革开放走得更稳、走得更远。"①这充分体现了中国共产党面对时代变局,坚定不移深化改革、扩大开放的决心和定力。

第二节 坚持在继承中创新

坚持理论创新是中国共产党百年奋斗的宝贵经验。但是理论创新不是割裂传统、另起炉灶或凭空想象的,只有建立在继承基础上的创新才能推动新的理论飞跃。随着中国特色社会主义进入新时代,我们比历史上任何时期更接近中华民族伟大复兴的目标,比历史上任何时期都更有信心、更有能力实现这个目标。习近平总书记在党的十九大报告中指出:"中华民族伟大复兴,绝不是轻轻松松、敲锣打鼓就能实现的。全党必须准备付出更为艰巨、更为艰苦的努力。"②面对百年未有之大变局,走好新时代的赶考之路,必须继续坚持在继承中创新,为实现第二个百年奋斗目标和中华民族伟大复兴提供理论指引和精神动力。

一、在继承中创新是中国共产党创造百年辉煌的成功经验

在中国共产党的百年光辉历程中,坚持在继承的基础上扬弃和开创,是重要的理论创新经验。党的十九大报告指出:"新时代中国特色社会主义思想,是对马克思列宁主义、毛泽东思想、邓小平理论、'三个代表'重要思想、科学发展观的继承和发展,是马克思主义中国化最新成果,是党和人民实践经验和集体智慧的结晶。"③这段概括阐明了

---

① 《十九大以来重要文献选编》(上),中央文献出版社2019年版,第736页。
② 习近平:《决胜全面建成小康社会 夺取新时代中国特色社会主义伟大胜利——在中国共产党第十九次全国代表大会上的报告》,人民出版社2017年版,第15页。
③ 同上书,第20页。

习近平新时代中国特色社会主义思想同马克思列宁主义、毛泽东思想、邓小平理论、"三个代表"重要思想、科学发展观等诸理论之间的关系，表明习近平新时代中国特色社会主义思想是中国共产党理论创新史上连续继承、世代累积、不断扬弃的成果。在《中国共产党章程》中，对毛泽东思想、邓小平理论、"三个代表"重要思想、科学发展观等马克思主义中国化理论成果的阐述，也用了同样的概括。这种概括准确揭示了中国共产党理论创立和构建的独特过程及智慧。

在谈到中国共产党理论创新的继承性时，习近平总书记指出："我们是历史唯物主义者，要认识到没有继承，就没有发展；没有创新，就没有未来。必须始终坚持在继承中创新，在创新中发展。一方面，对过去既定的目标任务和行之有效的决策部署，都要继续坚持，扎实推进。决不能为了所谓的'政绩'，一件事还没落实，又要朝令夕改。我们现在的所有工作，都是站在前人的肩膀上来进行的。另一方面，要着眼于当今时代的发展变化，运用理论创新的最新成果，不断推进制度创新、科技创新、文化创新以及其他各方面的创新，不断完善已有的东西，不断开创新的局面。朝令夕改是有害的，故步自封也是一种失职。"[①]这段话深刻揭示了中国共产党人坚持理论创新的继承性思维。其中，"没有继承，就没有发展；没有创新，就没有未来"阐述了理论继承和理论创新之间的辩证关系，"必须始终坚持在继承中创新，在创新中发展""我们现在的所有工作，都是站在前人的肩膀上来进行的"表明了中国共产党人对待理论创新的基本态度、基本主张和基本要求，阐明了中国共产党推动马克思主义中国化的重要方法。

纵观中国共产党百年历史可以看出，中国共产党坚持思想理论的继承性主要表现在三个方面：一是在思想理论创造中继承本民族传统文化的精华，二是在思想理论创造中继承马克思主义的精华，三是在思想

[①] 习近平：《干在实处 走在前列——推进浙江新发展的思考与实践》，中共中央党校出版社2006年版，第78—79页。

理论创造中继承党的理论创新的哲学基础。从毛泽东思想到邓小平理论，从邓小平理论到"三个代表"重要思想和科学发展观，从科学发展观到习近平新时代中国特色社会主义思想，这种继承的思维方法一脉相承[1]。在如何对待自己民族和国家的历史问题上，毛泽东很早就指出："我们必须尊重自己的历史，决不能割断历史。"[2]又说："从孔夫子到孙中山，我们应当给以总结，承继这一份珍贵的遗产。"[3]对待中华优秀传统文化如此，对待马克思主义及其中国化理论成果也是如此。从根本上说，这种继承的思维方法，是中国共产党能动性地扬弃既有理论的过程，在坚持理论创新的过程中，始终能够做到辩证地看待中华优秀传统文化，辩证地看待马克思主义经典作家的理论成果。概括起来，在中国共产党百年奋斗中，继承的思维方法作为成功经验主要表现在以下三个方面。

首先，继承的思维方法使中国共产党在思想理论上获得快速成长。中国共产党诞生于半殖民地半封建的中国，在那个国家和民族多灾多难、内忧外患的时代，中国共产党在理论准备严重不足的情况下，就投入到燃眉之急的民族斗争和阶级斗争中，以至于共产国际代表布哈林甚至把幼稚的中国共产党视为"在街上散步的中国小姑娘们"[4]。一边是严峻的革命斗争形势，一边是严重的理论准备不足，而且在具体的革命实践中，中国共产党还面临着如何从中国实际出发运用马克思主义的问题，正如李大钊所指出的那样，中国的马克思主义者必须认真研究马克思主义的理论及其"怎样应用于中国今日的政治经济情形"[5]。在这种情况下，中国共产党依靠继承的思维方法，从马克思列宁主义、从中华

---

[1] 杜艳华：《论中国共产党理论继承的优势》，《社会主义研究》2018年第6期。
[2] 《毛泽东选集》第2卷，人民出版社1991年版，第708页。
[3] 同上书，第534页。
[4] 中共中央党史研究室、中央档案馆编：《中国共产党第六次全国代表大会档案文献选编》（上卷），中共党史出版社2015年版，第376页。
[5] 中国李大钊研究会编注：《李大钊全集》第4卷，人民出版社2013年版，第516页。

优秀传统文化,以及孙中山先生等资产阶级革命先驱那里获得重要的理论启迪和实际经验。这使中国共产党在思想理论上获得了快速增长,并在随后的革命探索中形成了对"什么是马克思主义、怎样对待马克思主义"的科学态度,走出了一条"农村包围城市,武装夺取政权"的革命新道路,创立了毛泽东思想,推动了马克思主义中国化的第一次历史性飞跃。同样,邓小平理论、"三个代表"重要思想、科学发展观和习近平新时代中国特色社会主义思想也是如此。可以说,没有继承的思维方法,就不会有马克思主义中国化及其理论成果。

其次,继承的思维方法使中国共产党在历史转折中作出正确决策。习近平总书记在党史学习教育动员大会上强调:"我们党的一百年,是矢志践行初心使命的一百年,是筚路蓝缕奠基立业的一百年,是创造辉煌开辟未来的一百年。"①但是这并不意味着中国共产党的百年历史都是一帆风顺的,中间也充满了艰辛历程和苦难辉煌。揆诸历史,中国共产党之所以总是能够在历史的转折关头作出正确决策,同样得益于继承的思维方法。在中国共产党的百年历史上所发生的重要历史转折都跟党自身所犯错误有关:在土地革命战争时期,中国共产党在纠正了陈独秀右倾机会主义错误以后,又接连犯了"左"倾盲动主义、冒险主义和教条主义错误。特别是由于王明"左"倾教条主义在党内的错误领导,中央革命根据地第五次反"围剿"失败,红军不得不进行战略转移,经过艰苦卓绝的长征转战到陕北。在此过程中,中国共产党开始独立自主地解决自身问题,对共产国际的指示和苏俄革命道路给予扬弃,最终在遵义会议上作出正确决策。在社会主义革命和建设时期,当"文化大革命"结束以后,面对"左"右两派对毛泽东及毛泽东思想的极端评价,如何正确对待毛泽东及毛泽东思想的遗产至关重要。在党和国家面临何去何从的重大历史转折中,邓小平既博采众议又力排众议,提出"我们必须

---

① 习近平:《在党史学习教育动员大会上的讲话》,人民出版社2021年版,第5页。

第五章 中国特色社会主义理论体系在继承中走向未来

世世代代地用准确的完整的毛泽东思想来指导我们全党、全军和全国人民"①,要求把"确立毛泽东同志的历史地位,坚持和发展毛泽东思想"作为起草党的第二个历史决议最核心的一条,也是最重要、最根本、最关键的一条②。从而继往开来,守正创新,既保证了中国政治的稳定,又为改革开放创造了条件。

最后,继承的思维方法使中国共产党在执政地位上实现持续巩固。新中国成立以后,中国共产党从局部执政走向全国执政,开始在极其落后的经济文化条件下进行社会主义革命、建设和改革。在这种情况下,如何提高党的执政能力和领导水平,保持党的先进性和纯洁性,确保党不变质、不变色、不变味,成为摆在党和国家面前的重要问题。中国共产党正是依靠继承的原则和方法,保证了党的初心不变、使命不变、旗帜不变,从而在一代又一代人的接续努力中,推动民族的文明进步,推动国家的发展壮大。这主要是因为,一方面继承本身内含一种稳定性和连续性,"中国共产党坚持理论的继承性有效地防止了指导思想的颠覆性变化,进而也防止了因为思想理论变化而引发的组织分化"③。另一方面继承赋予中国共产党新的团结和统一。习近平总书记指出:"我们党是高度集中统一的马克思主义政党,思想上的统一、政治上的团结、行动上的一致是党的事业不断发展壮大的根本所在。"④从内适性上说,继承赋予了全党统一思想、统一意志、统一行动的共识和基础;从外适性上说,继承树立了全党团结统一和集中领导的政党形象,从而使中国共产党拥有强大的凝聚力、号召力和引领力。中国共产党之所以能领导中国人民创造世所罕见的经济快速发展奇迹和社会长期稳定奇迹,坚持继承的思维方法是重要的原因和奥秘。

---

① 《邓小平文选》第2卷,人民出版社1994年版,第39页。
② 同上书,第291页。
③ 杜艳华:《论中国共产党理论继承的优势》,《社会主义研究》2018年第6期。
④ 习近平:《在全国党校工作会议上的讲话》,人民出版社2016年版,第9页。

二、在继承中创新为中华民族伟大复兴提供动力

不忘历史才能开辟未来，善于继承才能善于创新。党的十八大以来，中国共产党承前启后、继往开来，在世世相承、代代接续中成功把中国特色社会主义推向新时代。习近平总书记指出："坚持和发展中国特色社会主义是一篇大文章，邓小平同志为它确定了基本思路和基本原则，以江泽民同志为核心的党的第三代中央领导集体、以胡锦涛同志为总书记的党中央在这篇大文章上都写下了精彩的篇章。现在，我们这一代共产党人的任务，就是继续把这篇大文章写下去。"① 理论是实践的先导，思想是行动的指南。在新时代、新征程上，我们要始终坚持在继承中创新的基本原则和重要经验，推动当代中国马克思主义、21世纪马克思主义创新性发展，为中华民族伟大复兴提供精神动力。

作为马克思主义政党，中国共产党自成立之日起，就把为中国人民谋幸福，为中华民族谋复兴作为自己的初心使命，坚持不懈为实现民族独立、人民解放和国家富强、人民富裕而英勇奋斗。党的第三个历史决议指出："一百年来，党领导人民浴血奋战、百折不挠，创造了新民主主义革命的伟大成就；自力更生、发愤图强，创造了社会主义革命和建设的伟大成就；解放思想、锐意进取，创造了改革开放和社会主义现代化建设的伟大成就；自信自强、守正创新，创造了新时代中国特色社会主义的伟大成就。党和人民百年奋斗，书写了中华民族几千年历史上最恢宏的史诗。"② 在中国共产党成立100周年的历史性时刻，中国共产党向人民和世界庄严宣告：经过全党全国各族人民持续奋斗，我们实现了第一个百年奋斗目标，在中华大地上全面建成了小康社会，历史性地解决了绝对贫困问题，正在意气风发向着全面建成社会主义现代化强国的

---

① 《习近平谈治国理政》第1卷，外文出版社2018年版，第23页。
② 《中共中央关于党的百年奋斗重大成就和历史经验的决议》，人民出版社2021年版，第1—2页。

第二个百年奋斗目标迈进。①随着中国特色社会主义进入新时代,特别是中国共产党团结带领中国人民胜利实现第一个百年奋斗目标,迈上了全面建成社会主义现代化强国的第二个百年奋斗目标,实现中华民族伟大复兴进入了不可逆转的历史进程!

在一代又一代中国共产党人的不懈奋斗中,全面建成社会主义现代化强国的发展图景越来越清晰,从当年的"两个文明"到"三位一体""四位一体",再到今天的"五位一体",涵盖经济建设、政治建设、文化建设、社会建设、生态文明建设等诸方面,表现出中国共产党高度历史自觉和战略规划能力。为了更好地奋力实现第二个百年奋斗目标,党的十九大在综合分析国际国内形势和我国发展条件的基础上,对实现第二个百年奋斗目标作出分两个阶段推进的战略安排。到本世纪中叶,"我国物质文明、政治文明、精神文明、社会文明、生态文明将全面提升,实现国家治理体系和治理能力现代化,成为综合国力和国际影响力领先的国家,全体人民共同富裕基本实现,我国人民将享有更加幸福安康的生活,中华民族将以更加昂扬的姿态屹立于世界民族之林"②。从全面建成小康社会到基本实现现代化,再到全面建成社会主义现代化强国,是中国共产党为新时代中国特色社会主义描绘的新愿景、刻画的路线图。

习近平总书记指出:"回顾历史,不是为了从成功中寻求慰藉,更不是为了躺在功劳簿上、为回避今天面临的困难和问题寻找借口,而是为了总结历史经验、把握历史规律,增强开拓前进的勇气和力量。"③过去,中国共产党向人民、向历史已经交出了一份优异的答卷。而今,中国共产党团结带领中国人民又踏上了实现第二个百年奋斗目标新的赶考

---

① 习近平:《在庆祝中国共产党成立100周年大会上的讲话》,人民出版社2021年版,第2页。
② 同上书,第29页。
③ 习近平:《在党史学习教育动员大会上的讲话》,人民出版社2021年版,第4页。

之路。对此,中国共产党人强调的是"时代是出卷人,我们是答卷人,人民是阅卷人"①,以对历史大势的清醒认识踏上新的"赶考"之路。所谓"赶考",就是要应对和解决好新征程上遇到的各种困难、风险和挑战;所谓"新的赶考之路",就是在统筹中华民族伟大复兴战略全局和世界百年未有之大变局的新征程中,夺取新时代中国特色社会主义新的伟大胜利。如果说实现第一个百年奋斗目标是过去中国共产党引领的伟大社会革命,那么全面建成社会主义现代化强国的第二个百年奋斗目标就是新时代、新征程中国共产党引领的伟大社会革命。能否在踏上第二个百年奋斗目标的新征程中开拓新境界、赢得新赶考,是实现中华民族伟大复兴千秋伟业的"关键之举"。

展望未来,习近平总书记指出:"越是接近民族复兴越不会一帆风顺,越充满风险挑战乃至惊涛骇浪。"②在踏上第二个百年奋斗目标新的赶考之路的新征程中,中国共产党所处的历史方位、发展目标、改革任务、外部环境等都发生了新的变化,百年未有之大变局带来的矛盾的尖锐性、形势的复杂性、挑战的风险性、较量的残酷性前所未有,党和人民的事业面临着许多新问题,遇到了许多新挑战,提出了许多新要求,必须进行具有许多新的历史特点的伟大斗争。这主要体现在党情、国情和世情等各个方面:一是从党情上来说,中国共产党所处的历史方位发生了重大变化。中国共产党已经是一个有着百年历史的大党,截至2021年12月31日党员数量已经超过9600万。在"四大考验""四种危险"等严峻复杂现实面前,中国共产党必须敢于以刀刃向内、刮骨疗伤和壮士断腕的自我革命品格推进全面从严治党,同党内存在的各种不正之风和消极腐败现象作坚决斗争。二是从国情上来说,我国社会主要矛盾"已经转化为人民日益增长的美好生活需要和

---

① 《中共中央关于党的百年奋斗重大成就和历史经验的决议》,人民出版社2021年版,第71页。

② 习近平:《在"不忘初心、牢记使命"主题教育总结大会上的讲话》,人民出版社2020年版,第17页。

不平衡不充分的发展之间的矛盾"①,这是关系全局的历史性变化,对党和国家工作提出了许多新要求。党的十九大报告指出:"我们要在继续推动发展的基础上,着力解决好发展不平衡不充分问题,大力提升发展质量和效益,更好满足人民在经济、政治、文化、社会、生态等方面日益增长的需要,更好推动人的全面发展、社会全面进步。"②三是从世情上来说,在百年未有之大变局下,形形色色的单边主义、保护主义、霸权主义不断抬头,经济全球化遭遇波折,多边贸易体制受到冲击,各种不稳定因素依然存在。虽然我国仍然是世界上最大的发展中国家,但是中国已日益走近世界舞台中央,这就要求中国共产党必须胸怀天下,积极推动构建人类命运共同体,始终坚持做世界和平的建设者、全球发展的贡献者、国际秩序的维护者,为人类发展承担更大责任,为世界繁荣作出更大贡献。

在解决新问题、应对新挑战、把握新要求的过程中,必然要求我们继续坚持继承的思维方法,在继承中创新,在创新中继承。一方面要认识到,在继承中创新,前提是继承,方法是继承,没有继承就谈不上创新,但是继承不是故步自封、不是自我僵化;另一方面也要认识到,在继承中创新,关键在创新,目的在创新,但是创新不是脱离历史、不是远离昨天。"创新是引领发展的第一动力,抓创新就是抓发展,谋创新就是谋未来。"③一个民族要站在世界的高峰,一刻也不能没有理论思维;一个政党要站在时代前列,一刻也离不开理论创新。只有有了理论创新,才能引领制度创新、科技创新、文化创新等实践创新,才能实现实践创新和理论创新的双向互动。习近平总书记指出:"我们党之所以能够历经考验磨难无往而不胜,关键就在于不断进行实践创新和理论

---

① 习近平:《决胜全面建成小康社会 夺取新时代中国特色社会主义伟大胜利——在中国共产党第十九次全国代表大会上的报告》,人民出版社2017年版,第11页。
② 同上书,第11—12页。
③ 中共中央文献研究室编:《习近平关于科技创新论述摘编》,人民出版社2016年版,第7页。

创新。"①在过去的百年奋斗历程中，中国共产党既没有固守马克思主义经典作家的个别现成结论，又没有在进行理论创新时摒弃或否定马克思主义基本原则，而是一以贯之地将继承的思维方法贯穿在理论创新的始终，坚持把马克思主义基本原理同中国具体实际相结合、同中华优秀传统文化相结合，始终遵循马克思主义理论创新的基本原则、经验和方法。

建成社会主义现代化强国，实现中华民族伟大复兴是一场接力跑。在新时代、新征程中，坚持理论创新必须牢固树立"接力跑"意识，将继承的思维方法运用到新时代的理论创新中，继续推进马克思主义中国化时代化。一是要把理论创新同坚持马克思主义基本原理结合起来。马克思主义政党是伴随着马克思主义理论的产生而建立，伴随着马克思主义理论的坚持而坚持，伴随着马克思主义理论的发展而发展。尽管我们所处的时代同马克思所处的时代相比发生了巨大而深刻的变化，但我们依然处于马克思主义所指明的历史时代，马克思主义依然显示出强大的思想伟力，依然占据着真理和道义的制高点。"中国共产党为什么能，中国特色社会主义为什么好，归根到底是因为马克思主义行！"②马克思主义始终是中国共产党创新的理论起点、逻辑起点、价值起点。二是要把理论创新同坚持毛泽东思想和中国特色社会主义理论体系结合起来。毛泽东思想和中国特色社会主义理论体系都是对马克思主义既一脉相承又与时俱进的继承性发展，两者虽然产生于不同时期，解决不同的时代之问，但两者在历史和逻辑上存在不可分割的密切联系。中国特色社会主义理论体系从根本上坚持和继承了马克思主义的本质、毛泽东思想的精髓，也从根本上坚持和继承了社会主义革命、建设和改革等重大问题。两者相映生辉，共同构建了中国化的马克思主义理论大厦，开创

---

① 转引自靳书君:《马克思主义中国化研究的问题、视野与范式》，人民出版社2016年版，引言第1页。

② 习近平:《在庆祝中国共产党成立100周年大会上的讲话》，人民出版社2021年版，第13页。

了马克思主义事业在中国的新篇章，共同指导和推动了中国共产党的革命、建设和改革事业。三是要把理论创新同坚持用习近平新时代中国特色社会主义思想武装头脑、指导实践、推动工作结合起来。习近平新时代中国特色社会主义思想从理论和实践结合上系统回答了新时代坚持和发展什么样的中国特色社会主义、怎样坚持和发展中国特色社会主义，建设什么样的社会主义现代化强国、怎样建设社会主义现代化强国，建设什么样的长期执政的马克思主义政党、怎样建设长期执政的马克思主义政党等重大时代课题，是当代中国马克思主义、21世纪马克思主义，是中华文化和中国精神的时代精华，实现了马克思主义中国化新的飞跃[1]。坚持用习近平新时代中国特色社会主义思想武装头脑、指导实践、推动工作，就是要不断探索时代发展提出的新课题、回应人类社会面临的新挑战，不断丰富和发展当代中国马克思主义、21世纪马克思主义。

在过去的百年奋斗中，中国共产党依靠理论创新，实现了马克思主义中国化的一次次飞跃，推动中国社会发生一次次伟大变革。实践发展永无止境，理论创新永无止境。习近平总书记指出："当代中国正经历着我国历史上最为广泛而深刻的社会变革，也正在进行着人类历史上最为宏大而独特的实践创新。"因此，"这是一个需要理论而且一定能够产生理论的时代，这是一个需要思想而且一定能够产生思想的时代。"[2]在中华民族伟大复兴的新征程中，实践创新以前所未有的深度和广度展开，理论创新也必将获得新成果。作为中国特色社会主义事业的领导核心，中国共产党更有责任、更有能力推动理论创新、引领实践创新，为发展马克思主义作出原创性贡献，让马克思主义在中国大地上展现出更强大、更有说服力的真理力量。

---

[1] 《中共中央关于党的百年奋斗重大成就和历史经验的决议》，人民出版社2021年版，第25—26页。

[2] 习近平：《在哲学社会科学工作座谈会上的讲话》，人民出版社2016年版，第8页。

主要参考文献

（一）著作

[1]《马克思恩格斯选集》第1—4卷，人民出版社2012年版。
[2]《马克思恩格斯文集》第1卷，人民出版社2009年版。
[3]《马克思恩格斯文集》第9卷，人民出版社2009年版。
[4]《马克思恩格斯选集》第1卷，人民出版社1995年版。
[5]《马克思恩格斯全集》第3卷，人民出版社1960年版。
[6]《马克思恩格斯全集》第19卷，人民出版社1963年版。
[7]《马克思恩格斯全集》第22卷，人民出版社1965年版。
[8]《马克思恩格斯全集》第23卷，人民出版社1972年版。
[9]《马克思恩格斯全集》第25卷，人民出版社2001年版。
[10]《马克思恩格斯全集》第26卷，人民出版社2014年版。
[11]《马克思恩格斯全集》第27卷，人民出版社1972年版。
[12]《马克思恩格斯全集》第30卷，人民出版社1995年版。
[13]《马克思恩格斯全集》第39卷，人民出版社1974年版。
[14]《马克思恩格斯全集》第40卷，人民出版社1982年版。
[15]《马克思恩格斯全集》第42卷，人民出版社1979年版。
[16]《马克思恩格斯全集》第46卷，人民出版社2003年版。
[17]《列宁选集》第2—4卷，人民出版社2012年版。
[18]《列宁全集》第6卷，人民出版社2013年版。

［19］《列宁全集》第34卷，人民出版社1985年版。

［20］《列宁全集》第55卷，人民出版社1990年版。

［21］《斯大林选集》（上），人民出版社1979年版。

［22］《马克思、恩格斯、列宁、斯大林论统一战线》，中央文献出版社1985年版。

［23］《毛泽东选集》第1—4卷，人民出版社1991年版。

［24］《毛泽东文集》第1卷，人民出版社1993年版。

［25］《毛泽东文集》第2卷，人民出版社1993年版。

［26］《毛泽东文集》第6卷，人民出版社1999年版。

［27］《毛泽东文集》第7卷，人民出版社1999年版。

［28］《毛泽东文集》第8卷，人民出版社1999年版。

［29］《毛泽东哲学批注集》，中央文献出版社1988年版。

［30］《毛泽东著作选读》（下），人民出版社1986年版。

［31］《邓小平文选》第2卷，人民出版社1994年版。

［32］《邓小平文选》第3卷，人民出版社1993年版。

［33］《江泽民文选》第1—3卷，人民出版社2006年版。

［34］《胡锦涛文选》第2—3卷，人民出版社2016年版。

［35］《习近平谈治国理政》第1卷，外文出版社2018年版。

［36］《习近平谈治国理政》第2卷，外文出版社2017年版。

［37］《习近平谈治国理政》第3卷，外文出版社2020年版。

［38］《习近平谈治国理政》第4卷，外文出版社2022年版。

［39］《李大钊全集》第2卷，人民出版社2013年版。

［40］《李大钊全集》第4卷，人民出版社2013年版。

［41］《周恩来选集》上卷，人民出版社1980年版。

［42］《周恩来经济文选》，中央文献出版社1993年版。

［43］《陈云论党的建设》，中央文献出版社1995版。

［44］《瞿秋白选集》，人民出版社1985年版。

［45］《中共中央文件选集》第11册，中共中央党校出版社1991年版。

［46］《中共中央文件选集》第14册，中共中央党校出版社1992年版。

［47］《建国以来重要文献选编》第5册，中央文献出版社1993年版。

［48］《建国以来重要文献选编》第19册，中央文献出版社1998年版。

[49]《十三大以来重要文献选编》(上),人民出版社1991年版。

[50]《中国共产党第十四次全国代表大会文件汇编》,人民出版社1992年版。

[51]《十六大以来重要文献选编》(上),中央文献出版社2005年版。

[52]《十七大以来重要文献选编》(上),中央文献出版社2009年版。

[53]《十七大以来重要文献选编》(下),中央文献出版社2013年版。

[54]《十八大以来重要文献选编》(上),中央文献出版社2014年版。

[55]《十八大以来重要文献选编》(中),中央文献出版社2016年版。

[56]《十八大以来重要文献选编》(下),中央文献出版社2018年版。

[57]《十九大以来重要文献选编》(上),中央文献出版社2019年版。

[58]《十九大以来重要文献选编》(中),中央文献出版社2021年版。

[59]《中国共产党第十九届中央委员会第四次全体会议文件汇编》,人民出版社2019年版。

[60]《中国共产党第十九届中央委员第五次全体会议文件汇编》,人民出版社2020年版。

[61]《中共中央关于党的百年奋斗重大成就和历史经验的决议》,人民出版社2021年版。

[62]中共中央宣传部、中共中央文献研究室编:《论文化建设——重要论述摘编》,学习出版社、中央文献出版社2012年版。

[63]中共中央文献研究室编:《习近平关于全面深化改革论述摘编》,中央文献出版社2014年版。

[64]中共中央纪律检查委员会、中共中央文献研究室编:《习近平关于党风廉政建设和反腐败斗争论述摘编》,中国方正出版社、中央文献出版社2015年版。

[65]中共中央文献研究室编:《习近平关于科技创新论述摘编》,中央文献出版社2016年版。

[66]中共中央文献研究室编:《习近平关于全面建成小康社会论述摘编》,中央文献出版社2016年版。

[67]中共中央文献研究室编:《习近平关于社会主义生态文明建设论述摘编》,中央文献出版社2017年版。

[68]中共中央文献研究室编:《习近平关于社会主义政治建设论述摘编》,中央文献出版社2017年版。

[69] 中共中央文献研究室编:《习近平关于社会主义经济建设论述摘编》,中央文献出版社2017年版。

[70] 中共中央文献研究室编:《习近平关于社会主义社会建设论述摘编》,中央文献出版社2017年版。

[71] 中共中央党史和文献研究院、中央"不忘初心、牢记使命"主题教育领导小组办公室编:《习近平关于"不忘初心、牢记使命"论述摘编》,党建读物出版社、中央文献出版社2019年版。

[72] 习近平:《论党的宣传思想工作》,中央文献出版社2020年版。

[73] 习近平:《论把握新发展阶段、贯彻新发展理念、构建新发展格局》,中央文献出版社2021年版。

[74] 习近平:《在党史学习教育动员大会上的讲话》,人民出版社2021年版。

[75] 习近平:《在庆祝中国共产党成立100周年大会上的讲话》,人民出版社2021年版。

[76] 《梁启超全集》第1卷,北京出版社1999年版。

[77] 许苏民:《比较文化研究史》,云南人民出版社1992年版。

[78] 罗荣渠:《现代化新论——世界与中国的现代化进程(增订本)》,商务印书馆2009年版。

[79] 袁行霈等主编:《中华文明史(精装本)》,北京大学出版社2006年版。

[80] 黎雨、李新编著:《迎面而来:从人类文明发展看第三次工业革命》,国家行政学院出版社2013年版。

[81] 姜义华:《世界文明视阈下的中华文明》,复旦大学出版社2016年版。

[82] [德]卡尔·雅斯贝斯:《历史的起源与目标》,李夏菲译,漓江出版社2019年版。

[83] [英]汤因比:《历史研究(上中下)》,曹未风等译,上海人民出版社1997年版。

[84] [美]塞缪尔·亨廷顿:《文明的冲突与世界秩序的重建(修订版)》,周琪等译,新华出版社2010年版。

[85] [德]奥斯瓦尔德·斯宾格勒:《西方的没落》第1卷,吴琼译,四川人民出版社2020年版。

[86] [法]费尔南·布罗代尔:《文明史:人类五千年文明的传承与交流》,常绍

民、冯棠、张文英等译,中信出版社2014年版。

[87][英]埃里克·霍布斯鲍姆:《如何改变世界:马克思和马克思主义的传奇》,吕增奎译,中央编译出版社2014年版。

（二）论文

[1] 田克勤:《深入研究中国特色社会主义理论体系的几点思考》,《马克思主义研究》2008年第6期。

[2] 王炳林:《对中国特色社会主义"四大特色"内涵的探讨》,《思想理论教育导刊》2012年第10期。

[3] 钱乘旦:《文明的多样性与现代化的未来》,《北京大学学报（哲学社会科学版）》2016年第1期。

[4] 李剑鸣:《文明的概念与文明史研究》,《华中师范大学学报（人文社会科学版）》2016年第1期。

[5] 肖贵清、王然:《逻辑与历史统一视域下中国特色社会主义理论体系的整体性》,《中共党史研究》2017年第6期。

[6] 杜艳华:《论中国共产党理论继承的优势》,《社会主义研究》2018年第6期。

[7] 孟宪实:《中华文明为何从未中断》,《人民论坛》2017年第25期。

[8] 杨振闻:《从"文明蒙尘"到"人类文明新形态"——中国式现代化道路的文明旨归》,《求索》2022年第1期。

后　记

本书为复旦大学马克思主义学院杜艳华教授主持的教育部人文社会科学重点研究基地重大项目"中国特色社会主义理论体系的继承性与创新性研究"的最终研究成果。该书主要围绕"继承"与"创新"这两个关键词展开研究。其中"继承"是研究的主轴。重点解决的问题包括：继承与创新的辩证关系；中国特色社会主义理论体系继承的逻辑机理；中国特色社会主义理论体系继承的优势；中国特色社会主义理论体系是如何在继承与创新统一中实现重大突破的；等等。

该书由杜艳华主持设计研究思路和总体框架，研究团队分工撰写完成。具体分工如下：引言，杜艳华；第一章，张嘉升（复旦大学中共党史专业博士研究生）；第二章，魏弋凡（复旦大学中共党史专业博士研究生）；第三章，王琪（复旦大学中国近现代史基本问题研究专业博士研究生）；第四章，章慧（中共上海市徐汇区委党校讲师）；第五章，朱新屋（福建师范大学马克思主义学院副教授）。全书由杜艳华修改定稿。

由于时间和水平所限，本书难免存在诸多纰漏，恳请专家和读者批评指正！

2022年9月

图书在版编目(CIP)数据

继承与创新相统一：大党理论创造的智慧/杜艳华等著. —上海：复旦大学出版社，2022.12
ISBN 978-7-309-16636-1

Ⅰ.①继…　Ⅱ.①杜…　Ⅲ.①中国特色社会主义理论体系-研究　Ⅳ.①D610

中国版本图书馆 CIP 数据核字(2022)第 215217 号

继承与创新相统一：大党理论创造的智慧
杜艳华　等著
责任编辑/刘　月

复旦大学出版社有限公司出版发行
上海市国权路 579 号　邮编：200433
网址：fupnet@fudanpress.com　http://www.fudanpress.com
门市零售：86-21-65102580　团体订购：86-21-65104505
出版部电话：86-21-65642845
上海盛通时代印刷有限公司

开本 787×960　1/16　印张 18.5　字数 257 千
2022 年 12 月第 1 版
2022 年 12 月第 1 版第 1 次印刷

ISBN 978-7-309-16636-1/D·1146
定价：68.00 元

如有印装质量问题，请向复旦大学出版社有限公司出版部调换。
版权所有　侵权必究